Gerhard Prause

Der goldene Tratschke

Gerhard Prause

Der goldene Tratschke

Die 125 schönsten Geschichtsrätsel

VMA-VERLAG WIESBADEN

VMA-Verlag Wiesbaden 2008

Unveränderter Nachdruck der 1. Auflage.

Druck und Bindung: GGP Media GmbH, Pößneck

ISBN 978-3-938586-00-6

Inhalt

Einleitung

Die Schule war fabelhaft und hat wirklich Spaß gemacht. Langweilig war nur der Geschichtsunterricht.

Kempowski
(»Aus großer Zeit«)

Wenn berühmte Persönlichkeiten der Geschichte erst einmal zu Denkmälern erstarrt sind, dann wird meist rasch vergessen (oder gar bewußt verschwiegen), daß auch sie nur Menschen waren, die ihre menschlichen Fehler und Schwächen, ihre alltäglichen Probleme, Sorgen und Ängste hatten, an der Furcht vor Krankheit und Tod litten, mit Schüchternheit und Kontaktschwierigkeiten fertig werden mußten wie andere Menschen auch. Daran immer wieder zu erinnern ist der Sinn meines Geschichts-Ratespiels »Tratschke fragt: Wer war`s?«, das in der ZEIT begann und das seither in anderen Zeitungen, in Zeitschriften, Illustrierten, auch bei Funk und Fernsehen zahlreiche Nachahmungsversuche fand. Beides, die lange Lebensdauer des Spiels und die vielen Nachahmungen, sind Beweis dafür, wie sich die menschliche Geschichtsbetrachtung, auf die das Tratschke-Spiel letztlich ja hinausläuft, gegen die heroisierende, pathetische früherer Zeiten mehr und mehr durchsetzt. »Unglücklich das Land, das Helden nötig hat«, ließ Brecht seinen Galilei sagen. Und hier werden die Helden von ihren Denkmalssockeln wieder auf die Erde zurückgeholt.

Von den vielen Tratschke-Fragen, die in der ZEIT gestellt wurden, erschien ein Teil als Buchreihe. Für dieses sehr viel umfangreichere Buch wurden 125 Fragen (und Antworten) zusammengestellt. Und der Verleger erfand den Namen: »Der goldene Tratschke«.

Für jene Leser, die mit dem Spiel noch nicht vertraut sind, sei noch einmal angemerkt, daß es nicht die Absicht ist, die

Großen der Geschichte, die Berühmten aus der Dichtung, Malerei, Musik, aus Politik, Wissenschaft und Technik in Kurzbiographien vorzustellen, wie sie in jedem Lexikon nachgelesen werden können, sondern sie unter weithin unbekannten Aspekten zu zeigen. In einigen Fällen ist indessen von Personen die Rede, die zwar kaum jemand kennt, die man jedoch kennen sollte, und zwar wegen ihrer Leistungen (wie zum Beispiel der Schöpfer der Mengenlehre).

Anzumerken ist auch noch dies: Es handelt sich hier nicht um Anekdoten, sondern um historisch belegte Tatsachen.

Und wie immer werden die Antworten am Schluß des Buches gegeben.

Gerhard Prause

1 *Wer spricht von Siegen? Überstehn ist alles*

Über die Ehe schrieb der Fünfundzwanzigjährige, daß sie »als solche nicht so viel Betonung verdient, als ihr durch die konventionelle Entwicklung ihres Wesens zugewachsen ist«. Und weiter meinte er: »Es fällt niemandem ein, von einem einzelnen zu verlangen, daß er ›glücklich‹ sei, – heiratet aber einer, so ist man sehr erstaunt, wenn er es *nicht* ist!«

Da er dies etwa vier Wochen nach seiner eigenen Hochzeit schrieb, läßt sich folgern, daß die Ehe ihn nicht sonderlich glücklich machte. Zusammen mit seiner Frau war er aufs Dorf gezogen und hatte sich in einem Bauernhaus eine Wohnung eingerichtet. Offensichtlich hatte er gemeint, durch die Ehe würde sich in seinem Leben ansonsten nicht viel ändern. Doch bald machte es ihm große Schwierigkeiten, für seine Frau, für sich und für die kleine Tochter, die nicht lange hatte auf sich warten lassen, eine Existenzgrundlage zu schaffen. Zwar belieferte er mit großem Eifer eine Reihe von Zeitungen mit Buchbesprechungen, Theaterkritiken, Essays, aber seine Versuche schlugen nicht ein. Vielleicht war es der Zwang, der dahinter stand und der ihn sich jetzt verkrampfen ließ, nachdem er mit früheren Veröffentlichungen durchaus erfolgreich gewesen war. Indessen war er zuvor nie gezwungen gewesen, Geld zu verdienen.

Nach etwas mehr als einem Jahr gaben er und seine Frau den Versuch einer Ehe auf – sicher nicht allein wegen der materiellen Schwierigkeiten. »Ein *Miteinander* zweier Menschen«, schrieb er, »ist eine Unmöglichkeit und, wo es doch vorhanden scheint, eine Beschränkung, eine gegenseitige Übereinkunft, welche einen Teil oder beide Teile ihrer vollsten Freiheit und Entwicklung beraubt.«

Nach der Trennung von Frau und Tochter nahm er sein unstetes Leben von früher wieder auf. Selten mußte er das Geld für Wohnen und Unterhalt selber aufbringen; fast immer wurde er eingeladen. Und je berühmter er wurde, desto luxuriöser waren die Domizile, die man ihm zur Verfügung stellte, damit er in Ruhe dichten könne. Nie scheint er sich von seinen Mäzenen, seinen Freunden und Freundinnen, die ihn auf ihren Landsitzen und Schlössern wohnen ließen, abhängig gefühlt zu haben.

Dennoch hat auch er sich manchmal anderes erträumt. So ließ er einmal eine seiner Gestalten (die zwar nicht ihn selbst darstellte, ihm aber doch – wie er eingestand – ähnlich war) sagen: »O was für ein glückliches Schicksal, in der stillen Stube eines ererbten Hauses zu sitzen unter lauter ruhigen, seßhaften Dingen und draußen im leichten, lichtgrünen Garten die ersten Meisen zu hören, die sich versuchen, in der Ferne die Dorfuhr. Zu sitzen und auf einen warmen Streifen Nachmittagssonne zu sehen und vieles von vergangenen Mädchen zu wissen . . . Und einen Lehnstuhl hätte ich gehabt und Blumen und Hunde und einen starken Stock für die steinigen Wege . . . Aber es ist anders gekommen, Gott wird wissen, warum. Meine alten Möbel faulen in einer Scheune, in die ich sie habe stellen dürfen, und ich selbst, ja, mein Gott, ich habe kein Dach über mir, und es regnet mir in die Augen.«

Einmal hat er daran gedacht, seinem Leben eine Wende zu geben, etwa an eine Universität zu gehen und sich in wissenschaftliche Studien zu versenken. Aber er gab diese Absicht bald wieder auf und zog weiterhin von Stadt zu Stadt, von Land zu Land, lebte eine Zeitlang in Frankreich, dann wieder in Deutschland, machte lange Reisen durch Rußland, Schweden, Italien, Spanien, kehrte zurück nach Deutschland, wo er weiterhin häufig den Wohnsitz wechselte, lebte in der Tschechoslowakei, in Österreich, zuletzt in der Schweiz.

In den letzten Jahren seines Lebens war er krank und mußte wiederholt zu Kuren, die ihm aber nicht halfen. Er hatte Leukämie. In einem Brief schrieb er: »Ich bin auf eine elende und unendlich schmerzhafte Weise erkrankt, eine wenig bekannte Zellenveränderung im Blut wird zum Ausgangspunkt für die grausamsten, im ganzen Körper versprengten Vorgänge. Und ich, der ich ihm nie recht ins Gesicht sehen mochte, lerne, mich mit dem inkommensurabeln anonymen Schmerz einrichten. Lerne es schwer, unter hundert Auflehnungen, und so trüb erstaunt . . .«

Der Tod kam auf eine sanfte Weise nach einem zwölfstündigen Schlummer, dreieinhalb Stunden nach Mitternacht. Er war wenige Tage zuvor 51 Jahre alt geworden. Seinem letzten Wunsch entsprechend, wurde er an der Mauer einer alten Kirche begraben. 46 Jahre später wurde er aus seiner Ruhe noch einmal aufgeschreckt: Bei Kabelarbeiten verletzte man sein Grab, und seine Gebeine mußten umgebettet werden. Etwa zur gleichen Zeit begann eine neue Generation sich für sein inzwischen fast vergessenes Werk zu interessieren.

Eines seiner Gedichte schloß mit dem Vers, der seiner eigenen Generation so etwas wie ein Leitspruch geworden war: »Wer spricht von Siegen? Überstehn ist alles.«

Wer war's?

2 *Immer und überall spielte er die erste Rolle*

Warum er den Beinamen »Der Kleine« hatte, ist kaum noch herauszufinden. Möglich, ja wahrscheinlich ist, daß er wirklich von kleiner Statur war, wie es in einigen der vielen Bücher, die über ihn geschrieben worden sind, behauptet wird. Dies würde seinen unbändigen Ehrgeiz, in allem der Erste sein zu wollen, ein wenig verständlicher machen.

Er war der Sohn eines Händlers, der es durch Fleiß und Geschick zu Wohlstand gebracht hatte und seinem Sohn ein freies, finanziell unabhängiges Leben ermöglichte. Der Sohn scheint dies weidlich ausgenutzt zu haben. Offenbar hat er, jedenfalls zunächst, nicht im entferntesten daran gedacht, sich seinen Lebensunterhalt selbst zu verdienen. In den zahlreichen Biographien gibt es auch keinerlei Hinweis darauf, daß er etwas gelernt, daß er studiert hätte. Zwar heißt es einmal, er habe den »Meistern der Wissenschaft nacheifern« wollen, ja, er habe sie gar zu übertreffen versucht, aber dann wird nur davon berichtet, daß er sich um die Freundschaft der eleganten jungen Adligen seiner Vaterstadt bemühte, die »die meiste Zeit mit Festgelagen und Umzügen verbrachten«.

Und weiter schreibt einer seiner Biographen: »Freilich war er kein Edelmann. Aber er gebot über zwei Werte, die noch mehr Gewicht hatten als Adelstitel: Geld und ritterliches Benehmen. Kultiviert, liebenswürdig und gewandt, verstand er es, sich Sympathien zu gewinnen. Da er sehr reich war, unterstützte er die unbegüterten Adligen und machte sie sich zu Schuldnern.« – Genaugenommen war es allerdings nicht er, der reich war, sondern sein Vater.

Eines Tages muß er eingesehen haben, daß ein solches Playboy-Leben keine Basis für Freundschaften und wirkliches Ansehen sein konnte. Nachdem er in politische Wirren hineingezogen worden war, an einem kriegerischen Unternehmen teilgenommen hatte, in Gefangenschaft geraten und schwer erkrankt war, kam er mehr und mehr zu der Überzeugung, daß sein bisheriges Leben leer gewesen und er nur Eitelkeiten nachgelaufen war. Und so kam es bei ihm zu einer – wie man später gesagt hat – Bekehrung, zu einer Wandlung. In der Tat zählte für ihn nun nicht mehr der Reichtum, sondern das gerade Gegenteil; Reichtum und jegliche Form von Besitz lehnte er fortan ab.

Man könnte allerdings fragen, ob dies wirklich eine Wandlung war, oder ob er nicht nur die Vorzeichen ausgetauscht hat, während er selbst ganz unverändert blieb. Sein Ehrgeiz, immer und überall die erste Rolle zu spielen, hatte sich jedenfalls nicht geändert. Und er spielte sie auch jetzt wieder keineswegs aus eigener Kraft. Als er meinte, allen Besitz hergeben zu müssen – in diesem ersten Fall für den Wiederaufbau eines Gotteshauses –, da nahm er aus dem Geschäft seines Vaters mehrere Ballen Tuch, verkaufte sie und spendete das Geld für den Kirchenbau. Es kam zu einer heftigen Auseinandersetzung mit dem Vater, und als sich ein ähnlicher Fall wiederholte, verklagte der Vater den freigiebigen Sohn, der auf seine Kosten der Freigiebigste von allen sein wollte, kurzerhand beim Stadtrat. Der Sohn war schlau genug, sich als im Dienste Gottes stehend zu bezeichnen; daraufhin wurde der klagende Vater an das bischöfliche Gericht verwiesen. Und dort nahm der Bischof den Beklagten in seine Obhut.

Von nun an war er frei auf seinem Weg, der ein Weg zu Christus, seinem großen Vorbild, werden sollte. Doch hinter allem, was er an Gutem und Bewundernswertem erreichte, stand bis ans Ende seines nur vierundvierzigjährigen Lebens im Grunde dieselbe persönliche Motivation, nämlich stets die erste Rolle zu spielen: Er mußte der Ärmste der Armen sein und schließlich derjenige, der Christus am ähnlichsten war.

Wer war's?

3 *Ein leidenschaftlicher Billardspieler*

Vieles in seinem Leben blieb bis heute rätselhaft, manches wurde einfach unterschlagen, weil seine Verehrer es nicht wahrhaben wollten. Dies gilt zum Beispiel von einigen seiner Briefe, die er als junger Mann an ein junges Mädchen schrieb und die – so einer seiner Biographen – »so unanständig sind, daß die betreffenden Bände in den öffentlichen Bibliotheken nicht ohne weiteres ausgeliehen werden«.

Auch anderes aus seinem Leben wurde weggelassen oder bagatellisiert. Dazu gehört sein Verhältnis zum Geld. Immer wieder ist behauptet und auch geglaubt worden, seine Arbeiten seien ihm so schlecht bezahlt worden, daß er deswegen immer mehr Schulden habe machen müssen und schließlich ins Elend geriet. Tatsächlich hinterließ er bei seinem Tode einen beachtlichen Berg an Schulden – nach heutigem Wert etwa 75 000 Mark.

Dabei hat er bis kurz vor seinem Tode noch gearbeitet, obgleich er da schon krank gewesen zu sein scheint. Gearbeitet hat er von früh an sehr viel, wenngleich seiner unerschöpflichen Arbeitskraft ein ausgeprägter Hang zur Trägheit entgegenstand. Zum konzentrierten Arbeiten brauchte er den Anstoß von außen, brauchte er immer auch Zeitdruck. Ohne dieses Korsett, in das man ihn von Kindheit an hineinzwang, hätte er viel mehr in den Tag hineingelebt. Er »war und blieb immer ein Kind«, schrieb seine Schwester nach seinem Tod; »das ist der Hauptzug seines Charakters auf der schattigen Seite; immer hätte er eines Aufpassers bedurft.« Und sie fügte hinzu: »Er konnte das Geld nicht regieren.«

Erst neuere Forschungen haben ergeben, daß er keineswegs schlecht verdient hat. Im Gegenteil: Seine Einkünfte waren – zumindest zeitweise – recht beachtlich. Der Sechsundzwanzig- bis Neunundzwanzigjährige verdiente in einem Jahr dreimal soviel wie der Oberdirektor eines Krankenhauses zu jener Zeit in jener Stadt, in der er lebte; das war eine Summe, die nach heutigem Kaufwert nahezu einer Viertelmillion entspricht. Dennoch bat er zu jener Zeit seinen Vater um Geld. Und das ist selbst dann erstaunlich, wenn man berücksichtigt, daß er damals ziemlich aufwendig lebte: Er hatte eine der schönsten und teuersten Wohnungen der Stadt gemietet, hielt sich einen eigenen Friseur, eine Köchin, ein Dienstmädchen, hatte ein Reitpferd, trug teure Kleidung und gab viel Geld für Essen und Trinken aus.

Aber allein dafür können seine hohen Einkünfte nicht draufgegangen sein. Auch in den folgenden Jahren verdiente er überdurchschnittlich gut, war aber immer wieder in Geldnot, und zwar so sehr, daß er seine teure Wohnung aufgeben mußte und daß er »Bettelbriefe« schrieb, in denen er tat, als ginge ihm das Wasser bis an den Hals.

Dies muß aber tatsächlich der Fall gewesen sein; oft ist in jenen Briefen von Beträgen die Rede, die von einem zum anderen Tag fällig waren: »Leihen Sie mir wenigstens bis morgen ein paar hundert . . .« Oder: »Wenn Sie, wertester Freund, mir in dieser Lage nicht helfen, so verliere ich Ehre und Kredit . . .« Und: ». . . weil es eine Sache betrifft, die sich nicht verschieben läßt, sondern sofort geschehen muß.«

Spät kam man darauf, daß es sich um Spielschulden gehandelt haben kann und daß er ein Spieler war und hohe Summen verloren haben könnte. Er war, so sagte ein Zeitgenosse von ihm, »ein leidenschaftlicher aber schlechter Billardspieler«, und Billard spielte man damals um Geld, mit hohem Einsatz.

Bewiesen ist dies allerdings nicht, doch immerhin wahrscheinlich gemacht. Er selber sprach immer nur von seinen »Affairen« und äußerte Besorgnis, daß es ihm schaden könnte, wenn die Öffentlichkeit davon erfahre.

Wer war's?

4 *Das Abitur noch jahrelang im Traum nachgeholt*

Er war ein guter Schüler, überdurchschnittlich gut sogar. In seinem Abiturzeugnis hieß es: »Sein Betragen war stets ordnungsgemäß und ohne Tadel; er widmete allen Unterrichtsgegenständen rege Teilnahme und angestrengten Fleiß.« In fast allen Fächern hatte er »gut«, in Gesang sogar »sehr gut«, im Turnen aber nur »genügend«.

Viele Jahre später, als alter Mann, erzählte er anläßlich einer Jubiläumsfeier seiner Schule, wie er und seine Klassenkameraden sich beim Abitur gegenseitig über die Hürden gebracht hatten. Er gestand es in aller Öffentlichkeit, und Millionen Menschen konnten ihm zuhören, als er sagte:

»Ich kann hier bemerken, es ist zwar nicht sehr recht, daß wir Abiturienten damals doch auf irgendwelche Weise vorher im Besitz der Arbeiten gewesen sind. Und wir haben zum Beispiel für die drei Aufsatzthemen eine Kommission eingesetzt, die die Dispositionen gemacht und verteilt hat. Und bei der lateinischen Arbeit« – und hier fügte er ein: »Es ist alles sehr unmoralisch, meine lieben Zuhörerinnen und Zuhörer, was wir gemacht haben« –, und er erzählte dann weiter: »Bei der Lateinarbeit, die wir auch hatten, da haben wir sogar die Fehler verteilt. Der eine mußte so viele Fehler machen und der andere so viele Fehler, und die Besten – dazu gehörte ich übrigens auch – brauchten keinen Fehler zu machen.« Und er fügte hinzu: »Ich war eine der leitenden Personen bei der ganzen Vorbereitung des Abiturienten-Examens für die ganze Klasse.«

Daß er organisieren konnte, weil er mit nüchternem Verstand rasch das Wesentliche zu erfassen vermochte, hat er später, nachdem er ein Jura-Studium absolviert hatte, noch sehr oft bewiesen, und zwar zunächst viele Jahre lang in seiner Arbeit für seine Vaterstadt. Dennoch ist dem fast Siebzigjährigen nicht erspart geblieben, wegen angeblicher Nichterfüllung seiner Pflichten aus dem Amt gejagt zu werden. In dem Entlassungsschreiben seiner Vorgesetzten hieß es: »Vor etwa zwei Monaten mahnte ich Sie persönlich an Ihre Verantwortlichkeiten . . . Sie haben diese Verpflichtung nicht zu meiner Zufriedenheit erfüllt . . . Ich bin jedoch überzeugt, daß mit . . . Energie auf Ihrer Seite mehr hätte getan werden können . . . Nach meiner Ansicht haben Sie Ihre Pflicht . . . nicht erfüllt. Sie werden daher heute aus Ihrem Amte entlassen.«

Er wurde sogar aufgefordert, seine Stadt zu verlassen, in der er fast sein ganzes Leben zugebracht hatte und von wo er aus eben derselben Arbeit schon einmal verjagt worden war. Damals wie dieses Mal wurde ihm ausdrücklich verboten, »weder direkt noch indirekt irgendeiner wie auch immer gearteten politischen Tätigkeit« nachzugehen.

Er hat sich um dieses Verbot nicht gekümmert. Und er hat trotz seines Alters nicht etwa resigniert. Im Gegenteil, man kann sagen, er fing dann erst richtig an. Nachdem er zusammen mit anderen eine politische Partei gegründet hatte, wurde er deren Vorsitzender und übernahm ein Amt, das in seiner Bedeutung und seinen Möglichkeiten weit über das hinausging, aus dem man ihn hinausgeworfen hatte. Und er behielt dieses Amt vierzehn Jahre. Doch blieb er auch danach noch politisch tätig.

Als er sich als Vierundachtzigjähriger an sein Abitur erinnerte, sagte er: »Ich habe später noch jahrelang im Traum das Abitur nachholen müssen – unter den scheußlichsten Umständen und mit einer Angst, die mich oft schweißgebadet aus dem Schlaf emporschrecken ließ.«

Doch allzu sehr haben solche Angstträume ihn nicht erschüttert. Denn immerhin wurde er 90 Jahre alt.

Wer war's?

5 Plötzlich stürzte sich das Opfer auf den Mörder

Eine Gruppe junger Adliger war zu der Überzeugung gekommen, daß er, der aus kleinsten Verhältnissen bis in die Spitze der Macht vorgedrungen war und dort – ohne selbst Verantwortung zu tragen – in verhängnisvoller Weise Einfluß nahm, zum Wohle des Vaterlandes ausgeschaltet werden müßte. Das hieß, ihn zu töten. Und dies geschah auf eine brutale und hinterhältige Weise. Der Haupttäter hat jene makabre Szene später genau beschrieben; er hat sich – so sagte es später eine Tochter des Ermordeten – »durch das Schreiben von Büchern über diese Mordtat eine Existenz gesichert«.

Der Mörder hatte sein Opfer zu sich eingeladen; er wollte den Vierundvierzigjährigen vergiften, und zwar mit einem präparierten Kuchen und mit vergiftetem Wein: »Ich reichte ihm den Teller mit dem Kuchen, der Zyankali enthielt. Zuerst lehnte er ihn ab. ›Ich will davon nichts‹, sagte er, ›er ist mir zu süß.‹ Dennoch nahm er bald ein Stück davon, dann ein anderes . . . Ich sah ihn mit Entsetzen an. Die Wirkung des Giftes sollte sich auf der Stelle zeigen, aber zu meiner großen Bestürzung fuhr er fort, mit mir zu sprechen, als ob nichts wäre . . .«

War er also doch der große Wundertäter, begabt mit übernatürlichen Kräften, für den so viele ihn hielten?

Der Mörder gab ihm Wein. Zunächst unvergiftet. Dann ein Glas Madeira mit Zyankali. Das Opfer trank ihn in kleinen Schlucken: »Der Madeira ist gut, gib mir noch etwas davon.«

Eine Wirkung war noch immer nicht zu erkennen. Auch nach einem weiteren Glas mit Zyankali änderte sich nichts. Der Mörder und sein Opfer saßen noch lange, tranken, sprachen und sangen miteinander. Dann ging der Mörder aus dem

Zimmer ins obere Stockwerk, wo sich seine Mitverschwörer aufhielten. »›Ist es getan‹ fragten sie. ›Ist es zu Ende?‹ – ›Das Gift hat nicht gewirkt!‹ antwortete ich. ›Das ist nicht möglich‹, sagte einer, ›die Dosis war doch sehr groß! Hat er alles geschluckt?‹ ›Alles‹, antwortete ich.«

Der Haupttäter ging nun wieder hinunter, bewaffnet mit einer Pistole. Er schoß seinem Opfer in die Brust. Die anderen kamen sofort hinzu und untersuchten die Wunde. »Die Kugel hatte die Herzgegend durchdrungen. Es gab keinen Zweifel mehr. Er war tot.« Sie ließen ihn liegen und bereiteten den Abtransport vor. Als der Mörder nach einiger Zeit zurückkehrte, schien der Tote unverändert. Aber:

»Plötzlich sah ich sein linkes Auge sich halb öffnen . . . Dann auch das rechte. Ich sah die beiden Augen mit dem Ausdruck satanischen Hasses auf mich gerichtet. Das Blut gerann mir in den Adern . . . Ich wollte mich entfernen . . . Aber meine Beine versagten . . . Dann geschah etwas Gräßliches. Mit einer ungestümen Bewegung sprang er auf die Füße, Schaum vor dem Mund . . . Dann stürzte er sich auf mich, und seine Finger . . . drangen wie Zangen in meine Schulter . . . Ein schrecklicher Kampf entspann sich . . .«

Der vermeintlich schon Tote konnte sich sogar noch aus dem Hause schleppen. Dann trafen ihn mehrere Schüsse, nachdem er zuvor noch mit einem Gummiknüppel geschlagen und mit Füßen getreten worden war. Sie fuhren ihn weg und warfen ihn in einen Fluß.

Später mußten seine Töchter den Toten identifizieren. Eine schrieb: »Der Schädel war eingedrückt, das Gesicht zerschunden, das Haar von Blut verklebt. Man hatte ihm das rechte Auge ausgeschlagen, es hing über der Wange. Und das Gesicht . . . Noch nach so vielen Jahren kann ich nicht davon sprechen . . . Die Autopsie ergab, daß der Leichnam zahlreiche Verletzungen von Kugeln verschiedener Kaliber aufwies, daß der Tod aber durch das Wasser eingetreten war . . .«

Wer war's?

6 *Versah seine Vorfahren mit Adelstiteln*

Lebensangst und mangelnde Selbstsicherheit prägten schon seine Kindheit. Der Vater war früh gestorben, die Mutter hatte wieder geheiratet. Er mußte zur Großmutter und fühlte sich abgeschoben, verraten, im Stich gelassen. Er wünschte, das Haus der Mutter und des Stiefvaters möge in Flammen aufgehen. Sogar Morddrohungen hat er in seinem Tagebuch notiert, in denen sich seine grenzenlose Hilflosigkeit zeigt.

Gleichsam als Gegengewicht gegen den Stiefvater, für den er nur Haß empfinden konnte, machte er den vor seiner Geburt verstorbenen Vater fast zu einer mythischen Gestalt; indessen störte ihn dabei, daß der Vater nur ein Freisasse gewesen war. Deswegen bedachte er – auch später noch – seine Vorfahren freizügig mit Adelsprädikaten. Und noch etwas hat ihn zeitlebens gestört: der Hochzeitstag seiner Eltern; im Hinblick auf seine Geburt lag er zu spät. Deswegen hat er ihn vordatiert. Ihm war es wichtig, daß alles in einer festgefügten Ordnung seinen unverrückbaren Platz hatte, damit es unangreifbar blieb.

Auch er selber wollte unangreifbar sein. Als Schüler war er noch sehr ängstlich. Eines Tages aber verschaffte er sich in einer erbitterten Schlägerei Respekt. Von da an war ihm klar, daß es darauf ankomme, sich immer und überall restlos einzusetzen. Von da an hat er immer, wenn er sich angegriffen fühlte, bis zur völligen Niederlage seines Gegners zu kämpfen versucht. Mit allen Mitteln. Und er ist häufig angegriffen worden im Laufe seines 84 Jahre langen Lebens.

Nach seinem Studium übernahm er, dreiunddreißigjährig, die Professur und Nachfolge seines Lehrers. Zwar las er –

trockener und ohne die Selbstironie des allgemein beliebten Vorgängers – anfangs vor ziemlich leeren Bänken. Aber das machte ihm nichts aus. Denn zehn Jahre zuvor waren ihm die wichtigsten Grundgedanken gekommen, Erkenntnisse, die eine Reihe von Naturerscheinungen erklärten. Und seine einstige Unsicherheit war in egozentrische Überheblichkeit umgeschlagen. Doch änderte das nichts an seiner Empfindlichkeit. Als ein Kollege ihm vorwarf, eine seiner entscheidendsten Ideen plagiiert zu haben, war er zutiefst getroffen; diese öffentliche Kränkung hat er nie verwunden: Noch 20 Jahre nach dem Tod jenes Kollegen konnte er von ihm nur mit großer Erregung sprechen.

Es kamen weitere Angriffe, von anderen; der schwerste wohl von einem weithin anerkannten Philosophen. Er siegte über ihn – zumindest für seine Zeit –, indem er ihn (wie alle Gegner aus seiner Generation) einfach überlebte. Auch in diesem Streit spielte die Frage der Urheberschaft eine entscheidende Rolle.

Weitere Angriffe gegen ihn berührten seine Intimsphäre. Der Junggeselle hatte eine Nichte in sein Haus genommen, in seine Obhut. Das junge Mädchen im Haus des Berühmten wirkte als anziehender Pol auf die Gesellschaft jener Stadt, besonders auf die jungen Männer. Als er dann ein hohes und verantwortungsvolles Amt übernahm, erzählte man, er habe das weniger seinen eigenen Fähigkeiten als den Vorzügen seiner Nichte zu verdanken. Kein Geringerer als der junge Voltaire sorgte dafür, daß diese Version weite Verbreitung fand. Doch war er, der Betroffene, der sich gegen diesen Vorwurf nur ungeschickt verteidigt hatte, da nicht mehr unter den Lebenden.

Wer war's?

7 *Trotz vieler Portraits weiß niemand, wie er aussah*

Sein Wissensdrang war enorm, und sein Vater, der für ihn einen umfangreichen Unterrichtsplan ausgetüftelt hatte, hätte darüber eigentlich froh sein können. Doch ergaben sich – wie so oft in solchen Fällen – Schwierigkeiten daraus, daß Vater und Sohn über das, was gelernt werden sollte, nicht einer Meinung waren. Zum Beispiel wollte der Junge unbedingt Latein lernen und überredete seinen Lehrer dazu, ihm Lateinunterricht zu geben. Aber der Vater hielt Latein für überflüssig, und als er den Sohn eines Tages bei einer Lateinlektion überraschte, warf er den Lehrer hinaus.

Mit zunehmendem Alter geriet der Sohn gegenüber dem Vater in eine immer stärkere Protesthaltung. Sie äußerte sich darin, daß der Junge sich entgegen den schriftlichen Anweisungen des Vaters nur selten wusch, aber sich – was den Vater fast zur Raserei brachte – das Haar kräuselte. Außerdem trug er Spitzen und Handschuhe, saß krumm im Sattel und sagte, daß Tabakrauchen – sein Vater war ein leidenschaftlicher Raucher – etwas Schreckliches sei. Entscheidender als solche Äußerlichkeiten war etwas anderes: Der Junge führte gewissermaßen ein Doppelleben. Er lieh sich Geld, und zwar eine beträchtliche Summe, mietete sich eine Wohnung und verbrachte dort heimlich seine freien Stunden, nicht um zu faulenzen, sondern um in Ruhe das zu lesen und zu lernen, was er nach den Vorstellungen des Vaters nicht zu wissen brauchte.

Den größten Teil des geliehenen Geldes legte er in Büchern an. Als sein Doppelleben ans Licht kam – zu jener Zeit war er 16 Jahre alt –, bestand seine heimliche Bibliothek aus nahezu 4000 Bänden. Sie bestand im wesentlichen aus Enzyklopädien, Wörter- und Lehrbüchern, Atlanten, Memoiren, Geschichtswerken sowie aus den Werken der antiken Schriftsteller und zeitgenössischer Philosophen.

Für Probleme der Philosophie, aber auch der Naturwissenschaften interessierte er sich sein Leben lang, und trotz seines zeitraubenden Berufs, den er bis zu seinem Tode (im Alter von 74 Jahren) mit großem Pflichtbewußtsein ausübte, nahm er sich für sie immer Zeit. Einem befreundeten Philosophen schrieb er einmal: »Ich habe ... Experimente mit der Luftpumpe angestellt und zwei neue angegeben: Erstens eine offene Uhr unter die Glocke zu legen, um zu sehen, ob sie schneller oder langsamer läuft, weitergeht oder stehenbleibt. Durch das zweite Experiment soll die Keimkraft der Luft geprüft werden. Man nimmt etwas Erde, pflanzt eine Erbse hinein, tut sie unter die Glocke und pumpt die Luft aus. Ich glaube, die Erbse wird nicht keimen; denn ich schreibe der Luft die Keimkraft zu.«

Berühmt wurde er nicht mit solchen Experimenten, auch nicht mit seiner Theorie über die Entstehung des Windes, in der es heißt, daß »die Erde sich in Sonnennähe rascher bewegen muß, und zwar im umgekehrten Verhältnis zum Quadrat ihres Sonnenabstands, und diese raschere Bewegung notwendig Winde und Stürme hervorrufen muß«. Dies erkläre, meinte er, jedenfalls jene Winde, die wir zur Zeit der Wintersonnenwende haben; »die anderen Winde können von anderen Planeten kommen, in deren Nähe wir stehen ...« Nein, berühmt wurde er nicht auf wissenschaftlichem Gebiet, sondern auf einem anderen Feld. Er wurde sogar weltberühmt.

Dennoch weiß man nicht genau, wie er eigentlich aussah. Jedenfalls schrieb der Sechzigjährige (auch an jenen Philosophen): »Sie müssen wissen, daß ich mich niemals malen lasse und daß infolgedessen weder meine Porträts noch meine Denkmünzen Ähnlichkeit mit mir haben. Ich bin alt, zerknittert, gichtkrank, von Jahren gebeugt, aber immer heiter und guter Laune ...«

Wer war's?

8 *... und geriet in Verdacht, ein Spion zu sein*

»Du sollst immer mit mir sein«, schrieb er einer ihm befreundeten Frau. Aber da hatte er sie schon verlassen, hatte sich heimlich davongestohlen. Auch anderen hatte er nichts gesagt, nicht einmal seinem obersten Vorgesetzten. Lediglich um Urlaub auf unbestimmte Zeit bat er ihn. Seinen 37. Geburtstag feierten sie noch zusammen, dann, in der Nacht darauf, brach er auf, mit wenig Gepäck, und ohne genaues Ziel. Hinter sich ließ er ein Amt und eine Gesellschaft, die ihn einengten, Menschen, mit denen er lange befreundet gewesen war, mit denen es aber allmählich zu Spannungen gekommen war. Jetzt hatte er sich von all dem einfach frei gemacht.

Aber nach nur wenigen Tagen wäre es fast zu Ende gewesen mit der neuen Freiheit. Das war am Gardasee in Malcesine, wo er – so heißt es in seinem Tagebuch – »ein gefährliches Abenteuer« bestehen mußte. Er war in die Schloßruine gegangen und hatte damit begonnen, den alten Turm zu zeichnen. Das erregte Aufsehen; immer mehr Leute sammelten sich um ihn und sahen zu. »Ich ließ mich aber nicht stören und fuhr ganz gelassen fort«, schrieb er später. Einer der Umstehenden – »nicht von dem besten Aussehen« – sagte ihm schließlich, den Turm zu zeichnen sei nicht erlaubt. Als er tat, als habe er den Mann nicht verstanden, nahm dieser das Blatt und zerriß es.

Und dann wurde der Bürgermeister gerufen. Auf dessen Frage, warum er »ihre Festung abzeichnete«, habe er »bescheiden erwidert«, daß er »dieses Gemäuer nicht für eine Festung anerkenne«, da es »nichts als eine Ruine« sei. Man entgegnete ihm, »was denn daran wohl merkwürdig scheinen könne«. Und nun hielt er den Leuten – um »Zeit und Gunst zu gewinnen« – einen ausführlichen Vortrag über Ruinen und die Anziehungskraft, die sie auf Touristen ausüben.

Daraufhin erwiderte der »Aktuarius«, der mit dem Bürgermeister gekommen war, »das lasse sich alles hören, aber Kaiser Joseph sei ein unruhiger Herr, der gewiß gegen die Republik Venedig noch manches Böse im Schilde führe, und ich möchte wohl sein Untertan, ein Abgeordneter sein, um die Grenzen auszuspähen«.

Gegen den Vorwurf, ein Spion des Kaisers zu sein, verteidigte er sich so: »Weit entfernt . . ., dem Kaiser anzugehören, darf ich mich wohl rühmen, so gut als ihr, Bürger einer Republik zu sein, welche zwar an Macht und Größe dem erlauchten Staat von Venedig nicht verglichen werden kann, aber doch auch sich selbst regiert und an Handelstätigkeit, Reichtum und Weisheit ihrer Vorgesetzten keiner Stadt in Deutschland nachsteht. Ich bin nämlich von . . .«

Als er den Namen seiner Geburtsstadt nannte, mit der er ansonsten schon lange nichts mehr zu tun hatte, wurde jemand geholt, der jene Stadt kannte und ihn nun über sie examinierte, und schließlich zu diesem Ergebnis kam: »Ich bin überzeugt, daß dieser ein braver, kunstreicher Mann, wohl erzogen, welcher herumreist, sich zu unterrichten. Wir wollen ihn freundlich entlassen, damit er bei seinen Landsleuten Gutes von uns rede und sie aufmuntere, Malcesine zu besuchen, dessen schöne Lage wohl wert ist, von Fremden bewundert zu sein.«

So geschah es, und damit war das gefährliche Abenteuer überstanden.

Was er übrigens nicht wußte und auch nie erfahren hat, war dies: Nicht nur die Leute in Malcesine waren ihm gegenüber mißtrauisch, auch der Kaiser war es, und er ließ ihn deswegen beobachten; auch der Kaiser wollte nicht so recht glauben, daß er – ein hoher Staatsbeamter – sich wirklich nur für Ruinen interessierte.

Wer war's?

9 *Mit Schüchternheit ein Vermögen gemacht*

Als junger Mann träumte er davon, reich zu werden, schwerreich. Darin zeigte sich bereits ein gewisser Fortschritt, ein Anfangserfolg; denn als Kind hatte er viele Jahre lang immer nur davon geträumt, sich einmal richtig satt essen zu können. Satt essen konnte er sich nun, im Alter von 21 Jahren; ja, inzwischen hatte er sogar etwas Geld gespart.

Gemeinsam mit einem Kollegen, der ebenfalls ein paar Rücklagen hatte und sich – wie er – zu jener Zeit in seinem Beruf frustriert fühlte, überlegte er, wie man mit dem Ersparten möglichst gewinnbringend arbeiten könne. Da kamen sie auf die Idee, alles, was sie hatten, zusammenzuwerfen und gemeinsam Schweine zu züchten. Später erinnerte er sich: »Wir hatten beide den Wunsch, reich zu werden. Wir planten, zweitausend Hektar Land zu kaufen; für den Rest des Geldes wollten wir Schweine anschaffen und das Land kultivieren. Wir rechneten aus, daß wir bei einer jährlichen Zuwachsrate von durchschnittlich fünf Ferkeln pro Muttersau, wenn alles gut ginge, innerhalb von fünf Jahren pro Nase eine halbe Million verdienen könnten. . . . Wir konnten uns vor Aufregung kaum fassen. Beim Essen, im Schlafen und im Wachen sahen wir nichts als Schweine . . .«

Aber war das wirklich der richtige Weg? Schweinezüchter? Eigentlich hatte er doch Konzertmusiker werden wollen. Als er in einer Broschüre über Schweinezucht »in aller bildhaften Ausführlichkeit die Technik des Kastrierens der Schweine beschrieben fand«, gab er den Plan, mit Schweinen reich zu werden, schlagartig auf. Und er blieb in jenem Beruf, in dem er nun seine ersten Erfolge hatte. Eine Kartenlegerin bestärkte ihn darin, das weiterzumachen, was er angefangen hatte: »Da sehe ich großen Erfolg für Sie voraus«, sagte sie ihm; »es liegt eine ganz außerordentliche Laufbahn vor Ihnen.« Und weiter las sie ihm aus der Hand: »Sie werden ein enormes Vermögen erwerben. Sie haben eine Hand, die Geld macht.«

Die Prophezeiung traf tatsächlich ein. Schon für den Fünfundzwanzigjährigen galt: »Geld und Erfolg kamen mit zunehmender Geschwindigkeit auf mich herabgestürzt. Das war alles verwirrend, erschreckend, aber wunderbar!« Und nur zwei Jahre danach wußte er schon, daß er in Kürze Millionär sein würde.

Als jener Goldregen so plötzlich über ihn hereinbrach, entschloß er sich einmal, in einem der berühmtesten Hotels der Welt ein teures Zimmer zu nehmen. Später erinnerte er sich: »Die Pracht der Hotelhalle und das Selbstvertrauen der Menschen, die sich dort ergingen, ließen mich etwas erzittern, als ich mein Zimmer bestellte . . . Ich fragte schüchtern, ob ich im voraus bezahlen solle. Der Empfangschef war sehr höflich und versicherte: ›O nein, das ist nicht erforderlich.‹ Das Durchqueren der Halle mit all der Vergoldung und dem Plüsch rührte meine Empfindungen auf, und als ich mein Zimmer erreichte, war mir zum Weinen zumute. Ich blieb mehr als eine Stunde darin, untersuchte das Badezimmer mit den aufwendigen Wasserkünsten und prüfte das reichlich strömende heiße und kalte Wasser. Wie großartig und beruhigend ist doch der Luxus! Ich badete, kämmte mir die Haare und legte meinen neuen Morgenrock an, in der Absicht, jedes Gramm Luxus zu genießen, das der Zimmerpreis mir verschaffen konnte. Hätte ich doch nur etwas zu lesen, eine Zeitung vielleicht. Ich hatte aber nicht den Mut, telefonisch darum zu bitten. Ich setzte mich mitten ins Zimmer auf einen Stuhl und betrachtete alles mit einem Gefühl üppiger Melancholie . . .«

Dann ging er in den Speisesaal: »Ich war zu aufgeregt, um Hunger zu verspüren. Immerhin tat ich so, als hätte ich Appetit, bestellte Konsommee, gebratenes Huhn und zum

Nachtisch Vanilleeis. Der Kellner brachte mir die Weinkarte, und nach sorgfältiger Prüfung bestellte ich eine halbe Flasche Champagner. Diese Rolle zu spielen strengte mich so an, daß mir weder das Essen noch der Champagner schmeckte.«

Was ihn so melancholisch werden ließ, war der Gegensatz zu den Jahren der Kindheit in bitterster Armut (nachdem der Vater die Mutter und die beiden Söhne verlassen hatte). Zeitweise hatten er, der Bruder und die Mutter im Armenhaus leben müssen. Für mehrere Jahre mußte er sogar ins Waisenhaus, weil die Mutter in eine Irrenanstalt gekommen war. Im Waisenhaus hatte er – so berichtete es päter sein ältester Sohn – immer Hunger; »es gab Prügel, Entziehungen und Karzer für die kleinsten Vergehen. Das Personal des Waisenhauses schien sich verschworen zu haben, den Willen und den Geist der ihnen anvertrauten Kinder zu brechen.«

Ein Leben lang hat er versucht, seine traurige Kindheit zu überwinden, was ihm aber nur zum Teil gelang. Nie überwand er einen Rest von Traurigkeit und eine gewisse Schüchternheit. Doch eben dies wurden die Grundlagen seines unvergleichlichen Erfolgs. Später war er – auch das hatte die Kartenlegerin ihm prophezeit – in vierter Ehe glücklich verheiratet. Und er sagte, er wisse nun, was Glück bedeutet: »Von Glück erfüllt sitze ich manchmal bei Sonnenuntergang draußen auf unserer Terrasse und blicke über den grünen Rasen zum fernen See hinunter und darüber hinaus auf die Zuversicht einflößenden Berge, und in dieser Stimmung denke ich an nichts und freue mich ihrer großartigen Gelassenheit.«

Er erreichte ein hohes Alter. Wenige Tage nach seinem Tod stahlen zwei Männer den schon beigesetzten Leichnam mit dem schweren Eichensarg; nur gegen ein hohes Lösegeld wollten sie den Toten wieder hergeben. Ihr Vorhaben mißglückte, und während sie ins Gefängnis kamen, wurde er ein zweites Mal beigesetzt.

Wer war's?

10 Aber Leichtsinn war nicht seine Art

Seine Mutter hat innerhalb von 25 Jahren elf Kindern das Leben geschenkt, von denen nur eines sie überlebte. Alle Kinder haben die Mutter sehr geliebt. Auch er, der älteste Sohn. Als Neunzehnjähriger schrieb er ihr: »Ich weiß, daß Du es so gern siehst, wenn ich an Dich schreibe, ob ich Dich gleich versichre, daß auch gewiß sonst die Erinnerung an Dich mir die glücklichsten meiner Stunden macht, wenn meine Phantasie schwelgt und Dein Bild lebendig mir vorschwebt; wenn alle die schönen Szenen der Vorzeit und Zukunft, die ich mit Dir erlebte und erleben werde, vor mir stehn und jeder Zug in ihnen beseelt ist: Wenn gar der blaue Schleier der Zukunft sich hebt und ich Dich als Schöpferin aller jener kühnen Entwürfe sehe, die eine allzu kühne Zuversicht in meine Kräfte wagte. Denn wem dankten alle Männer beinah, die etwas Großes für die Menschheit wagten, ihre Kräfte; keinem als ihren Müttern. Du trugst beinah alles zur Entwicklung meiner Kräfte bei, und alles, was ich einst Gutes wage und tue, ist Dein Werk und der schönste Dank, den ich Dir bringen kann.«

Als er dies schrieb, wohnte er nicht mehr daheim bei seinen Eltern und Geschwistern, sondern lebte als Student in einer Universitätsstadt. Drei Jahre darauf legte er sein Juristisches Examen ab und trat in eine Verwaltungspraxis ein.

Wenig später lernte er jenes Mädchen kennen, das er bald als die Seele seines Lebens bezeichnete und das er so charakterisierte: »Ihre Frühreife. Sie wünscht allen zu gefallen. Ihr Gehorsam und ihre Furcht vor dem Vater. Ihre Dezenz, und doch ihre unschuldige Treuherzigkeit. Ihr Steifsinn und ihre Schmiegsamkeit gegen Leute, die sie einmal schätzt oder die sie fürchtet. Ihr Betragen in der Krankheit, Ihre Launen . . . Hang zum kindischen Spiel . . . Liest sie gern? Hang zu weiblichen Arbeiten. Sie will nichts sein. Sie ist etwas . . . Sie macht viel aus Poesie . . . Offenheit. Sie scheint noch nicht zu eigentlichem Reflektieren gekommen zu sein . . . Ihr Schreck für die Ehe . . . Ihr Tabakrauchen . . . Ihre Gespensterfurcht . . . Gesicht bei Zoten . . . Sie ist irritabel – sensibel. Ihr Hang gebildet zu sein . . . Sie will sich nicht durch meine Liebe genieren lassen. Meine Liebe drückt sie oft. Sie ist kalt durchgehends.«

Dieses Mädchen, das offenbar Tabak rauchte und sich manchmal auch Zoten anhören mußte und – wie er an anderer Stelle sagte – gern Wein trank, dieses Mädchen, das er liebte und mit dem er sich bald verlobte, war zwölf Jahre alt. Zwei Tage vor ihrem 13. Geburtstag – so berichtete er –, »sagte sie mir zum erstenmal, daß Sie Mein sein wollte«.

Sein zwei Jahre jüngerer Bruder warnte ihn: »Überhaupt gefällt mir Deine ganze Art nicht, Dich in das Mädchen zu verlieben, Du bist mir so tragisch, Freund, und selbst, wenn Du sie heiraten willst, solltest Du die Sache aus einem leichtsinnigeren Gesichtspunkte ansehen . . .«

Aber Leichtsinn war nicht seine Art, wenngleich er durchaus nicht prüde war und zuvor für viele Mädchen geschwärmt hatte, wobei er gestand, daß ihn während der Arbeit »unaufhörlich der Wollustteufel schikaniere und mit voluptuösen Bildern vor ihm herum auf dem Papier tanze«.

Zur Heirat ist es dann doch nicht mehr gekommen; seine Verlobte erkrankte an einem Leberleiden und an Lungentuberkulose und starb im Alter von 15 Jahren. Er wollte ihr nachsterben: »Ich habe noch einiges zu verrichten – dann mag die Flamme der Liebe und Sehnsucht auflodern und dem geliebten Schatten die liebende Seele nachsenden . . .«

Fast auf den Tag vier Jahre später starb auch er, im Alter von 28 Jahren.

Wer war's?

11 *Ein Leben lang ohne Anerkennung*

»Mancher Mensch hat in seiner Seele ein großes Feuer«, schrieb er einmal, »und niemals kommt jemand, sich daran zu erwärmen, und die Vorübergehenden gewahren nur ein klein wenig Rauch oben über dem Schornstein, und sie gehen dann weiter ihres Weges.«

Immer wieder war er enttäuscht worden, wenn er versucht hatte, sich anderen freundschaftlich zu nähern, ihnen etwas zu bedeuten, ihnen vielleicht gar zu helfen. Er war Evangelist geworden, in einem Bergarbeiterrevier, unterrichtete dort Kinder, pflegte Kranke und verschenkte an die Armen das Wenige, das er besaß – Geld, Kleidungsstücke, sogar seine Möbel. Aber was er eigentlich suchte – Kontakt, Verständnis, Gegenliebe –, hat er bei den Bergleuten und ihren Familien nicht gefunden. – Er blieb ein Fremder unter ihnen. Nicht nur während seiner Aposteltätigkeit war das so, sondern während seines ganzen Lebens. Immer stieß er auf Unverständnis und Mißtrauen.

Das lag nun nicht nur an der Umwelt. Entscheidend war vielmehr, daß er sich nicht anpassen konnte; letztlich bestand er immer darauf, daß andere sich nach ihm und seinen Anschauungen richteten. Als er – da war er 17 Jahre alt – als Verkäufer in einer Kunstgalerie angestellt war, weigerte er sich, den Kunden Bilder zu empfehlen, die ihm nicht gefielen. Und da er bald gar zu der Auffassung kam, der ganze Kunsthandel sei nichts anderes als eine großangelegte Gaunerei, und seine Meinung auch niemandem verhehlte, wurde er von der Firma entlassen.

Er versuchte es als Hilfslehrer an einer Privatschule, mußte diese Stelle aber nach nur zwei Monaten wieder aufgeben, arbeitete ein paar Monate lang als Hilfsprediger, dann als Handlungsgehilfe in einer Buchhandlung. Nachdem er auch da gescheitert war, entschloß er sich zum Studium der Theologie, um – wie sein Vater – Pfarrer zu werden. Doch schon nach vierzehn Monaten gab er auf, weil ihm die Sache zu akademisch schien. Und nun wurde er – nach Absolvierung eines entsprechenden Kursus – Evangelist. Aber sein apostolischer Eifer fand durchaus nicht die Billigung seiner kirchlichen Vorgesetzten, und so wurde ihm nach sechs Monaten die Genehmigung zu seiner Evangelistentätigkeit wieder entzogen.

»Diese Kirchenleute«, schrieb er seinem Bruder, »gehören einer alten akademischen Schule an, die sich oft in widerwärtigen Formen manifestiert . . . Sie tragen eine stählerne Rüstung von Vorurteilen und Konventionen mit sich herum.«

Da er sich nach seinem Mißerfolg als Evangelist weigerte, den Gottesdienst zu besuchen, kam es auch mit seinem Vater, der ihn bis dahin – er war jetzt 30 – finanziell unterstützt hatte, zum Bruch. Opposition gegen die Gesellschaft, ein noch immer vorhandener Bekehrungswille und vor allem seine Einsamkeit brachten ihn dahin, daß er eine Prostituierte zu sich nahm. »Die Welt erscheint fröhlicher, wenn man nicht allein ist, wenn man neben sich im Dämmerlicht ein anderes menschliches Wesen spürt«, schrieb er. Er wollte die Frau, die zwei Kinder hatte, heiraten, ihr zu einem anständigen Leben verhelfen. Aber auch damit ist er gescheitert.

Zu jener Zeit aber hatte er endlich seine Begabung und seinen Weg entdeckt. Doch blieben ihm für sein Werk, das er jetzt in beispielloser Schnelligkeit schuf, nur noch knapp sieben Jahre. Er scheint es geahnt zu haben: »Was die Lebenszeit angeht, die ich zum Arbeiten noch vor mir habe, so glaube ich ohne Übertreibung sagen zu können, daß mein Körper wahrscheinlich eine bestimmte Anzahl von Jahren auf jeden Fall aushalten wird, sagen wir sechs bis zehn Jahre . . . Ich gehe also vorwärts wie ein Unwissender, der nur eines mit Sicherheit weiß: ich muß innerhalb einiger Jahre ein bestimmtes Werk vollbringen . . .«

Er hat es vollbracht. Trotz größter Schwierigkeiten. Die wohl schwerste Last war für ihn, daß er keine Anerkennung, keine Bestätigung für die Richtigkeit seines Weges fand. Aber er sah jetzt nicht mehr rechts und links, sondern arbeitete wie ein Besessener. Auch daß er keinerlei finanziellen Gewinn hatte, sondern auf Unterstützung angewiesen war, irritierte ihn nicht mehr. Für sich persönlich brauchte er nur äußerst wenig. Er lebte von Schiffszwieback, Milch, ein paar Eiern und lief wie ein Bettler in zerlumpter Kleidung.

Aber dann machte er eines Tages die furchtbare Entdekkung, daß eine entsetzliche Krankheit in ihm war. »Ich weiß nicht, was es ist«, schrieb er, »aber etwas ist in meinem Gehirn nicht in Ordnung.« Auch die Leute merkten es. Sie beschimpften ihn als Narren, Kinder verfolgten ihn auf der Straße und warfen Steine nach ihm. Und schließlich erreichte man, daß er in eine Anstalt eingeliefert wurde.

Aber auch das konnte ihn von seinem Ziel nicht abbringen. »Wenn ich die Tollwutzelle ertragen soll, warum nicht«, schrieb er; »ich denke daran, einfach voll und ganz die Rolle eines Irren anzunehmen . . .« Was er hinterließ, als er im Alter von 37 Jahren seinem Leben selber ein Ende machte, hat heute einen unermeßlichen Wert.

Wer war's?

12 *Die Mutter vergöttert, den Vater gehaßt*

Er war 13 Jahre alt, als er einen der bedeutendsten Denker kennenlernte, nicht zufällig, sondern weil sein Vater ihm diesen Mann als Lehrer ausgesucht hatte. Dieser Lehrer stand damals schon fast auf der Höhe seines Ruhms. Was er dem Knaben beigebracht hat, ist indessen nicht bekannt. Aber man darf annehmen, daß er ihm zu einer umfassenden Bildung verhalf. Daß er ihm auch politische Ansichten vermittelte, ist unwahrscheinlich. Denn später schrieb er einmal: »Es kommt dem jungen Mann nicht zu, sich mit den politischen Wissenschaften zu befassen; er hat keine Lebenserfahrung, und weil er stets noch seinen Gefühlen gehorcht, lauscht er dem Lehrer völlig zwecklos, für nichts.«

Was der Knabe mit Sicherheit von seinem Lehrer angenommen hat, waren die Wißbegier und die Liebe zur Wissenschaft. Doch wurde er trotz seiner Intelligenz, die ihm nachgesagt wird, kein Wissenschaftler, kein Akademiker, sondern Politiker. Und in der Politik hat er einiges zustande gebracht, wenngleich das, was er erreichte, für die Betroffenen nicht immer positiv war. Dazu war er zu ungeduldig, zu schnell. Er hat gewissermaßen schneller gelebt als andere, schneller gedacht, schneller reagiert. Auf die Frage, wie ihm dies und jenes eigentlich habe gelingen können, antwortete er: »Weil ich nichts auf morgen verschob, was heute getan werden mußte.«

Dies war das eine, was ihn von anderen unterschied. Das andere war das absolute Fehlen von Minderwertigkeitskomplexen. Er muß in sich völlig sicher gewesen sein, sicher auch in seiner Maßlosigkeit. Wahrscheinlich hatte die Mutter ihm dies unglaubliche Überlegenheitsgefühl eingeimpft, die Mutter, die von vielen als zügel-, ja sittenlos geschildert wurde, die er jedoch vergötterte, weil er sie liebte. Den Vater scheint er gehaßt zu haben. Eben daraus erklären manche seinen Ehrgeiz und sein wahnhaftes Größegefühl. Und daß er die Mörder seines Vaters so streng verfolgte, war im Verständnis von Psychologen nichts als Überkompensation des eigenen Vaterhasses. Inzwischen war er 20 Jahre alt.

Wenig später schickte er sich an, die Welt zu verändern. Die ganze Welt. Sein Lehrer hat ihn dabei mit Interesse beobachtet, und er hat versucht, von daher weiterhin auf seinen ehemaligen Schüler Einfluß zu nehmen. Es ist ihm nicht gelungen, und es kam zwischen ihnen zum Zerwürfnis, weil sie in grundsätzlichen Fragen entgegengesetzter Ansicht waren. Es ging dabei um die Einschätzung fremder Völker. Anders als der Lehrer wollte er nicht wahrhaben, daß es Menschen zweiter Klasse geben solle (wenngleich er sich selbst für einen Gott hielt). Die Menschen waren für ihn alle gleich, weil er glaubte, sie alle untereinander verschmelzen zu können.

Er hatte nicht mehr die Zeit, seine eigentlichen Ziele anzugehen. Er starb zu früh, fast noch ein Jüngling. Aber als Verkörperung strahlender Jugendlichkeit ist er unsterblich geworden. Indessen blieb er auch als Städtegründer im Gedächtnis der Welt. Eine von ihm gegründete Stadt, die noch heute seinen Namen trägt, besaß einmal die größte Bibliothek der Welt.

Über seinen frühen Tod (im Alter von 33 Jahren) ist viel gerätselt worden. Manche haben behauptet, er sei infolge Alkoholmißbrauchs im Delirium tremens gestorben. Andere hielten eine Vergiftung für wahrscheinlich. Am wahrscheinlichsten ist jedoch die Diagnose Malaria.

Er hatte übrigens ein blaues und ein braunes Auge.

Wer war's?

13 Eine vollkommene Befreundung mit dem Tod

Sie hatte, schrieb einer ihrer Biographen, einen seltsamen Hang zum Absterbenden, Faulenden, Verwesenden. »All die vielen Kranken- und Sterbelager, daran sie gesessen, waren ihr zwar schrecklich, aber in der Schrecklichkeit doch vertraut, ja vielleicht auch in gewisser Weise nötig und lieb.« Man kann es auch anders sagen, nämlich daß sie – anders als zum Beispiel Goethe und Adalbert Stifter – dem Tod nie ausgewichen ist. Auch dem eigenen nicht, der sich schon früh ankündigte.

Von Geburt an – sie kam als Achtmonatskind auf die Welt – war sie zart und eigentlich immer krank. Die Siebzehnjährige berichtete in einem Brief von »Auszehrung«, an der sie leide; die Zwanzigjährige durfte wegen eines nicht näher bezeichneten Augenleidens einen Sommer lang nicht lesen: »Ich sitze eigentlich den ganzen Tag und faulenze, denn ich darf nichts tun wie Stricken und Klavier spielen, das erstere tu ich fleißig, aber mit großer Langeweile, und was das letztere anbelangt, so wird man das ewige Phantasieren doch endlich müde, wenn man nicht nach Noten spielen darf.«

Etwa zu jener Zeit gestand sie in einem anderen Brief ihre Hilf- und Schutzlosigkeit gegen alle Eindrücke, die von Menschen und Dingen auf sie einströmten, besonders von Unglücksfällen: »Ein Zeitungsartikel, ein noch so schlecht geschriebenes Buch, das von diesen Dingen handelt, ist imstande, mir die Tränen in die Augen zu treiben . . ., dann ist meine Ruhe und mein Gleichgewicht immer auf längere Zeit zerstört. Ich kann dann mehrere Wochen an gar nichts denken, und wenn ich allein bin, besonders des Nachts, kann ich weinen wie ein Kind . . .«

Ein anderer Brief, an eine ihrer Kusinen, zeigt, daß sie auch Sinn für makabre Komik hatte. Da heißt es: »Du wirst schon längst wissen, daß Prinz Nikolaus von Rußland in Holland gestorben ist und die Leiche durch Münster gekommen ist. Es war gerade Markttag, und die Bauern sprechen viel davon, wie er in seinem ganz schmalen Wägelchen, vor dem sein Leibpferd, ein schöner Engländer, gespannt gewesen, aufrecht gesessen, das Wägelchen sowohl wie das Pferd seien aber ganz schwarz verhängt gewesen, so auch die nachfolgenden Wagen, auf denen Kosaken gesessen. Ich finde die Art, so aufrecht sitzend Leichen zu transportieren, vorzüglich greulich, und mich dünkt, seine junge Frau (die zweite Prinzessin von Preußen) muß es nie vergessen können, wenn sie ihn so in seinem Wägelchen, ganz von der Sonne gedörrt, auf einige hundert Stunden Weges ankommen sieht.«

Als Dreiundzwanzigjährige erlitt sie die Qualen einer unglücklich Liebenden. In ihrer vielleicht übersteigerten Sehnsucht nach Liebe verliebte sie sich gleichzeitig in zwei Freunde und geriet dabei in ein Netz von Mißverständnissen und Klatsch. Während die Freunde einander alles offenbarten, blieb sie gewissermaßen auf der Strecke, verhöhnt und zutiefst getroffen. Es brauchte Jahre, bis die Wunde einigermaßen verheilt war und sie sich zu neuem Leben aufraffte und ein wenig die Welt kennenlernte.

Von einer Fahrt mit einem Dampfschiff schrieb sie: »Ein so großes Dampfschiff ist etwas höchst Imposantes, man kann wohl sagen, Fürchterliches. Es wird . . . durch Räder fortbewegt, die, verbunden mit dem Geräusch des Schnellsegelns ein solches Gezisch verursachen, daß es auf dem Schiff schwerhalten muß, sich zu verstehen. Doch dieses ist nicht das eigentlich Ängstliche. Aber im Schiff steht eine hohe dicke Säule, aus der unaufhörlich Dampf hinausströmt mit einer grauen Rauchsäule mit ungeheurer Gewalt und einem Geräusch wie das der Flamme bei einem brennenden Haus. Wenn das Schiff stille steht oder wenn der Dampf so stark wird, daß er die Sicherheitsventile öffnet, so fängt das Ding dermaßen an zu brausen und zu heulen, daß man meint, es wollte sogleich in die Luft fliegen. Kurz, das Ganze gleicht einer Höllenmaschine, doch soll gar keine Gefahr dabei sein . . .«

Sie lernte eine Menge Leute kennen, blieb indessen doch einsam. Aber sie fand sich mit der Einsamkeit ab: »Mein Bruder hält die Einsamkeit für das größte aller Erdenübel, ich nicht, vielmehr habe ich mich ihr mit der größten Einseitigkeit ergeben.«

Einige Jahre später versuchte sie dennoch, der Einsamkeit zu entkommen. Sie verliebte sich in einen 17 Jahre jüngeren Mann. Auch dies ging für sie tragisch aus. Mißtrauen schlich sich ein, mit dem sie ihm unrecht tat: »Er sucht mich zu bereden, mein Vermögen zum mit ihm gemeinschaftlichen Ankaufe eines kleinen Gutes am Rhein zu verwenden und dort mit ihm zu leben . . . Großer Gott! wär's möglich, daß dieser Mensch, dem ich soviel Gutes getan habe, schon auf meinen Tod spekulierte, weil er denkt, ich mache es nicht lange mehr!«

Inzwischen war sie zwar berühmt geworden, aber gesundheitlich war es mit ihr immer weiter bergab gegangen; sie muß schon sehr früh eine Tuberkulose gehabt haben. Sie starb im Alter von 51 Jahren. Ein Jahr zuvor, als sie kaum mehr gehen konnte vor Schwäche, hatte sie geschrieben: »Mein Gehen ist so gut wie gar nichts mehr. Schreiben bringt mich nach wenigen Zeilen einer Ohnmacht nahe. Lesen darf ich nur mit größter Vorsicht . . . Ich bin jede Stunde bereit und meinem Schöpfer sehr dankbar, daß er mir durch das ständige Gefühl der Gefahr eine vollkommene Befreundung mit dem Tode gegeben hat . . .«

Wer war's?

14 Wollte die Leute vom Rauchen abbringen

Seine Beine waren so beängstigend dünn, daß man bei Ärzten Rat und Hilfe suchte. Dieselbe Erscheinung zeigte sich später bei seinem Sohn und ebenso bei seinem Enkel, und auch da wurden Ärzte befragt, wenngleich ihre Fälle nicht mehr so sehr als Besonderheiten empfunden wurden. Das Besondere lag vielmehr darin, daß – wie man sich später erinnerte – sein Vater nicht so dünne Beine gehabt hatte, wohl aber der Sekretär seiner Mutter. Und als man dann von seinem Geburtsdatum 266 Tage zurückzählte, kam man in eine Zeit, zu der sein Vater fast nie daheim gewesen war. Das verstärkte den aufgekommenen Verdacht, er sei in Wahrheit nicht der Sohn seines Vaters, sondern des mütterlichen Sekretärs.

Noch etwas kam hinzu: Sein Vater sah zwar gut aus, war jedoch ungebildet, roh, ungeschliffen und ließ nicht die Spur von Intelligenz erkennen, ja, manche bezeichneten ihn als ausgesprochen beschränkt – ganz das Gegenteil jenes klugen, künstlerisch begabten Sekretärs. Und er, der Sohn, war nun wirklich nicht dumm. Er war sprachbegabt, schrieb Gedichte (wie übrigens auch seine viel berühmtere Mutter), lange Abhandlungen (meistens in Latein, das er völlig beherrschte) und zeigte sich an vielem interessiert, auch an Dingen des täglichen Lebens, wie zum Beispiel an der Frage, ob man rauchen solle oder nicht.

Selber war er ein Gegner des Rauchens; er litt – so sagte er – unter dem »Gestank und der Verpestung der Luft«, und er versuchte, die Menschen vom Rauchen abzubringen, weil er es für ungesund, vor allem aber für eine Verschwendung hielt. Besonders ärgerte ihn, daß Raucher so wenig Rücksicht auf Nichtraucher nehmen. »Was kann es bei der Tafel«, schrieb er, »jenem Altar der Ordnung und Bescheidenheit, Unziemlicheres geben, als jene spitzen Röhrchen umherzutragen, deren Inhalt die Luft verpestet, die Speisen verunreinigt und die Magen derer, die das Rauchen ablehnen, ruiniert?« Und er klagte: »So sehr hat sich diese Torheit verbreitet, daß sogar beherzte Männer, nur um nicht als Sonderlinge zu gelten, es für notwendig halten, sich wie die anderen der Tollheit zu ergeben und der verhaßten Sitte zu frönen – ähnlich jenem, der nur deswegen Knoblauch ißt, weil er den Knoblauchgeruch aus einem andern Mund nicht erträgt. . . . Jetzt müssen selbst die Weiber ihren Atem verderben, damit sie wenigstens durch die Gleichartigkeit ihres Mundhauchs die rauchenden Gatten ertragen; wenn sie es nicht täten, müßten sie andauernd jene Folter der Ausdünstung des Gatten über sich ergehen lassen.«

Er forderte die Menschen auf, das Rauchen aufzugeben, diese »Sache, die schändlich anzusehen, dem Geruch nach ekelhaft, für das Hirn schädlich, für die Lunge nachteilig ist und die durch die Dünste des schwarzen Rauches den Höllenbrodem am leibhaftigsten versinnbildlicht«. Seinen »lieben Mitbürgern« das Rauchen etwa zu verbieten, hat er nicht gewagt, obgleich er sich – was er in einer anderen Abhandlung dargelegt und begründet hat – als ein Stellvertreter Gottes auf Erden fühlte, über dem Recht stehend und keiner menschlichen Instanz verantwortlich. Nicht zuletzt aufgrund des gewaltsamen Endes seiner Mutter (auch seines namentlichen und seines vermutlichen Vaters) wußte er sehr wohl, welche Gefahren derart hohe Ansprüche mit sich bringen und wie ungesichert der Mensch gerade in solcher Stellung ist.

Wer war's?

15 ... wie ich euch alle ein wenig verachte

Er war einer, der die Welt verändern wollte. »Hätte ich, zwanzigjährig«, sagte er einmal, »20 000 Soldaten gehabt, so hätte ich alle Potentaten Europas verjagt.« Und ein anderes Mal: »In jedem anderen Jahrhundert als dem 19. wäre ich ins Gefängnis gekommen.« Das heißt, er fühlte sich als Verfemter, ausgestoßen aus der Gesellschaft.

Viele fürchteten ihn, zumal schon von seinem Äußeren eine erschreckende, dämonische Wirkung ausging. Ein Zeitgenosse beschrieb ihn so: »Es war ein beinah leichenblasses Antlitz mit stark zurückfallender Stirn und mächtigem Hinterkopf mit schwarzem, glatt zurückgestrichenem Haar. Die Augen waren tief eingesunken und umgeben von großen, dunklen Augenhöhlen. Sein Blick war nur schwer aufzufangen, er war nach innen gewandt und schien beständig etwas weit Entlegenes zu schauen ... Die Nase war leicht nach unten gebogen, der Mund ganz und gar eben gestreckt und mit einem eigentümlich zitternden Zug wie einem stillen Lächeln vor Schmerz ... Er hatte etwas Imperatorisches in seinem Wesen. Sein Anzug war schwarz und eng anliegend. Er sprach langsam, aber mit einem Enthusiasmus, der keine Widerrede duldete.« Und eine Frau sagte: »Eine plötzliche, unheimliche, ich möchte fast sagen, böse Wirkung ging von ihm aus, die mich ihn als unmenschlich empfinden ließ.«

Frauen spielten übrigens in seinem Leben so gut wie keine Rolle. Sein Kreis bestand aus Jüngern, die er beeinflussen, formen, führen wollte, die er liebte, wenn sie sich ihm unterwarfen, für die indessen zugleich ein Vers aus einem seiner Gedichte galt: »Oh wüßtet ihr, wie ich euch alle ein wenig verachte!« Er tyrannisierte sie selbst dann noch, wenn sie längst erwachsen und schon angesehene Universitätslehrer waren; sogar dann ließ er sie noch Schönschriftübungen machen. Viele seiner Freundschaften endeten im Haß. Einer, der sich seinem Werben von Anfang an entzogen hatte, schrieb über ihn den Vers: »Er konnte töten, ohne zu berühren.« Und er selbst gestand einmal: »Ich kann mir zehn Jahre lang überlegen, wie ich mich an einem Menschen räche.«

Sein Leben lang hatte er keinen festen Wohnsitz. Er war fast ständig auf Reisen und wohnte dann bei Freunden, peinlich darauf bedacht, daß nur wenige Auserwählte seine Adresse kannten. Das war für ihn keine Frage des Geldes, sondern eine des Lebensstils: »Unser leben kann nicht seßhaft sein«, sagte er seinen Freunden; »spätere zeiten dürfen wieder in palästen wohnen. Unsere ist die gründungszeit, die zeit der zelte. Paläste bauen hat heute keinen sinn, da keine menschen da sind denen es anstünde in ihnen zu wohnen. Gar einen tempel bauen zu wollen ist noch närrischer aus demselben grunde. Erst müssen wieder menschen in unseren landen wachsen, die werden sich dann auch wieder feste häuser bauen können, die ihrem wuchse gemäß sind. Uns ist es nicht beschieden.«

Er wollte dazu beitragen, diese Menschen heranzubilden; eine Elite wollte er schaffen, eine geistige Bewegung.

Wer war's?

Einer aus seinem Kreis, einer der Jüngsten, der zusammen mit anderen an seinem Sarg die Totenwache hielt, hat später versucht, die Welt von einem der gefährlichsten Tyrannen zu befreien und mußte dafür das Leben lassen.

16 *Ungeheure Mengen gegessen und getrunken*

Er war überzeugt, eine Bombengesundheit zu haben, obgleich er wirklich nicht gerade gesund lebte. Wenn seine Frau ihn nachmittags spazieren schickte, ging er ins Gasthaus, aß dort dreißig bis fünfunddreißig Würstchen und kam rechtzeitig zum Abendessen wieder nach Hause, wo er tat, als sei nichts gewesen. »Ich mit meiner Bombengesundheit«, sagte er häufig. Und er rauchte sehr viel und hatte ein enormes Trinkbedürfnis. Nicht selten trank er an einem Abend mehrere Liter Limonade. Auch sein Alkoholkonsum war nicht gerade niedrig. Und dann das viele Essen.

Aber er arbeitete auch viel, täglich zehn bis zwölf Stunden, wenngleich nicht körperlich. Und selbst dann war er nicht frei. »Ich halt's ohne Arbeit nicht aus«, sagte er. Immer war er beschäftigt, und sei es mit Briefeschreiben.

Viel Sinn hatte er für Streiche, nicht nur in der Jugend, als er einmal in einem Kurpark das internationale Publikum durch Herausstrecken der Zunge und lautes Bellen verunsicherte und ein anderes Mal das Licht löschte, wozu er auf alle Laternenpfähle geklettert sein muß. In späteren Jahren spielte er einmal Stationsvorsteher und ließ einen Zug abfahren. Aber daß man ihn als »geisteskrankes Untier« bezeichnete, lag nicht an irgendwelchen Streichen, sondern daran, daß man das Ergebnis seiner Arbeit nicht akzeptieren wollte.

Vielleicht war sein ungeheures Essen, Trinken, Rauchen eine Art Protest gegen diesen Mangel an Verständnis, so wie der Zwanzigjährige sich in Protestkleidung zeigte, in Samtjacken, mit wilden Krawatten, mit Kalabreser. Damals litt er zeitweise unter Wahnvorstellungen, an Schlaflosigkeit, hatte Selbstmordgedanken und dann wieder Wutanfälle. Denn er kam aus der finanziellen Misere nicht heraus, obwohl die Eltern ihm halfen und der Vater ihm den letzten Pfennig schickte, ja sogar seine Taschenuhr für ihn versetzte. Damals wäre er fast abgerutscht. Aber dann fing er sich plötzlich und arbeitete ganz konzentriert, rauchte täglich nur drei Zigarren, trank nur ein Glas Bier, schwamm bei jedem Wetter im Fluß. Von da an bewältigte er ein unglaubliches Arbeitspensum.

Der Vierunddreißigjährige wurde Direktor. Es folgten Orden und Titel. Er sagte: »Dabei gibt's nur einen Titel – das ist Doktor, und nur einen Orden: die Rettungsmedaille.« Einen Doktortitel verlieh man ihm wenig später auch, den Doktor honoris causa.

Etwa zu jener Zeit adoptierte er zwei kleine Mädchen, weil seine Frau so oft allein war. Denn er war häufig unterwegs und arbeitete immer mehr. Es heißt, daß er sich in zehn Jahren keine drei Wochen Urlaub gegönnt hat. Einzige Entspannung war sein enormes Essen. Und nächtelanges Hocken (und Trinken) in irgendwelchen Kneipen mit irgendwelchen Leuten, denen er stundenlang Witze erzählte.

Der Einundvierzigjährige brach mitten während der Arbeit zusammen. Und nun zeigte es sich, daß es mit der »Bombengesundheit« nie so weit her gewesen war. Schon Jahre zuvor hatte er plötzlich Lähmungen gehabt, dann einen Herzinfarkt, außerdem Allergien und immer Angst vor der Dunkelheit. Er kam in ein Sanatorium, durfte keinen Alkohol mehr trinken, sollte auch nicht arbeiten, was er aber dennoch tat. Im Alter von 43 Jahren ist er an den Folgen eines Herzinfarkts gestorben – allein, in einem Hotelzimmer, während er die Korrektur seines 138. Werkes las.

Wer war's?

17 Das bißchen Leben rollt so rasch dahin . . .

Die »Weichheit seiner Seele« mache ihm das Medizinstudium sehr schwer, schrieb der Achtzehnjährige nach Hause. »Glaubt nicht, liebe Eltern, daß ich zu dieser Einsicht etwa durch den ersten Ekel bei den Sezierübungen . . . gelangt bin . . .; etwas ganz anderes ist es, den gesunden, etwas anderes, den kranken Körper, die Krankheit selbst zu studieren. Vor diesen habe ich einen unüberwindlichen Abscheu und Krankenekel . . . Nie werde ich Pathologie mit Lust und Liebe hören, nie Chirurgie praktisch ausüben können . . . Ich glaube . . ., bestimmt schon meiner schwachen Nerven wegen nie Arzt werden zu können.«

Der Vater aber bestand darauf, daß der Sohn, dessen Interessen auf anderen Wissenschaftszweigen lagen, das Medizinstudium durchhielt. Und der Sohn gehorchte, obgleich sich seine Einstellung nicht änderte. Als »Poliklinischer Praktikant«, der schon bei Entbindungen helfen mußte, klagte er: »Namentlich in der vorletzten Woche kamen die Geburten förmlich haufenweis (die Folge der Karnevalswoche um Fastnacht!), und ich wurde drei Nächte hintereinander geweckt, so daß ich die Mutter Natur verwünschte, welche das Menschengeschlecht nicht durch Eier, wie die allermeisten Tierklassen, oder noch besser durch Sproß- und Knospenbildung, wie die Polypen, sich fortpflanzen läßt.«

Zugleich jedoch empfand er sein Desinteresse an den Patienten als einen Mangel, und um diesen Mangel, den er auf seine allgemeine Unbeholfenheit im Umgang mit Menschen, insbesondere mit Frauen, zurückführte, zu beheben, nahm er Tanzstunden – in der Absicht, »menschlich zu werden«. Auch das brachte keine grundsätzliche Änderung. Nachdem er sein Studium erfolgreich abgeschlossen hatte und die Approbation als praktischer Arzt, Wundarzt und Geburtshelfer erhalten hatte, eröffnete er zwar eine Praxis, legte aber – um ja keine Patienten zu bekommen – die tägliche Sprechstunde auf morgens von fünf bis sechs Uhr.

Dem Vater genügte es, daß der Sohn nun »für alle Fälle« einen Beruf ausüben konnte, und er hatte nichts dagegen, daß er sich jetzt seinen eigentlichen Interessen zuwandte und zunächst einmal eine lange Italienreise machte. Auf dieser Reise sammelte der Sohn Material zu einer seiner grundlegenden Arbeiten, mit der er sich im Alter von 27 Jahren habilitierte. Ein Jahr später war er Professor und Direktor und heiratete seine Kusine, in die er sich wenige Jahre zuvor verliebt hatte.

Aber die glückliche Ehe kam über einen Anfang kaum hinaus; nach nur eineinhalb Jahren starb die Frau. Es war an seinem 30. Geburtstag, zu dem er wegen seiner ungewöhnlichen wissenschaftlichen Leistung eine hohe Auszeichnung erhielt. Er schien völlig gebrochen und konnte an dem Begräbnis seiner Frau nicht teilnehmen. Er hatte ihr einmal geschrieben: »Wenn ich mir den Gedanken vorzustellen wage, Dich möglicherweise einmal zu verlieren, so ist unmittelbar und untrennbar der zweite Gedanke gleich damit verknüpft, daß mit Deinem Leben auch das meine aufhört und daß ich Dir freiwillig sofort in das Schattenreich nachfolgen würde . . .«

Aber das tat er dann doch nicht, sondern suchte Vergessen in der Arbeit, das heißt, von da an arbeitete er noch mehr als zuvor: In einem knappen Jahr schrieb er ein wissenschaftliches Werk von mehr als 1000 Druckseiten. Nur drei Jahre später erschien ein weiteres Buch, und das machte ihn weltberühmt. Die darin aufgestellten Thesen hat er in den folgenden 50 Jahren immer weiter auszubauen und zu untermauern versucht – allen Widerständen und Anfeindungen zum Trotz. Der einst so nervenzarte Medizinstudent war zum »Gipfelstürmer« und »Götzenzertrümmerer« geworden, der von seiner (noch keineswegs gesicherten) wissenschaftlichen Basis aus gegen den katholischen Kirchenglauben zu Felde zog und sich schließlich gar zum »Gegenpapst« ausrufen ließ. Er hat auch dies auf den frühen Tod seiner ersten Frau zurückgeführt; jener harte Schicksalsschlag – so schrieb er in einer autobiographischen Skizze – »vollendete meinen völligen Bruch mit dem Kirchenglauben und trieb mich der radikalsten Realphilosophie in die Arme . . .«

Dreieinhalb Jahre nach dem Tode seiner Frau heiratete er ein zweites Mal. Diese Ehe wurde nicht glücklich, nicht zuletzt deswegen, weil er so oft auf Reisen ging und seine Frau sich zu Hause – trotz der Kinder – einsam fühlte und ihn vermißte: »Ein Mann liebt doch ganz anders als eine Frau, ich könnte von Dir nicht so lange fortgehen, die Zeit kommt ja nicht wieder, das bißchen Leben rollt so rasch dahin, aber ich gönne Dir deshalb doch von ganzem Herzen Deine Reise . . .« Und er, der immer robuster und rücksichtsloser wurde, warf ihr Empfindlichkeit vor: »Wann wirst Du endlich Deine entsetzliche Empfindlichkeit aufgeben? Wieviel Not machst Du dadurch Dir und mir!« Sein Sohn urteilte später, ihm, dem Vater, sei die weibliche Psyche eine unbekannte Größe geblieben.

Auch manch anderes hat er, obwohl schließlich zum »Wirklichen Geheimen Rat mit dem Prädikat Exzellenz« ernannt, nicht richtig erkannt. Das betraf sogar sein eigenes Fach. Aber auch die Politik – etwa als er ein Großdeutschland von Antwerpen bis Riga forderte, mit einem »riesigen Kolonialreich in Afrika« . . .

Wer war's?

18 Am liebsten saß er in seinem Gärtchen

Die Schulzeit hat ihm nicht sonderlich gut gefallen. Er war zuviel Freiheit gewöhnt. Die Mutter hatte ihn und seine Geschwister sehr liberal erzogen. So hatte sie ihnen zum Beispiel ein großes Spielzimmer eingeräumt, wo sie an Regentagen ungehindert spielen, raufen und sogar die Wände bemalen durften. Sie hat die Kinder aber nicht etwa verzärtelt. »Meine Schwiegermutter und mein Mann«, sagte sie später, als alle ihre Kinder in wichtigsten Spitzenpositionen saßen, »waren so nachsichtig gegen die Kinder, daß sie beim leisesten Weinen und Wehklagen herbeiliefen, um sie zu liebkosen. Ich meinerseits war streng oder nachgiebig, wie die Gelegenheit es erforderte.« Sie legte viel Wert auf körperliche Bewegung und brachte den Kindern Reiten und Schwimmen bei.

Der Fünfjährige kam in einen Kindergarten, wo fast nur Mädchen waren. Wie er später erzählte, entbrannte er da in Leidenschaft zu einer kleinen Schönheit namens Giacominetta, die jedoch seine Liebe nicht erwiderte, und zwar deswegen nicht – so meinte er –, weil ihm stets seine Strümpfe bis auf die Knöchel herunterrutschten.

In dieser Vorschule blieb er nur kurze Zeit. Dann ging er, zusammen mit einem seiner Brüder, zu einem Priester, um Lesen, Schreiben und Rechnen zu lernen. Rechnen und später Mathematik hat ihm immer sehr viel Freude gemacht. Diesen seinen ersten Lehrer hat er noch in seinem Testament mit einer großen Geldsumme bedacht.

Eines Tages erhielt er ein Stipendium für den Besuch einer angesehenen Schule, die jedoch von seinem Zuhause weit entfernt war. Ihm erschien sie wie ein Gefängnis. Die Erziehung war hart: Es gab niemals Ferien, nur in Ausnahmefällen durften die Zöglinge den Schulbereich verlassen, und nicht einmal Geschenke von außerhalb durften angenommen werden. Unter seinen Mitschülern war er der Kleinste, und schlimm war für ihn, daß die anderen sich ständig über seine schlechte Aussprache mokierten; er hatte die Landessprache – die Sprache jenes Landes, an dessen Spitze er später einmal stehen sollte – erst lernen müssen, denn bei ihm daheim wurde eine andere Sprache gesprochen.

So blieb er auf dieser Schule meist für sich allein, lernte oder träumte – dies vor allem in seinem kleinen Garten. Jeder Zögling mußte nämlich ein kleines Stückchen Land betreuen, auf dem er Gemüse oder Blumen ziehen konnte. Er hat sich mit seinem Gärtchen besonders viel Mühe gegeben.

Dieser landwirtschaftliche Unterricht stammte aus einer Zeit, da jene Schule ein klösterliches Internat war. Daher kam es auch, daß die Lehrer noch Angehörige des Franziskanerordens waren. Sie trugen braune Kutten und an den Füßen bloße Sandalen, während die Zöglinge in militärischen Uniformen steckten. Hauptunterrichtsfächer waren Latein, Französisch, Mathematik, Geographie, Geschichte und Physik. Außerdem wurde in Festungsbau und Zeichnen unterrichtet. In Mathematik war er sehr gut, in anderen Fächern brachte er durchschnittliche, in einigen schlechte Leistungen. Seine Handschrift – so heißt es – war und blieb immer eine Schande, seine Rechtschreibung war haarsträubend, sein Französisch das eines Barbaren. Er lernte nur, was ihn interessierte. Außer Mathematik interessierten ihn Geographie und Geschichte. Und alles, was mit Seefahrt zusammenhing.

Der Zwölfjährige entschloß sich, später einmal zur Marine zu gehen. Seitdem schlief er in seiner Zelle nicht mehr in einem Bett, sondern in einer Hängematte. Zu jener Zeit hieß es in einer Beurteilung von ihm, er habe »eine ausgezeichnete Konstitution und Gesundheit«. Und weiter: »Sein Betragen zeugt von großer Regelmäßigkeit, und er hat sich stets durch sein Interesse an der Mathematik ausgezeichnet. Er besitzt gründliche Kenntnisse in Geschichte und Geographie. Er ist sehr schlecht im Tanzen und Zeichnen. Er wird einen vortrefflichen Seemann abgeben.«

Ein Jahr später kam er an eine weiterführende Schule, an der er die theoretischen Voraussetzungen für den Beruf eines Marineoffiziers erlernen sollte. Sein Französisch war immer noch schlecht, vor allem die Orthographie; denn er schrieb nach Gehör. Sehr gut war er weiterhin in Mathematik, in Geographie und Geschichte. Mäßig blieben seine Leistungen in den Fächern Festungsbau und Zeichnen, sehr mäßig im Deutschen. Hervorragend war er im Fechten.

Auf dieser Schule gefiel es ihm besser als auf der anderen. Die Schule war noch ziemlich neu, und er fand alles geradezu prunkvoll und luxuriös. So die Tapete in den Zimmern (blau mit goldenen Lilien), die Vorhänge und nicht zuletzt, daß der Schlafsaal mit einem großen Kachelofen beheizt werden konnte. Das Essen war ausgezeichnet, die Lehrer waren Experten, und am besten gefiel ihm die Uniform, die er jetzt tragen mußte, blau mit rotem Kragen und silbernen Tressen.

Auf dieser Schule arbeitete er sehr fleißig, fleißiger als je zuvor. Das hatte einen familiären Grund: Sein Vater war gestorben, und er wollte nun schnell in seinen Beruf kommen, um – so hatte er es versprochen – seiner Mutter, die er sehr liebte, finanziell helfen zu können. Bei den folgenden Prüfungen schnitt er so gut ab, daß er den normalerweise drei Jahre dauernden Kursus in nur einem Jahr absolvierte. Er war genau 16 Jahre und 15 Tage alt, als er sein Offizierspatent erhielt – übrigens doch nicht für die Marine.

Und was er seiner Mutter versprach, hat er gehalten. Er unterstützte sie und seine jüngeren Geschwister, sobald er dazu in der Lage war. Und er ließ die Mutter nicht in der Ferne sitzen, sondern holte sie zu sich, als er ganz oben war, und ließ sie (wie auch die Geschwister) an allem teilhaben, was er tat. Und er tat nichts Geringeres, als daß er die ganze Welt durcheinanderwirbelte – in der Absicht, sie zu verbessern.

Wer war's?

19 Er mußte der vollkommene Sohn werden

Er sagt, er habe keine Wahl gehabt, als der vollkommene Sohn zu werden, der Sohn seiner Mutter. Aus Dankbarkeit nämlich, aus Dankbarkeit dafür, daß sie so viel für ihn tat, daß sie nur für ihn lebte und arbeitete und für niemanden sonst. Der Vater rückte immer weiter an den Rand; zwar arbeitete auch er, aber sein Verdienst reichte bei weitem nicht, dem Sohn eine bessere Schulbildung, geschweige denn ein Universitätsstudium zu ermöglichen, und es lag wohl nicht in seiner Natur, sich sonderlich anzustrengen, nur um die gegebenen Verhältnisse zu verbessern; er war zufrieden mit dem Wenigen, das sein Sattlerhandwerk einbrachte.

Da war die Mutter aus anderem Holz. Wie ihre sieben Brüder, die alle Fleischer waren und es in ihrem Beruf zu etwas gebracht hatten, nahm sie den Lebenskampf auf, um dem Sohn, dem Spätgeborenen und einzigen, zu einer besseren Zukunft zu verhelfen. Schon vor der Geburt ihres Sohnes hatte sie Heimarbeit angenommen; sie nähte Leibbinden. Später, als sie fürchtete, das Rattern der Nähmaschine könne ihrem Sohn schaden, gab sie das Nähen auf und vermietete von der ohnehin eigentlich zu kleinen Wohnung ein Zimmer, und zwar an einen Lehrer (was die Zukunft des Sohnes entscheidend beeinflussen sollte). Und dann erlernte sie einen Beruf, obwohl sie immerhin schon 35 Jahre alt war. Sie wurde Friseuse, und im Schlafzimmer, wo nachts Mutter und Sohn schliefen, wusch und ondulierte sie ihren Kundinnen das Haar. Von dem Geld kaufte sie dem Sohn Bücher, die der zur Untermiete wohnende Lehrer ihm empfahl. Regelmäßig ging sie auch mit ihm ins Theater. Und Jahr für Jahr, in den Ferien, machten Mutter und Sohn lange Ausflüge zu Fuß oder auch mit dem Rad (nachdem die Mutter radfahren gelernt hatte).

»All ihre Liebe und Phantasie, ihren ganzen Fleiß, jede Minute und jeden Gedanken, ihre gesamte Existenz setzte sie fanatisch auf eine Karte, auf mich«, schrieb er später. »Ihr Einsatz hieß: Ihr Leben mit Haut und Haar! Die Spielkarte war ich, deshalb mußte ich gewinnen. Deshalb wurde ich der beste Schüler und der bravste Sohn. Ich hätte es nicht ertragen, wenn sie ihr großes Spiel verloren hätte. Da sie die vollkommene Mutter sein wollte und war, gab es für mich, die Spielkarte, keinen Zweifel: Ich mußte der vollkommene Sohn werden . . .«

Seine Mutter wollte, daß er Lehrer werde. Aber kurz vor Beendigung des Lehrerseminars, dessen Besuch sie ihm ermöglicht hatte, erkannte er: »Ich war kein Lehrer, sondern ein Lerner. Ich wollte lernen und nicht lehren. Ich wollte Lehrer werden, um möglichst lange Schüler bleiben zu können. Ich wollte Neues, immer Neues aufnehmen und um keinen Preis Altes, immer wieder Altes weitergeben.«

Mit dem Einverständnis seiner Mutter begann er ein Hochschulstudium, das er nach nur drei Jahren mit dem Doktorexamen abschloß. Zu jener Zeit war er nicht mehr unbekannt, sondern hatte schon einen Namen als »junger Autor«, und in den folgenden Jahren lebte er von seiner »kleinen Versfabrik« und dann von seinen Büchern. Und trotz mancher Rückschläge infolge politischer Wirren, Krieg und Krankheit wurde er immer berühmter und erfolgreicher. Was er nie vergaß, war seine Kindheit. Und den Kindern sagte er: »Laßt euch die Kindheit nicht austreiben!«

Wer war's?

20 *Gott schütze Dich vor einer Krankheit*

»Mein Koffer ist gekauft, meine Ausstattung liegt bereit ... meine Taschentücher gesäumt ... Es bleibt mir nur noch Abschied zu nehmen – und das ist das Schlimmste.« Zwanzig war er, als er dies schrieb; er sollte eine längere Auslandsreise machen, aber ihm schien es ein Abschied für immer zu sein: »Ich habe das Gefühl, daß ich das Haus nie wiedersehen werde ... Und daß ich abreise, um zu sterben. Ach, wie traurig muß es sein, fern der Heimat zu sterben!«

Einige Monate später aber fühlt er sich in »der schönsten aller Welten«, nicht etwa nur an ihrem Rand, sondern mitten drin. Und nicht ohne Stolz berichtet er nach Hause: »Es ist so weit! Ich gehöre nun zur höchsten Gesellschaft; mein Platz ist zwischen Botschaftern, Fürsten und Ministern – ich weiß selbst nicht, wie ich da hineingeraten bin!«

Nun, ein wenig Glück war schon im Spiel gewesen, entscheidend aber war sein Können, und auch seine Jugend und sein Aussehen trugen dazu bei, daß die Gesellschaft ihn vergötterte. Ein berühmter Zeitgenosse beschrieb ihn so: »Sein Äußeres hatte etwas so Harmonisches, Angenehmes, daß der Blick gern auf ihm verweilte. Sein dunkelbraunes Auge war eher heiter als träumerisch, sein Lächeln liebenswürdig und frei von aller Bitterkeit. Sehr schön war seine feine, fast durchsichtige Gesichtsfarbe; sein Haar, dunkelblond und weich wie Seide; seine Nase leicht gebogen, von römischem Schnitt; seine Bewegungen waren elegant, und in seinem Umgang hatte er die Manieren des Aristokraten von edelster Art.«

Nicht nur war er überall gern gesehen, man gab ihm auch die Möglichkeit, Geld zu verdienen. Bald konnte er sich einen eigenen Wagen halten; er hatte einen Kutscher und mehrere Diener, und er brauchte nicht zu sparen, wenn er sich Anzüge schneidern ließ, wenn er Parfüms, Süßigkeiten, Blumen kaufte. Einem Freund schrieb er: »Du glaubst wohl, daß ich ... ein Vermögen verdiene, aber ein eigener Wagen und weiße Handschuhe, die unbedingt zum guten Ton gehören, strapazieren meine Mittel doch einigermaßen.«

Aus der Heimat versorgte der Vater ihn mit gutgemeinten Ratschlägen: »Lege Dein Geld in Wertpapieren an, die Du, wann immer Du willst, verkaufen kannst.« Der Vater fürchtete, daß irgendwann wieder schlechtere Zeiten kommen könnten: »Gott schütze Dich vor einer Krankheit, die Dich zwingen würde, Deine Stunden aufzugeben. Du müßtest im fremden Land in bittere Not geraten. Ich gestehe, daß mir dieser Gedanke oft schwere Sorge bereitet, denn ich weiß, daß Du von der Hand in den Mund lebst.«

Die Furcht des Vaters vor Krankheit kam nicht von ungefähr; die ältere Tochter war einige Jahre zuvor an Lungentuberkulose gestorben. Wirklich sollte auch bei ihm, dem Sohn, diese Krankheit zum Ausbruch kommen. Da war er 28 Jahre alt. Zu jener Zeit lebte er zusammen mit einer acht Jahre älteren Frau und deren zwei Kindern, die sich eines Tages in ihn verliebt hatte – zu ihrer eigenen Überraschung: »Ich bin so sehr daran gewöhnt, mit Männern zusammen zu sein, ohne mir bewußt zu werden, daß ich Frau bin, daß ich wahrlich etwas verwirrt und konsterniert über den Eindruck gewesen bin, den dies kleine Wesen auf mich gemacht hat.«

Er mochte sie anfangs nicht sonderlich gern, vor allem der Zigarrenqualm, der sie ständig umgab, störte ihn. Aber dann hielt er es doch eine ganze Reihe von Jahren mit ihr aus, bis es – zwei Jahre vor seinem Tod (im Alter von 39 Jahren) – zum Bruch kam.

Wer war's?

21 *Nach seinem Tod sollte er verbrannt werden*

Während sein Name und sein Werk – dies allerdings vielen nur dem Titel nach – in aller Welt bekannt wurden, blieben die Fakten seines Lebens weithin im dunkeln. Nicht einmal sein Geburtsdatum ist gesichert. Man weiß, daß er sehr früh heiratete (beziehungsweise verheiratet wurde) und offenbar einige Jahre als Familienvater gelebt hat, obgleich eben dies recht schwer vorstellbar ist. Er hatte mehrere Kinder, mindestens vier, davon drei Söhne, die er nach seinen drei Lieblingsaposteln nannte. Intensiv betrieb er das Studium der Philosophie. Wahrscheinlich ist, daß er einmal an einem Feldzug teilnahm, doch scheint er als Soldat weder begeistert noch sonderlich mutig gewesen zu sein. Als Dreißigjähriger begann er, sich politisch zu betätigen. Und dann war er plötzlich – niemand weiß warum – enorm hoch verschuldet. Es ging um Millionenbeträge, und man weiß nur, daß er sie nie zurückzahlen konnte.

Als Politiker entwickelte er sich von einem leidenschaftlichen Republikaner zu einem ebenso leidenschaftlichen Anhänger der Monarchie. Das war vielleicht die Folge jener heftigen und zermürbenden Parteikämpfe, an denen er unmittelbar beteiligt war und die ihn eines Tages dahin brachten, sich von den Parteifreunden zu trennen, um – so sagte er – »für sich selbst Partei zu bilden«.

Seine aktive Beteiligung in der Politik endete für ihn – da seine Partei unterlag – mit einem Prozeß, in dem ihm unter anderem Widerstand gegen den Papst vorgeworfen wurde. Danach lebte er als Verbannter. Für den Fall unerlaubter Rückkehr in seine Heimatstadt wurde ihm der Feuertod angedroht. Nach mehr als einem Jahrzehnt bot man ihm die

Heimkehr an, aber man forderte von ihm ein Schuldbekenntnis, eine Bußzeremonie und Lösegeld. Er lehnte ab. Daraufhin wurde er – in Abwesenheit – ein zweites Mal zum Tode verurteilt, diesmal durch Enthauptung. Das gleiche Urteil erging auch gegen seine Söhne. – »Wir sehen viele Menschen«, schrieb er, »die so niedrig gesinnt und gestaltet sind, daß sie kaum etwas anderes zu sein scheinen als Tiere . . .«

Noch sechs Jahre zog er von Ort zu Ort, arbeitete zeitweise als Sekretär, auch als Lehrer, und widmete sich im übrigen jenem Werk, das seinen Namen später so berühmt machte, bis er dann – erst 55 Jahre alt – starb. Aber Ruhe fand auch der Tote noch nicht, der in der Verbannung beigesetzt worden war.

Acht Jahre nach seinem Tod forderten seine ehemaligen Gegner, daß seine Gebeine wieder ausgegraben und öffentlich verbrannt würden. Das wurde verhindert. Fünfundsiebzig Jahre nach seinem Tode erbaten die Bürger seiner Heimatstadt, die ihm nun ein Denkmal errichteten, seine Gebeine, um sie unter dem Denkmal feierlich zu bestatten. Ihre Bitte wurde abgewiesen. Und auch später wies man die wiederholten Bitten aus jener Stadt zurück. Inzwischen hatte sich herausgestellt, daß sein Sarkophag gar nichts enthielt. Vor gut hundert Jahren wurden seine Überreste wiederentdeckt, in einer hölzernen Kiste in einer Kirchenmauer. Mönche hatten sie da versteckt, weil sie ihre Auslieferung verhindern wollten. Zum 600. Jahrestag seines Todes fand er dann endlich seine Ruhe.

Wer war's?

22 *Eine lebenslange Abneigung gegen Eichen*

Schon als junger Mensch bewies er den Mut, neue Wege einzuschlagen, die vor ihm noch niemand gegangen war. Aber er war enttäuscht, als seine älteren, konservativen Kollegen ihm nicht folgten. Für Kritik war er zu empfindlich, und das Ausbleiben von Lob und Anerkennung hat ihn anfangs ziemlich deprimiert. Es hat ihn zugleich aber auch angespornt, denn er wollte zeigen, daß er etwas konnte.

Dieses Motiv, ausgelöst durch eine Bemerkung des Vaters, muß für ihn eine eminent wichtige Rolle gespielt haben. Aus nichtigem Anlaß hatte der Vater einmal im Beisein des sieben- oder achtjährigen Knaben geäußert: »Aus dem Buben wird nichts werden.« Später schrieb er dazu: »Es muß eine furchtbare Kränkung für meinen Ehrgeiz gewesen sein, denn Anspielungen an diese Szene kehren immer in meinen Traumen wieder und sind regelmäßig mit Aufzählungen meiner Leistungen und Erfolge verknüpft, als wollte ich sagen: Siehst du, ich bin doch etwas geworden.«

Dabei war er von Natur aus passiv. Er scheute sich, aktiv einzugreifen, und er sagte einmal, es gebe drei Dinge, denen er sich nicht gewachsen fühle, nämlich Regieren, Heilen, Erziehen. Trotz seiner passiven Grundhaltung aber hat er wie wenige dazu beigetragen, das Leben nicht nur einzelner Menschen, sondern ein ganzes Zeitalter zu verändern. Nicht durch direktes Eingreifen, nicht mit Gewalt, sondern durch Verstehen, Erklären, Analysieren.

Ausgangspunkt seines Nachdenkens war oft sein eigenes Erleben. So zum Beispiel die Liebe zu seiner Frau, sein Verhalten während ihrer langen Verlobungszeit. Oder irgendwelche Erlebnisse, die ihm zu schaffen machten, oft auch

Träume. Zum Beispiel wollte er seiner Braut einen Strauß Eichenblätter schenken, sie aber wies den Strauß zurück; die Folge seiner Enttäuschung war eine lebenslange Abneigung gegen Eichen. Oder ein anderes Erlebnis, das sehr viel tiefer ging und ihn immer wieder beschäftigte und ihn schließlich zu neuen, überraschenden Einsichten führte: Als Junge hatte er einmal seine Mutter nackt gesehen, und dabei hatte er ihr gegenüber sexuelle Wünsche empfunden und Eifersucht gegenüber seinem Vater.

Später ist behauptet worden, sein ganzes Lebenswerk sei aus nicht überwindbaren ambivalenten Spannungstendenzen erwachsen, die sich aus dem Konflikt mit dem Vater ergaben. In der Tat war sein Verhältnis zum Vater nicht gut; er war der Liebling der Mutter, die 20 Jahre jünger war als der Vater.

Er selbst war es, der für solche Deutungen die Voraussetzungen schuf, der den Menschen für derartige Einblicke erst die Augen öffnete. Aber viele wollten nicht sehen, was er sah. Und so glaubte er lange Zeit nicht daran, mit den Ergebnissen seiner wissenschaftlichen Methoden noch bei Lebzeiten Anerkennung zu finden. Als Sechsundfünfzigjähriger schrieb er einem Mitarbeiter: »Für mich bin ich nicht sehr erwartungsvoll; wir haben eine trübe Zeit durchzumachen, nach welcher Anerkennung wohl erst für die nächste Generation blühen wird. Aber wir haben das unvergleichliche Vergnügen der ersten Erkenntnisse.«

Aber da er noch eine ganze Reihe von Jahren vor sich hatte, erlebte er schließlich doch, wie seine Erkenntnisse sich mehr und mehr durchsetzten. Den Achtzigjährigen freute es besonders, daß ein berühmter zeitgenössischer Schriftsteller in einer Laudatio vom »menschlichen Heileffekt« der von ihm gegründeten Wissenschaft sprach und seine Einsichten »weltverändernd« nannte.

Er lebte danach noch gut drei Jahre, trotz seiner schweren Krankheit bis zuletzt arbeitend.

Wer war's?

23 *Mein Adjutant wird die Zierde der Armee werden*

Der Fünfzehnjährige wollte unbedingt Offizier werden. Für wen er kämpfen würde, war ihm – jedenfalls zunächst – nicht wichtig. Entscheidender war schon das Wie: Die Infanterie lockte ihn nicht; es ging ihm schon um die Möglichkeit, reiten zu können.

Sein Vater, der als Hauptmann diente, wollte, daß er und sein wenig älterer Bruder Landwirte würden. Alle anderen Brüder – insgesamt waren es neun – waren bereits Soldaten. Die beiden Jüngsten wollten hinter ihnen nicht zurückstehen, und als es zu einem Krieg kam, meldeten sie sich zum Kriegsdienst. Übrigens dienten die neun Brüder in verschiedenen Armeen, und es focht sie nicht an, daß einige dieser Armeen gegeneinander Krieg führen mußten.

Er mußte zum Beispiel gegen eine Armee kämpfen, der mehrere seiner Brüder angehörten. Dabei geriet er eines Tages in Gefangenschaft. Als er zum Verhör gebracht wurde, stellte sich heraus, daß er mit dem verhörenden Kommandeur, einem 41jährigen Oberst, verwandt war. Der Oberst versuchte, ihn zum Übertritt in sein Regiment zu bewegen. Zunächst zögerte der Achtzehnjährige, weil er sich durch seinen Treueid gebunden fühlte. Als man ihm jedoch eine Beförderung zum Kornett anbot, setzte er sich über den Treueid hinweg und diente fortan einem anderen König und Land.

Sein neuer Oberst setzte in ihn große Hoffnungen; er machte ihn zu seinem Hilfsadjutanten, bald zum Adjutanten. Und er sagte: »Mein Adjutant wird einmal die Zierde der . . . Armee werden, wenn seine natürlichen Eigenschaften und Talente mit einer wohlverdienten Grundlage der militärischen Taktik gemischt sind.«

Ein solcher Ausspruch ist immerhin erstaunlich. Denn der junge Mann hatte von den Bildungsmöglichkeiten, die es zu seiner Zeit gab, bis dahin kaum Gebrauch gemacht, und er sollte es auch in Zukunft nicht tun. Die Orthographie seiner Muttersprache hat er nie beherrscht, auch nicht die wichtigsten grammatikalischen Regeln. Doch hat ihn das nie gestört.

Um so empfindlicher war er in einem anderen Punkt, genauer: in seiner Karriere. Als ein neuer Regimentschef ihn – inzwischen war er Rittmeister – bei der Beförderung überging, indem er einen jüngeren Offizier vorzog, beschwerte er sich sofort bei seinem König, ja, er bat schriftlich um Entlassung. Als Grund gab er an, er könne den über die Zurücksetzung empfundenen Schmerz nicht ertragen.

Als er keine Antwort erhielt, schrieb er ein zweites Mal, »wie unerträglich es für mich ist, daß ich durch einen anderen Offizier übergangen wurde, der sich keiner anderen wesentlichen Verdienste rühmen kann, als denen, daß er der Sohn des M. . . . und S. . . . ist. Eure Majestät wollen daher allergnädigst gestatten, daß ich meinen Abschied nehmen, statt mich in jeder Stunde meines Lebens den bittersten Empfindungen auszusetzen.«

Diesmal erhielt er seinen Abschied, dazu noch die Empfehlung, zum Teufel zu gehen. Er ging aber in die Landwirtschaft, wo er so erfolgreich war, daß er sich bald ein eigenes Gut kaufen konnte. Dort lebte er einige Jahre mit Frau und Kindern recht zufrieden. Dann jedoch, als wieder ein Krieg ausbrauch, wollte er zurück in die Armee. Der König wies ihn ab. Er versuchte es wieder und wieder, über Jahre hin ohne Erfolg. Erst der Nachfolger jenes Königs erlaubte seine Wiederaufnahme. Da war er inzwischen Mitte der Vierzig. Aber die Voraussage seines ehemaligen Kommandeurs sollte sich doch noch erfüllen. Er wurde nicht nur die Zierde der Armee, sondern einer der erfolgreichsten Heerführer der Geschichte.

Wer war's?

24 *Dreimal mußte der Henker zuschlagen*

Ihr Leben lang hatte sie eine Vorliebe für Maskenkostüme, überhaupt für Verkleidungen jeder Art. Manchmal verkleidete sie sich als Mann und ging oder ritt dann inkognito durch die Straßen. Zu jener Zeit war sie Mitte Zwanzig, sie war schlank, etwa einen Meter achtzig groß.

Mit 15 hatte sie zum erstenmal geheiratet, mit 16 war sie in der Gesellschaft ganz oben (an der Seite ihres etwa gleichaltrigen Mannes), mit 18 war sie schon Witwe. Und wenn sie auch ein zweites und noch ein drittes Mal heiratete, ihre glücklichste Zeit lag hinter ihr.

Glücklich war vor allem ihre Kindheit gewesen, wenngleich sie sie fern vom Elternhaus verbracht hatte, von ihrem sechsten Lebensjahr an sogar in einem fremden Land. Doch waren die Menschen ihrer Umgebung freundlich zu ihr, und auch in der Fremde lebte sie behütet und umgeben von einigem Luxus.

Von Kind an liebte sie Tiere. Als sie zehn Jahre alt war, hatten sie und ihr späterer Mann – die beiden wuchsen zusammen auf – vier große Hunde und 22 Schoßhündchen, sie konnten mit Falken und anderen zahmen Vögeln spielen, und natürlich standen ihnen auch Pferde zur Verfügung. Einmal schenkte man ihnen sogar zwei Bären, die jedoch soviel Schaden anrichteten, daß man sie wieder entfernte.

Um den Kindern eine Freude zu machen, wurden manchmal sogar Komödianten und Akrobaten geholt. An nichts sollte es ihnen fehlen. Und so kam es, daß die Kinder mit den vielen Bediensteten, die für sie da waren, den Lehrern und Tanzmeistern, den Ärzten, Barbieren, Wäscherinnen, den Köchen, Wasserträgern, Stallknechten schon einen gewaltigen Haushalt hatten. Und dessen Kosten waren beträchtlich. Nach einer Aufstellung wurden einmal an Nahrungsmitteln eingekauft: 250 Brote, 18 Rinder, acht Schafe, vier Kälber, 20 Kapaune, 120 Hühner und Tauben, drei Rehe, sechs Gänse und vier Hasen. Niemand mußte Hunger leiden, und überhaupt brauchte nicht gespart zu werden. Sie hatte eine unglaublich reichhaltige Garderobe: viele Kleider, Mäntel, Schuhe, eine Menge Schmuck.

Und in all diesem Luxus fühlte sie sich wohl. Denn alle bewunderten sie, manche hielten sie gar für eine Art Wunderkind, weil sie mehrere Sprachen konnte, und zwar außer der Sprache ihres Landes Französisch, Italienisch, Spanisch, ziemlich gut auch Latein und ein wenig auch das Griechische. Sie spielte mehrere Musikinstrumente, sie machte Gedichte und hatte eine Leidenschaft für Bücher.

Dies blieb ihr auch, als es ihr nicht mehr so gut ging. Und auch ihr Charme blieb, mit dem sie immer wieder Männer bezauberte. Doch hat sie den Männern, die sich von ihr bezaubern ließen, kein Glück gebracht – die Männer ihr allerdings auch nicht. Überhaupt hat sie – abgesehen von den Jahren der Kindheit und Jugend – nicht viel Glück gehabt.

Ihr Ende war gewaltsam (im Alter von 44 Jahren) von der Hand eines Henkers, der offenbar nicht gut in Übung war. Dreimal mußte er zuschlagen, bis sich der Kopf vom Rumpf trennte. Mit dem ersten Schlag traf er den Hinterkopf, der zweite ging in den Nacken, erst der dritte fiel richtig.

Als der Henker den abgeschlagenen Kopf an dem langen kastanienbraunen Haar (das einst von so vielen gerühmt worden war) aufhob, um den Anwesenden zu zeigen, daß das Todesurteil vollstreckt war, da hatte er plötzlich nur noch das Haar in der Faust, während der Kopf mit einem dumpfen Schlag auf den Boden fiel. Sie hatte längst eine Perücke getragen, um ihr graues, kurzgeschorenes Haar zu verbergen.

Wer war's?

25 *Plötzlich war er einfach davongelaufen*

Er war ein eifriger Schüler, der mit Freuden lernte. Aber im Alter von 15 Jahren erlebte er einen tiefen Bruch. Zorn und Haß trieben ihn zu Selbstmordgedanken und zu einer für Lehrer und Eltern völlig überraschenden Flucht.

Allerdings hatte ihm auch die Grundschulausbildung nicht sonderlich gut gefallen. Jedenfalls schrieb er später: »In den acht Jahren, welche ich in den niederen Schulen zubrachte, fand ich nur einen einzigen Lehrer, den ich liebte und dem ich dankbar sein kann.« Jener Lehrer wurde ihm »für einige Zeit zum Führer, zum Vorbild, zum Richter, zum verehrten Halbgott«; er bezeichnete ihn als einen Mann, »der es verstand, seinen dreizehnjährigen Buben die Schule immer wieder schmackhaft zu machen«.

Mit 14 Jahren kam er dann in ein theologisches Seminar. Anfangs scheint es ihm dort recht gut ergangen zu sein. »Homer ist prächtig«, schrieb er nach Hause, und: »Es macht mir Spaß, Ovid in deutsche Hexameter zu übertragen.« Und wenig später meldete er den Eltern: »Ich bin froh, vergnügt, zufrieden! Es herrscht im Seminar der Ton, der mich sehr anspricht. Vor allem ist es das offene Verhältnis zwischen Zöglingen und Lehrern, dann aber auch das nette Verhältnis der Zöglinge untereinander . . ., alles zusammen bildet ein festes, schönes Band zwischen Allen und nirgends findet man einen Zwang . . . Dann das großartige Kloster! In einem der feierlichen Kreuzgänge mit einem Anderen über Sprachliches, Religiöses, über Kunst etc. zu disputieren, hat einen besonderen Reiz . . .«

Drei Wochen nach diesem Brief aber erhielten die Eltern ein Telegramm von der Schulleitung, in dem es hieß: »Er fehlt seit zwei Uhr. Bitte um etwaige Auskunft.« Aber die Eltern wußten weniger als die Lehrer. Ohne ersichtlichen äußeren Grund war er nach dem Mittagessen ganz unvorbereitet davongelaufen, ohne Geld, ohne Mantel. Vergeblich hatten die Mitschüler die umliegenden Wälder abgesucht, waren Gendarmerieposten, die Schultheißen der benachbarten Dörfer sowie das Oberamt verständigt worden. Das nächste Telegramm an die Eltern lautete: »Alle Schritte getan. Bis jetzt ohne Erfolg.«

Am nächsten Tag kam er wieder. Ein Landjäger brachte ihn. 23 Stunden war er weg gewesen. Dem Vater schrieb er: »Außer der Nacht vom Abend 8 Uhr bis morgens $^1/_2$ 5, die ich auf freiem Feld bei sieben Grad minus zubrachte, war ich die ganze Zeit auf den Füßen. Bitte erlaubt mir, die Geigenstunde aufzugeben, sonst kann ich dem Seminarleben gar keine schönen Seiten mehr abgewinnen . . . Bitte liebt mich nach wie vorher.«

Die Schulstrafe für sein Weglaufen waren, streng nach der Schulordnung, acht Stunden Arrest. Aus dem Karzer schrieb er den Eltern: »Ich sitze eben meine Strafe ab bei Wasser und Brot . . . Es geht mir ordentlich, d. h. ich bin furchtbar schwach und müd, körperlich und geistig, beginne mich aber allmählich zu erholen.« Aber der nächste Brief zeigte, daß es mit der Erholung doch nicht voranging. »Ich bin so müde, so kraft- und willenlos . . . ich bin nicht krank, nur eine neue, ganz ungewohnte Schwäche fesselt mich . . . meine Füße sind immer eiskalt, während es ganz innen im Kopf brennt . . .« Und er fügte ein Zitat hinzu: »Ich möchte hingehen wie das Abendrot.«

Auf der Schule vereinsamte er. Und da es ihm immer schlechter ging, holten die Eltern den fast Fünfzehnjährigen nach Hause. Doch auch da besserte sich nichts, es folgten seelische Konflikte, Nervenkrisen, Ratlosigkeit: »Mehr als vier Jahre lang ging alles unweigerlich schief, was man mit mir unternehmen wollte, keine Schule wollte mich behalten, in keiner Lehre hielt ich lange aus. Jeder Versuch, einen brauchbaren Menschen aus mir zu machen, endete mit Mißerfolg, mehrmals mit Schande und Skandal, mit Flucht oder mit Ausweisung . . .«

Er scheiterte auf dem Gymnasium, das er etwa ein Jahr lang besuchte, er brach eine Buchhändlerlehre ab (nach nur drei Tagen lief er davon), er begann auch eine Mechanikerlehre ohne Erfolg, versuchte es dann aber noch einmal – und diesmal mit mehr Glück – im Buchhandel. Fast 18 Jahre alt, schrieb er in einem Brief: »Jetzt erst habe ich allmählich wieder Ruhe und Heiterkeit gefunden, bin geistig gesund geworden . . . Die böse Zeit voll Zorn und Haß und Selbstmordgedanken liegt hinter mir, immerhin hat sie mein dichterisches Ich ausgebildet; die tollste Sturm- und Drangzeit ist glücklich überstanden.«

Von da an stand allein das Schreiben im Mittelpunkt seines Lebens und Denkens. Und das war der Weg, auf dem er zu Ansehen, Auszeichnungen, Ehrungen und Wohlstand gelangte.

Wer war's?

26 *»Ich bin entstanden gegen Gottes Willen«*

Er glaubte, seine Familie sei verflucht: »Eine Schuld mußte auf der ganzen Familie lasten, eine Strafe Gottes mußte über ihr hängen; sie sollte verschwinden, ausgestrichen werden von Gottes gewaltiger Hand . . .« Nur so schien ihm erklärlich, daß von seinen sechs Geschwistern fünf sehr früh starben. Und er meinte, auch er und sein älterer Bruder müßten noch vor ihrem alten Vater sterben, und zwar mit 34 Jahren. Alle seine Kinder überleben zu müssen, sei die dem Vater auferlegte Strafe – die Strafe dafür, daß er als Knabe einmal Gott verflucht hatte, zugleich auch die Strafe für eine später begangene sexuelle Schuld. So fest war er von seiner eigenen Prophezeiung überzeugt, daß er, als sein Bruder zu dem erwarteten Zeitpunkt nicht starb, im Kirchenbuch nachschlug, weil er das angegebene Alter des Bruders für falsch hielt.

Als dann aber der Vater starb, während er selbst und sein Bruder weiterlebten, fand er eine andere Deutung: »Ich betrachte seinen Tod als das letzte Opfer, das er seiner Liebe zu mir gebracht hat. Denn er ist nicht von mir gegangen, sondern für mich dahingegangen, damit, wenn möglich, noch etwas aus mir werden könne . . .«

Zu jener Zeit war er 25 Jahre alt und lebte nicht mehr im väterlichen Hause. Um sich dem deprimierenden Einfluß des Vaters zu entziehen, war er ausgezogen und hatte sich in das gesellschaftliche Leben seiner Heimatstadt gestürzt. Aber das Herumsitzen in Cafés und Kneipen befreite ihn nicht von seinen eigenen Depressionen. In sein Tagebuch schrieb er: »Ich komme jetzt eben aus einer Gesellschaft, wo ich die Seele war, die Witze strömten mir aus dem Munde, alle lachten, alle bewunderten mich – aber ich, ja, der Gedankenstrich müßte genau so lang sein wie die Radien der Erde – ging fort und wollte mich erschießen.«

Sein Vater hätte ihn gern in Amt und Würden gesehen. Aber eben das hat ihn immer abgestoßen: weder reizte ihn die akademische Laufbahn noch eine Pfarramtsstelle. Zwar hat er eine Zeitlang mit dem Gedanken gespielt, Pfarrer zu werden, aber seine Abneigung gegen Ämter und vor allem gegen Menschen, die nach einem Amt streben, wuchs dabei nur noch. Der Dreiunddreißigjährige schrieb: »Die meisten Menschen glauben, es sei Ernst, ein Amt zu bekommen, aufzupassen, ob nun bald ein höheres Amt frei wird, um das sie sich bewerben können, und wie sie dann umziehen wollen, und was sie dann tun wollen, um sich einzurichten. Sie glauben, es sei Ernst, in vornehme Gesellschaften zu gehen, sie bereiten sich auf ein Essen bei Seiner Exzellenz mehr vor als auf das Abendmahl, und wenn man sie unterwegs sieht, dann sehen sie so ernst aus, daß es ein Grauen ist.«

Was ihn immer wieder abschreckte, Pfarrer zu werden, war das Beamtentum der Geistlichen, war vor allem ihre Selbstsicherheit, war ihre Eitelkeit: »Ich weiß wohl bezüglich des geistlichen Ornats, daß manche Pfarrer Tuch verwenden, andere Seide, Sammet, Bombasin usw., ob es nun aber auch der eigentliche Ornat ist, ob nicht der christliche Ornat vielmehr der ist, verhöhnt zu werden um einer guten Sache willen, verlästert und bespien und dies die Rangordnung sein sollte. Seht, Christus ist doch wirklich kein Selbstmörder, daraus folgert also von selbst, daß es die Schuld der Welt war, die offenbar wurde, als man ihn kreuzigte. Und wie viel besser ist die Welt eigentlich geworden? Aber dann in Seide und Prunk, vor dem Gedränge der Neugierigen darüber zu predigen! Ekelhaft!«

Und er fragte: »War Paulus ein Beamter? Nein. Hatte er einen Broterwerb? Nein. Verdiente er viel Geld? Nein. War er verheiratet und zeugte Kinder? Nein. Aber dann war Paulus ja kein ernsthafter Mann!«

Schließlich kam er zu der Ansicht, daß, wer in der Kirche

ein Amt habe, im Grunde ein Schwindler sei. Und die Verkündigung der Kirche hielt er für einen riesigen Betrug. Einige Jahre später jedoch, als das väterliche Vermögen infolge von Kriegs- und Revolutionswirren fast dahingeschmolzen war – er selbst hatte nie Geld verdient, auch nicht mit seinen Büchern –, und er nun doch noch versuchte, in irgendein Amt zu kommen, blieben ihm alle Türen verschlossen.

Er starb im Alter von 42 Jahren infolge eines Schlaganfalls, den er auf der Straße erlitt. Sieben Tage zuvor hatte er die letzte Eintragung in sein Tagebuch gemacht: »Die Bestimmung dieses Lebens ist: zum höchsten Grad von Lebensüberdruß gebracht zu werden. Derjenige, der, also zu diesem Punkt gebracht, feststellen kann, oder derjenige, dem Gott dazu verhilft, festhalten zu können, daß es Gott ist, der ihn aus Liebe zu diesem Punkt gebracht hat, er macht, christlich, die Prüfung des Lebens, ist für die Ewigkeit reif.

Durch ein Verbrechen bin ich entstanden, ich bin entstanden gegen Gottes Willen. Die Schuld, die jedoch in einem Sinne nicht die meine ist, wenn sie mich auch in Gottes Augen zum Verbrecher macht, ist: Leben zu geben. Die Strafe entspricht der Schuld: aller Lust zum Leben beraubt zu werden, zum höchsten Grad von Lebensüberdruß gebracht zu werden.«

Wer war's?

27 *Pünktlichkeit und Folgsamkeit bis zur Pedanterie*

Seine Kindheit und Schulzeit hat er als glücklich bezeichnet. Er war das vierte Kind von insgesamt sieben. Der Vater, ursprünglich Gymnasiallehrer für Mathematik und Physik, war Schulinspektor für den Regierungsbezirk, in dem sie lebten.

Er hatte spät laufen gelernt; seine ältere Schwester erzählte, er sei ständig hingefallen und dabei immer mit dem Kopf aufgeschlagen, »wahrscheinlich«, so meinte sie, »weil sein Kopf zu jener Zeit schwerer war als der Rest seines Körpers«. Mit fünf aber konnte er bereits lesen. Mit acht war er ein überragend guter Schachspieler. Früh lernte er auch Fremdsprachen und Klavier spielen. Ein Hauslehrer, der ihn mit seinen Geschwistern unterrichtete, hielt ihn für geradezu »besorgniserregend« intelligent. Mit neuneinhalb Jahren kam er aufs Gymnasium, wo er durch sein außergewöhnliches Gedächtnis auffiel. Kein Wunder, daß er immer die besten Zeugnisse hatte. Er konnte schnell und äußerst konzentriert arbeiten.

Bei seiner erstaunlichen Auffassungsgabe brauchte er nie zu büffeln. Und wenn er aus der Schule nach Hause kam, begann er sogleich mit seinen »Entrenkungsübungen«: Während seine Geschwister Hausaufgaben machten, turnte er durchs ganze Haus, wobei er besonders gern auf Händen lief.

Obwohl er in der Schule so leicht lernte und gleichzeitig Sinn für Streiche hatte, schlagfertig und sehr spöttisch sein konnte, blieb er – und das gilt für sein ganzes Leben – auffallend bescheiden. In einem seiner Zeugnisse hieß es: »Er hält sich zurück, drängt sich nicht vor, wenn die Frage nicht an ihn gerichtet ist, antwortet jedoch klug und eingehend, wenn man ihn fragt.«

Viele Jahre später sagte seine Frau, er müsse als Kind »unglaublich brav« gewesen sein. Eine seiner Schwestern hat erzählt, der Vater habe von den Kindern »Pünktlichkeit und Folgsamkeit bis zur Pedanterie« verlangt. Und weiter berichtete sie, daß er als Kind nie lügen mochte: »Wenn er etwas nicht sagen wollte, schwieg er.« Später sagte er einmal: »Die schlimmsten Laster sind für mich die Lüge und die Feigheit.«

Sein Abitur machte er mit Auszeichnung. In der Charakteristik des Abgangszeugnisses hieß es: »Außerordentlich begabt, ständig eifrig und akkurat, war er in allen Klassen der beste Schüler und wurde bei Beendigung des Studienganges wegen seiner Erfolge, seiner Entwicklung und seines Betragens als Würdigster mit der goldenen Medaille ausgezeichnet. Weder im Gymnasium noch außerhalb desselben wurde bei ihm auch nur ein einziger Fall beobachtet, wo er in Wort oder Tat bei den Leitern und Lehrern des Gymnasiums eine abfällige Meinung über sich hervorgerufen hätte! Auf das Studium und die moralische Entwicklung achteten immer mit Sorgfalt die Eltern, und nach dem Tod des Vaters die Mutter allein, deren ganze Sorge der Betreuung und Erziehung der Kinder galt. Der Erziehung lagen die Religion und vernünftige Disziplin zugrunde.«

Von Anfang an war ihm sein älterer Bruder in allem, was er tat, Vorbild gewesen. Als kleiner Junge wollte er die Suppe essen, wie der Bruder sie aß, er wollte genauso angezogen sein, wie der Bruder, er wollte ein solches Bett haben, er wollte so lernen. Jahre später fielen er und die ganze Familie aus allen Wolken, als sie hörten, daß der Bruder an einem Attentat auf das Staatsoberhaupt beteiligt war und dafür hingerichtet wurde. Von da an sah die Welt für ihn schlagartig anders aus. »Mein Weg ist mir durch meinen älteren Bruder vorgezeichnet worden«, sagte er später, nachdem er, der die bürgerliche Welt, in der er aufwuchs, für die einzig mögliche Ordnung gehalten hatte, zum Revolutionär geworden war.

Wer war's?

28 *Und immer der Ruf: »Aber Herr Leutnant!«*

Neun Jahre war er alt, als die Eltern mit ihm, seiner Schwester und zwei jüngeren Brüdern fliehen mußten; zurück blieb der zerstörte Stammsitz der Familie, ein altes Schloß, und mit ihm nahezu alles, was sie besessen hatten. Aus scheinbar gesicherten Verhältnissen herausgerissen, waren sie plötzlich so verarmt, daß sie den Plan erwogen, ihn einem Tischler in die Lehre zu geben. Aber statt dessen lernte er, Papierblumen zu machen, die er verkaufen konnte.

Jahre später kamen seine beiden älteren Brüder als Maler in einer Porzellanmanufaktur unter. Vor allem von ihrem Verdienst hielt sich die Familie dann einige Zeit über Wasser. Entscheidend für ihn war, daß auch der älteste Bruder in die Stadt jener Porzellanmanufaktur ging, und zwar als Erzieher, und diesem gelang es, dem inzwischen Fünfzehnjährigen eine Stelle beim Königlichen Hof zu verschaffen. Er wurde Page bei der Königin und erhielt eine militärische Ausbildung.

Der Pagendienst gefiel ihm nicht. Als die Königin-Mutter einmal auf einem Hofball sah, daß er nicht tanzte und ihn dazu drängte, antwortete er, er tanze nicht und habe auch keine Lust dazu: »Man muß sein Talent zu nichts zwingen, wozu man kein Geschick hat.«

Er hielt überhaupt nichts von Zwang, und deswegen hatte er auch an der militärischen Ausbildung keine Freude. Der Zwanzigjährige wurde Leutnant und hatte quälende Träume: »Der Wirbel schlug, ich kam herbeigelaufen, und zwischen mich und meine Kompagnie stellte sich mein alter Oberst und rief: ›Aber Herr Leutnant, in drei Teufels Namen!‹ Oh, dieser Oberst! Er hat mich, ein schreckender Popanz, durch die Meere aller fünf Weltteile, wann ich meine Kompagnie nicht finden konnte, wann ich ohne Degen auf die Parade kam, wann, was weiß ich, unablässig verfolgt, und immer der fürchterliche Ruf: ›Aber Herr Leutnant, aber Herr Leutnant!‹«

Während seine Familie aufgrund einer Amnestie in die Heimat zurückkehrte, mußte er aus finanziellen Gründen den verhaßten Soldatendienst weitermachen. Die Gage war mager, und er klagte: »Ich habe keine Hemden, keinen Mantel, nur ein paar Stiefel, und sie schreien mich mit offenem Mund an, meine Gamaschen fehlen, meine Kleider werden löchrig, verschwinden . . . Ich habe weder einen Korb, meine Sachen zu tragen, noch Vorrat, ihn zu essen, überhaupt nichts, was man braucht.«

Er sehnte sich nach einem privaten Beruf, aber als er um Abschied aus dem Heeresdienst bat, wurde dem nicht stattgegeben. Frei wurde er erst infolge eines Krieges. Doch auch dann fühlte er sich nicht wohl. Er nahm alles, wie er selbst sagte, »sehr schwer, sehr ernst«; er beklagte seinen »Mangel an Talent für die Welt«, seine »Abneigung gegen dieselbe« und beschwor immer von neuem seine Sehnsucht nach einem »Dach, einem Herd und reinen Verhältnissen«, vor allem auch nach einer befriedigenden Tätigkeit.

Eines Tages ergab sich für ihn die Möglichkeit, an einer Forschungsreise teilzunehmen, die er auch nutzte. Noch bevor er dann über die etwa dreijährige Weltumseglung einen ausführlichen Bericht veröffentlichte, wurde er mit dem Titel eines Ehrendoktors der Philosophie ausgezeichnet. Im selben Jahr heiratete er. Von seiner Frau sagte er: »Sie ist jung, blühend und stark, wolkenlos und heiter, ruhig, verständig und froh und so liebevoll.« 18 Jahre lebte er glücklich mit ihr und den heranwachsenden Kindern, ganz ein Leben, wie es ihm gemäß war, ruhig und sicher seinen Neigungen und Interessen nachgehend, ohne hochtrabende Illusionen. Als seine Frau starb, folgte er ihr bald nach, im Alter von 57 Jahren.

Wer war's?

29 *Mit der »Kunst der weiblichen Schönheit«*

Der Name ihrer Geburtsstadt ist heute so bekannt wie kaum je zuvor, jedoch in anderer Bedeutung, und zwar als Bezeichnung für eine besondere Strophenform von Nonsense-Versen. Sie selbst hat den Namen so gut wie nie genannt; nicht nur jene Stadt, sondern das ganze Land hat sie verschwiegen; als Geburtsland gab sie ein südlicheres, sonnigeres an, das durch seine Tänze und Tänzerinnen berühmt wurde. Und alle Welt glaubte ihr, wobei es kein Hindernis war, daß sie die Sprache ihres Traumlandes nur höchst mangelhaft sprach. Mangelhaft blieb sie indessen auch in ihrem Metier, wenngleich sie darin weltberühmt wurde.

Allerdings ist ihr Ruhm in erster Linie auf ihre Wirkung auf Männer zurückzuführen, die sich schon recht früh zeigte. In ihren sogenannten »Memoiren, von ihr selbst erzählt«, heißt es: »Als ich 15 war, begann ich, recht hübsch zu werden, die jungen Männer sahen mich an, und die alten überschütteten mich mit Komplimenten . . .«

Schon zu ihren Lebzeiten gab es über sie eine lange Reihe Biographien, von denen drei als Autobiographien ausgegeben wurden, während in den übrigen zumindest behauptet wurde, sie seien unter ihrer Mitarbeit entstanden. Aber alle widersprechen einander in ganz entscheidenden Punkten. Übereinstimmend schildern jedoch alle, wie leicht die Männer sich von ihr betören ließen, Männer aus der ersten Gesellschaft, bis hinauf zu einem regierenden Staatsoberhaupt.

Diese Eroberung, die ihr außer einem schönen Haus die Verleihung eines Titels, ihrem Verehrer indessen den Verlust seiner Stellung einbrachte (ein anderer hatte für sie gar sein Leben gelassen, in einem Duell), machte sie im Alter von 28

Jahren. Der Mann – sehr eigenwillig, durchaus intelligent und gebildet und bekannt für eine ausgemachte Schwäche gegenüber schönen Frauen – war über 60, Vater von acht schon erwachsenen Kindern und mehrfacher Großvater und schließlich noch immer verheiratet. Übrigens feierte er die Hochzeit mit seiner Frau Jahr für Jahr aufs neue, und wie damals wird sie noch heute in jener Stadt auf der nach seiner Frau benannten Wiese alljährlich 16 Tage lang gefeiert, als »größtes Volksfest der Erde« mit ungeheuer viel Bier.

Nicht so sehr seiner Frau (die sich an seine Seitensprünge längst gewöhnt hatte) als vielmehr seiner verwitweten Schwester war dieses neue Verhältnis ein Dorn im Auge. Sie gab zwar zu, daß die Achtundzwanzigjährige »schön von Zügen wie von Wuchs« war, sie hielt es aber nicht nur für geschmacklos, sondern für politisch gefährlich, daß ihr Bruder jener Person ein Haus schenkte und es renovieren und teuer einrichten ließ und sich überdies immer häufiger auch in der Öffentlichkeit mit ihr zeigte. In ihrem Tagebuch finden sich Eintragungen wie diese: »Seine Verblendung ist zum Erbarmen. Man hat vor dieser Person große Angst, weil sie alles erreicht, was sie will . . .«

Ihr Bruder erwachte erst, als es zu spät war. Und erst unter Druck trennte er sich von »jener Person«, um die es in seiner Hauptstadt mehrmals zu heftigen Unruhen gekommen war. Für sie begann nun wieder eine harte Zeit. Zwar fand sie weiterhin Männer, die ihr halfen – insgesamt war sie viermal verheiratet, und die Zahl ihrer einflußreichsten Liebhaber belief sich auf zehn –, aber bald ging es mit ihr bergab. In Amerika, in Australien, wieder in Amerika (in Saloons, zeitweise im Zirkus) hatte sie manchmal noch Glück, auch Erfolge (wie zum Beispiel mit ihrem Buch über die »Kunst der weiblichen Schönheit«, das ein Bestseller wurde). Doch als sie starb, erst 42 Jahre alt, in New York, war sie einsam und verarmt.

Wer war's?

30 Auch seine Tochter empfand er als Kränkung

»Was für ein Ding ist diese Seele, die den Entwicklungen der Zahntechnik ausgesetzt ist?«, grübelte er als alter Mann und dachte dabei an seinen vorstehenden Unterkiefer, der ihn sein Leben lang gestört hatte und den man hätte regulieren können, wenn es unter den Zahnärzten seiner Kindheit bereits Kieferorthopäden gegeben hätte. »Ich hätte also ein anderes Gesicht haben können«, meinte er; »dann hätten meine Mitmenschen auch mir gegenüber anders reagiert, was wiederum meine Einstellung zu ihnen beeinflußt hätte.«

Nicht nur der vorstehende Kiefer hatte ihm zu schaffen gemacht. Schlimmer noch war ein Sprachfehler. Als der Neunzigjährige gefragt wurde, ob er in seinem langen Leben stärker gelitten und sich mehr gefreut habe als andere Menschen, erwiderte er: »Oh, ich habe mehr gelitten, als ich mich gefreut habe – viel mehr. Wenn ich mein Leben neu leben könnte, würde ich sagen: nie wieder.« Und auf die Frage, warum er sein Leben, das doch so erfolgreich gewesen, nicht noch einmal leben würde: »Ich hatte ja alles gegen mich. Ich hatte dieses Stottern, das mir alles verpfuscht hat. Ich bin ausgelacht worden, weil ich stotterte.«

Obgleich er während seines Medizinstudiums erkannte, daß das Vollkommene nie erreicht wird – »Jeder hatte eine Schwäche, körperlich oder geistig« –, kam er über seine Mängel nicht hinweg. Zu ihnen gehörte auch, daß er klein und schwächlich war. »Man hat keine Aussicht, sein angeborenes Wesen zu ändern«, sagte er, »man hat keine Hoffnung.« Und als alter Mann sagte er: »Ich habe Fehler über Fehler gemacht; ich habe ein erbärmliches Leben geführt.«

Immerhin hatte sich dieses erbärmliche Leben über viele

Jahre hin auf einem riesigen Besitz abgespielt; in seiner Traumvilla hingen Bilder von Renoir, Pissaro, Zoffany, Utrillo, Matisse, Henri Moore; er besaß Porzellanteller, die Chagall für ihn bemalt hatte, Keramiken von Picasso, eine große Impressionistensammlung. Es war ein Leben in Reichtum, Glanz und Ruhm, äußerlich eines der angenehmsten dieses Jahrhunderts. Und alles hatte er sich selbst erarbeitet, nachdem er die Medizin aufgegeben hatte. Er war zäh, ehrgeizig und von Anfang an darauf bedacht, erfolgreich zu sein, auch in finanzieller Hinsicht. Zu Beginn seines Erfolgs hatte er noch sehr bescheiden gelebt: »Ich war froh, viel Geld als Dramatiker verdient zu haben. Ich ging vorsichtig damit um, denn ich wollte nicht wieder in die Lage kommen, aus Not etwas tun zu müssen, was ich nicht wirklich tun wollte.« Aber er vertrat immer den Standpunkt, daß Künstler in großen Häusern wohnen müßten, mit Dienerschaft, teuren Möbeln und Teppichen, kostbaren Bildern, was er ja schließlich auch erreichte.

Keinen Erfolg aber hatte er bei Frauen. Seine kurze Ehe brachte ihm nichts als Kränkungen, zwar auch eine Tochter, die er jedoch ebenfalls als Kränkung empfand; jedenfalls stritt er immer ab, ihr leiblicher Vater zu sein. Als er aus seiner Impressionistensammlung dreißig Gemälde versteigern ließ – er hatte ständig Angst, daß in seine Villa eingebrochen würde –, verklagte ihn seine Tochter auf Zahlung von einer viertel Million Mark, mit der Begründung, neun der versteigerten Gemälde hätten ihr gehört. Er stritt wieder einmal die Vaterschaft ab und verklagte die Tochter auf Herausgabe aller Geschenke. Aber vor Gericht kam er nicht durch; dort wurde für die Legitimität seiner Tochter entschieden. »Soviel ich beurteilen kann«, meinte er, »sind die Frauen auf Nehmen eingestellt, ohne etwas zu geben.«

Wie alles, was ihm an Unangenehmem zustieß, nahm er auch dies zum Anlaß, sich selbst zu bemitleiden. Obwohl er einmal sagte, das Leben habe ihm alles gegeben, was er sich gewünscht habe, hatte sich für ihn im Grunde nichts geändert; nie konnte er die Demütigungen seiner Jugendzeit vergessen. Noch der Alte schrieb über sich: »Er erinnerte sich der Bitterkeit seiner Schuljahre, der Demütigungen, die er erlitten, der Spötteleien, die ihm eine krankhafte Angst vor der Lächerlichkeit eingeflößt hatten, und er erinnerte sich, wie einsam er sich später draußen im Leben gefühlt und wieviel an Ernüchterung und Enttäuschung er erfahren hatte . . .«

Gewiß, er war einsam geblieben, enttäuscht von der Liebe. »Liebe geht vorbei«, sagte er, »Liebe stirbt. Die große Tragödie des Lebens ist nicht die, daß die Menschen vergehen, sondern daß sie aufhören zu lieben.« Immerhin war er in der ganzen Welt anerkannt, und man hatte ihn mit hohen Orden und Ehrendoktoraten ausgezeichnet.

Bis ins hohe Alter hinein blieb er unzufrieden, mit der Welt und mit sich selbst. »Ich bin ein Versager«, sagte er. Und was seinen Besitz betraf: »Das alles gehört mir nur, solange ich lebe . . . Wenn ich sterbe, wird man es mir wegnehmen – jeden Baum, das ganze Haus und jedes Möbelstück. Ich werde nicht einmal einen einzigen Tisch mitnehmen können.«

Das ständige Gefühl, anderen gegenüber benachteiligt zu sein, machte ihn zu einem scharfen Beobachter. »Ich kann keine Stunde in der Gesellschaft eines Menschen sein«, sagte er einmal, »ohne eine Kurzgeschichte zu entdecken, die heimlich aus ihm herauslugt.« Zweihundert Kurzgeschichten hat er geschrieben, dreißig Romane, ebenso viele Theaterstücke, zehn Essaybände, vier Selbstporträts. Und alles waren Welterfolge.

In der letzten Zeit seines Lebens wurde er schwerhörig, und seine Sehkraft ließ so sehr nach, daß er nicht mehr lesen konnte. Er fühlte sich so elend, daß er sagte: »Warum kann man mich nicht sterben lassen?!« Er starb im Alter von fast 92 Jahren.

Wer war's?

31 *Es wird keine Grenze geben für ihre Bosheit*

Den Schlaf haßte er, weil er ihm Zeit stahl. Mit der Zeit kam er nie aus; sie reichte bei weitem nicht, auch nur einen Bruchteil seiner vielen und vielseitigen Ideen zu verwirklichen. »Bisher habe ich kein einziges Werk vollendet«, klagte der Vierzigjährige, der unentwegt arbeitete und dabei allenfalls vor der Müdigkeit Angst hatte: »Lieber Tod als Müdigkeit. Keine Arbeit kann mich ermüden. Ich werde nicht überdrüssig, zu dienen.«

Die meisten seiner Ideen waren zu weitreichend, und ihre Realisierung wäre zu kostspielig gewesen. Als in jener Stadt, in der er lebte, eine Seuche ausbrach, die nahezu ein Drittel der Einwohner tötete, schlug er vor, die ganze Stadt zu sanieren. Darunter verstand er, die viel zu enge Stadt bis auf ihren Kern abzureißen und einen Kreis von zehn Satellitenstädten zu bauen. »Gib mir Autorität«, schrieb er seinem Herrn, »und ewiger Ruhm wird Dir zuteil werden. Du wirst in zehn Städten 5000 Häuser mit 30 000 Einwohnern wohnen haben; das in großen Massen angesammelte Volk wird verteilt, das jetzt aufeinanderhockt wie die Fliegen, einer auf dem Rücken des anderen, alle Tore mit Gestank erfüllend und leicht eine Beute von Pest und Tod.« Die Wohnhäuser seiner Satellitenstädte sollten fließendes Wasser haben und neuartige Heizungsmöglichkeiten.

Es wurde nichts daraus, wie aus den meisten seiner Ideen nichts wurde. Zu einem nicht unerheblichen Teil lag das an seiner Ungeduld; ihm fielen unentwegt neue revolutionäre Möglichkeiten ein. Dabei fürchtete er ständig, daß man ihm seine Ideen stehlen könnte. Deswegen machte er alle seine Notizen immer in Spiegelschrift, einige sogar in Geheimschrift. Und manchmal ermahnte er sich selbst noch extra zur Vorsicht, indem er an den Rand schrieb: »Niemandem dies zeigen, und du wirst allein den Ruhm haben! Nimm nur einen ganz einfachen Gehilfen . . .!«

Nicht nur an den Ruhm (der ihm schon bald ungeschmälert zuteil wurde) dachte er, sondern immer auch ans Geld. Da hatte er sich zum Beispiel ausgedacht, wie man eine ganze feindliche Flotte versenken könnte. Aber noch bevor er sich an die Details seines Plans machte, überlegte er, wie er an der Beute beteiligt werden könnte. Er fand diese Lösung: nicht versenken, sondern ein Ultimatum stellen. »Wenn Ihr nicht innerhalb von vier Stunden kapituliert, wird man Euch auf den Grund des Meeres schicken!« Und dann sein Anteil: »Zuerst mußt du«, notierte er für sich selbst, »ein schriftliches Abkommen treffen, wonach die Hälfte des Beutegeldes dir zu gehören hat, und zwar ohne Abzüge.«

Auch daraus ist nichts geworden. Und ebenso blieben die 120 Bücher, die er schreiben wollte, ein Plan. Gemessen an der Fülle seiner Ideen, war das, was er dann tatsächlich verwirklichte, wenig. Aber dieses wenige war zugleich unvorstellbar viel. Und das gilt von den verschiedensten Gebieten, auf denen er sich betätigte. Zum Beispiel hat er, der Autodidakt, dreißig Leichen seziert, um herauszufinden, wie die Organe des menschlichen Körpers funktionieren.

Übrigens hatte er von den Menschen keine besonders gute Meinung: »Es wird keine Grenze geben für ihre Bosheit«, schrieb er, »und mit ihrer Wildheit werden sie die großen Bäume der Wälder des Universums zu Boden reißen. Dann, wenn sie satt sind, wird ihr Wunsch davon genährt sein, Tod zu geben, Leiden, Ungemach, Kriege und Wut, ganz gleich auf wen und was da lebt . . .«

Dennoch weisen alle seine Pläne in eine bessere Zukunft. Kurz vor seinem Tode – er starb im Alter von 67 Jahren – beschäftigte er sich mit dem Bau vorgefertigter Häuser.

Wer war's?

32 »Das nennt man gut angelegtes Geld«

Als Student hatte er einmal jemanden auf Pistolen gefordert. Später revidierte er seine Haltung, indem er sich über die Duellmanie seiner Zeit lustig machte. Da brachte er das Beispiel von zwei Ochsen, die miteinander boxten, weil der eine den anderen einen »Esel« genannt, und von zwei Eseln, die aufeinander losgingen, weil der eine Esel den anderen als »Ochsen« angesprochen hatte; »sie geben sich manchen Tritt in den Podex, weil es gebietet der Ehre Kodex«.

Aber als er immerhin schon 43 Jahre alt und ziemlich berühmt war, ließ er sich dennoch zu einem Duell hinreißen. Er war sogar der Herausforderer, obgleich er nicht eigentlich der Beleidigte war, jedenfalls ursprünglich. Beleidigt hatte er einen Kaufmann, den wir der Einfachheit halber A nennen wollen. A hatte eine zwölf Jahre ältere Frau geheiratet, die zuvor und auch während ihrer Ehe ein – vielleicht nur seelisches – Verhältnis mit B hatte. B war ein Kollege unseres Duellhelden, den er einst sehr verehrte, später jedoch als seinen »intimsten Feind« bezeichnete; auch A hatte den B glühend verehrt, der schließlich im Alter von 51 Jahren an einer Lungentuberkulose starb.

Kurze Zeit nach dessen Tod äußerte sich unser Duellant im nachhinein über jenes Dreiecksverhältnis: »Es hieß, der junge Gatte habe die Frau nur deshalb geheiratet, um mit B . . . in nähere Berührung zu kommen, er habe sich ausbedungen, daß zwischen beiden das frühere Verhältnis unverändert fortwalte. Wie man mir sagt, spielte er im Hause nur die dienende Person, verrichtete die roheren Geschäfte und war ein sehr nützlicher Laufbursche für B . . ., mit dessen Ruhm er hausieren ging . . .«

Und über die Frau schrieb er: »Sie tat sich mit B . . . zusammen unter dem Deckmantel der Ehe mit einem lächerlichen Dritten, dessen bitteres Fleisch ihr vielleicht manchmal mundete, während ihr Geist sich weidete am süßen Geist B's. . . . Selbst in diesem anständigsten Fall, daß dem idealischen Freunde nur das reine schöne Gemüt und dem rohen Gatten die nicht sehr schöne und nicht sehr reinliche Hülle gewidmet ward, beruhte der ganze Haushalt auf der schmutzigsten Lüge, auf entweihter Ehe und Heuchelei . . .«

Nachdem er diese bösen Bemerkungen veröffentlicht hatte, wobei er die Namen voll ausschrieb, war der Skandal da. A, der Ehemann, beschimpfte ihn auf offener Straße, was den Schreiber jedoch nicht sonderlich berührte; er begab sich erstmal auf Reisen. Doch während seiner Abwesenheit verbreitete A die Version, er habe jene Reise nur aus Feigheit gemacht, um nicht Satisfaktion geben zu müssen.

Als ihm dieser Vorwurf zu Ohren kam, blieb ihm nichts übrig, als sofort zurückzukommen und jenen, den er beleidigt hatte, nun auch noch zum Duell zu fordern. A nahm die Forderung an, womit er sich zugleich für den toten B einsetzte, den der Herausforderer einst wegen seiner angeblich verschrobenen Ehrbegriffe – B hatte einmal vom »Heilmittel des Duells« gesprochen – verspottet hatte. So erhielt also auch B, wenngleich postum, Genugtuung.

Man einigte sich auf Pistolen. Die festgesetzte Distanz betrug 30 Schritte, mit 20 Schritten Barriere. Der Beleidigte hatte den ersten Schuß, und er hat wirklich versucht, den Herausforderer zu treffen, doch hat er ihn nur an der Hüfte gestreift, ohne ihn zu verwunden. Er hingegen, der Herausforderer, schoß in die Luft. Dann aber griff er sich an die Hüfte und zog sein Portemonnaie aus der Tasche, an dem deutlich zu erkennen war, daß das Geschoß an ihm abgeprallt war. »Das nennt man gut angelegtes Geld!« soll er ausgerufen haben.

Der Form war Genüge getan; er hatte eine gute Figur gemacht und nicht nur keine Angst gezeigt, sondern – worauf es ihm stets und ständig ankam – am Ende sogar noch ein Bonmot gefunden. Eigentlicher Gewinner dieses Duells aber war seine Geliebte, mit der er seit Jahren »in Sünde« zusammenlebte. Bevor er zu dem Duell ging, hatte er ihr ihren Herzenswunsch erfüllt, nämlich mit ihr die Ehe einzugehen. Er scheint – wie wir sahen, zu Recht – das Duell eben doch ernster genommen zu haben, als die Begegnung zweier Esel, und er hatte sich Sorgen gemacht, was nach seinem Tod aus ihr werden solle. Und so hatte er sie zugleich in seinem Testament als Universalerbin eingesetzt.

Nach jenem »Holmgang« mit A schrieb er in einem Brief: »Ich treibe jetzt Monogamie, ich mußte meine wilde Ehe in eine zahme verwandeln. Dieses eheliche Duell, welches nicht früher aufhören wird, bis einer von uns getötet, ist gewiß gefährlicher als der kurze Holmgang mit . . .«

Sein »eheliches Duell« endete knapp 15 Jahre später. Da starb er im Alter von 58 Jahren nach langer, schwerer Krankheit, die ihn fast sechs Jahre ans Bett gefesselt hatte.

Wer war's?

33 Organisieren war seine besondere Begabung

Er war ziemlich klein, nämlich nur 162 Zentimeter, war mager und sehr energisch. Sein Vater war Kapitän gewesen und früh gestorben, hatte jedoch genügend Geld hinterlassen, so daß die Mutter ihm eine gute Ausbildung ermöglichen konnte, und zwar ein volles Universitätsstudium. Aber da er daheim nicht schnell genug vorankam, wanderte der Fünfundzwanzigjährige nach dem erfolgreichen Abschluß seines Studiums aus. Anfangs arbeitete er, da er auch Chemie studiert hatte, in einem Hospital als Apotheker. Doch weil die Assistenzärzte und er dort kein Geld bekamen, sondern sogar noch sogenanntes Lehr- oder Kolleggeld zahlen mußten, hielt er es dort nicht lange aus.

Und eines Tages ließ er sich in einer kleinen Stadt als Schneider nieder. Es ist unbekannt, ob er das Schneiderhandwerk je erlernt hatte, doch weiß man, daß das Geschäft sich gut entwickelte. Bald nannte er es »Hall of Fashion«, er nahm einen Kompagnon herein und – was damals noch etwas Besonderes war – richtete eine Konfektionsabteilung ein, in der für ärmere Leute »Anzüge von der Stange« geschneidert wurden. Schon hier zeigte sich, daß Organisieren seine besondere Begabung war.

Als die Schneiderei ihn zu langweilen begann, verkaufte er seinen Anteil an dem Unternehmen, ging in eine Universitätsstadt und nahm an dem dortigen Universitätskrankenhaus eine Assistentenstelle an. Finanziell bedeutete das allerdings eine wesentliche Verschlechterung, zumal er zu jener Zeit heiratete. Inzwischen war er 32 Jahre alt. Bald kam das erste Kind, ein Sohn. Und weil sie mit dem Geld nicht auskamen, nahm er einen Job als Verkäufer an, in einem Drugstore, wo er Medikamente verkaufte. Und seine Frau eröffnete ein Weißwarengeschäft. Doch auch damit kamen sie finanziell nicht zurecht. Und da er noch dazu in jener Gegend sehr unter Malaria zu leiden hatte, zog er mit Frau und Sohn in eine andere Gegend, die noch kaum erschlossen war. Eine Stadt war da im Entstehen, während rundum nur Prärie und Wildnis war.

Während er wieder in seinem eigentlichen Beruf arbeitete, machte seine Frau ein Modegeschäft auf. Unterdessen wuchs die kleine Familie: Eine Tochter kam hinzu, dann noch ein Sohn. Da die Konkurrenz in seinem Beruf hart war und der Laden seiner Frau nicht gar so viel einbrachte, versuchte er, noch Geld hinzu zu verdienen. Er führte nebenher einen landwirtschaftlichen Betrieb, kaufte und verkaufte Land, gab Unterricht, handelte mit Medikamenten und arbeitete auch als Tierarzt. Und eine Zeitlang besaß er ein dampfgetriebenes Fährschiff, mit dem er selber, als Kapitän, Passagiere beförderte.

Nach ein paar Jahren gab er das alles auf und zog in eine andere Stadt, um dort nun endlich vorwiegend in seinem eigentlichen Beruf zu arbeiten. Aber obwohl voll ausgelastet, betätigte er sich auch auf kommunalpolitischem Gebiet, wobei er es bis zum Bürgermeister brachte. Er kümmerte sich vor allem um Fragen der medizinischen Versorgung. Und er sorgte dafür, daß die Stadt ein Hospital bekam, wo er Schwerkranke einweisen und behandeln konnte.

Zu jener Zeit war er bereits 70 Jahre alt. Er setzte sich nun nicht etwa zur Ruhe, sondern fing im Grunde genommen erst an, nämlich jenes Unternehmen aufzubauen, das seinen Namen weltbekannt machte und noch heute unerreichtes Vorbild für ähnliche Institutionen in aller Welt ist. Er starb im 92. Lebensjahr.

Wer war's?

34 Sperling bleiben, wo man Adler sein möchte

Man brauchte nur seinen Kopf zu betrachten, um zu sehen, daß der Liebesgenuß der ureigenste und tiefste Trieb seiner Natur war, heißt es in einer seiner Biographien: »Den üppigen Urwald seiner dunklen Haare, die sich wie Schlangen durcheinander rollen, den düster brütenden Blick seiner Augen, den zum Teil in dem wirr-kräftigen Bart verborgenen starken Mund mit den wulstigen Lippen.«

Er war ziemlich frei aufgewachsen, in ländlicher Umgebung, als Sohn eines Försters. Erst als Gymnasiast mußte er in die Großstadt. Dort wohnte er bei Verwandten, aber er hat sich in deren Familienkreis anfangs nicht eingefügt. Dem Zwölfjährigen schrieb der Vater: »Fahre nur eine Weile so fort, und Du kannst bald selbst nicht mehr die Folgen absehen, die dies nach sich zieht. Du willst nicht mehr dummer Junge genannt werden, das hast Du schon vor Jahr und Tag geäußert. Wenn Du das nicht mehr sein willst, was bist Du dann? Du bist gegen Onkel und Tante grob und frech, behandelst die kleinen Kinder durchaus nicht wie es einem billig wohnenden Kostgänger zusteht, gehst aus dem Hause, ohne um besondere Erlaubnis zu bitten . . . Pfui über Dich! . . .«

Wie er selbst erzählte, hat er sich auch in der Schule nicht so verhalten, wie man es von ihm erwartete: »Ich gehörte immer zu den besten Schülern, in allen Fächern, war aber den meisten Lehrern wegen meines ungebundenen und manchmal wohl auch unbändigen Wesens ein Ärgernis. Dies führte in der Prima zu einem so heftigen Zusammenstoß mit dem orthodoxen Direktor, daß meines Bleibens im Bannkreis der . . . Schulhierarchen nicht länger war: ich ging nach D. . . . und machte dort in einem halben Jahr mein Abiturientenexamen, was man mir in B. . . . ›wegen sittlicher Unreife‹ hatte verwehren wollen.«

Als Neunzehnjähriger begann er sein Studium, und zwar studierte er Philosophie, Naturwissenschaft und Nationalökonomie. Mit einer Arbeit über Feuerversicherungen schloß er das Studium ab. Danach arbeitete er acht Jahre lang als Sekretär eines Verbandes von Feuerversicherungsgesellschaften. Nebenher schrieb er. »Es ist mir also«, meinte er einmal, »wie den Singvögeln ergangen, die meist erst im Käfig ihre volle Stimme entwickeln.«

Aber bald fühlte er sich in seiner menschlichen Entfaltung gehemmt. Nicht nur hatte er an seinem Amt keinen Spaß mehr, auch die Ehe, die er bald nach der Übernahme jenes Amtes eingegangen war, mit der Tochter eines Rabbiners, mißfiel ihm. Dies lag allerdings daran, daß er eine andere Frau kennengelernt hatte. Er ließ sich scheiden und heiratete die zweite Frau, mit der er zweieinhalb Jahre lang auf Reisen lebte, nachdem er sein Amt aufgegeben hatte: in Italien, Griechenland, in der Schweiz, in Holland und England. Der Endzwanziger kehrte in sein Heimatland zurück.

Wirklich zur Ruhe kam er auch da nicht. Vielleicht war der Anspruch zu hoch, den er an sich und seine Arbeiten stellte, und den er letztlich nicht erfüllen konnte, was er offenbar schon als ganz junger Mann empfunden hatte: »Es ist der größte geistige Schmerz, zu wollen und nicht zu können, . . . Sperling bleiben zu müssen, wo man Adler sein möchte.«

In dem, was er wollte, sagen wollte, ging es ihm immer wieder um die Liebe, vor der er zugleich immer Angst gehabt hat. »Fühlst Du denn gar nicht«, schrieb er einmal einer Geliebten, »wie ich mich mit meiner ganzen Seele dagegen wehre, wieder dem Urgesetz zu verfallen. Denn das bin ja nicht Ich, wenn ich in übermächtigen Augenblicken einer Frühlingsnacht . . . wanke und mit willenlosen Lippen und Händen nach Deinen Reizen taste.«

Wer war's?

35 *Für die einen kriminell, für die anderen Genie*

Nicht nur in Schulbüchern gilt er als einer der größten Helden; ganze Völker reißen sich um ihn, das heißt, beanspruchen ihn postum als Nationalheiligen. Aber es gibt Wissenschaftler – man muß hinzufügen, daß sie einer nicht gerade populären Disziplin angehören –, die die Heldenverehrung nicht mitmachen, sondern ihn ganz anders sehen. Nach ihrer Auffassung überwogen bei ihm eindeutig negative Charakterzüge.

Er war ein Abenteurer, ein Glücksritter, sittlich minderwertig, ein Prahlhans, Lügner und Aufschneider, voll von Aberglauben, allerdings auch voller Energie, heißt es bei den einen; er war hochmütig, anmaßend, von aufgeblasenem Selbstgefühl und wähnte sich als von Gott auserwählter Heilsbringer. Andere weisen auf Züge von Grausamkeit hin und zugleich auf seinen blinden Autoritätsglauben, auf seinen Fanatismus; Hauptursache seines Erfolges sei Leichtgläubigkeit gewesen.

Den Erfolg kann niemand ihm absprechen (wenngleich auch das wiederholt versucht wurde), aber er sei zufällig gewesen oder allenfalls die Folge seines zähen Festhaltens an seiner verfehlten Theorie, die Folge eines Irrtums. Doch kann man auch lesen, sein Erfolg sei lediglich aus einer Durchschnittsleistung erwachsen; über kurz oder lang hätte irgendein anderer dasselbe erreicht.

Manche sprechen bei ihm von Größenwahn und nennen ihn einen Paranoiker mit Wahn- und Sinnestäuschungen, mit halluzinatorischen Größenideen. Auch geizig sei er gewesen. Und habgierig. Erheblicher Egoismus wird ihm nachgesagt. Dazu mangelnde Wahrheitsliebe. Überdurchschnittliche

Begabungen werden ihm abgesprochen. Einige fragen gar, ob er nicht kriminell gewesen sei.

Wie er ausgesehen hat, weiß man nicht. Zwar ist er auf Bildern dargestellt, aber sie stammen aus der Phantasie. Dasselbe gilt für Beschreibungen: Von hoher und schlanker Gestalt, rothaarig und mit langem Gesicht. Ein anderes Mal heißt es, er sei »weit über mittelgroß und von starkem Gliederbau gewesen; seine Augen waren voll Feuer, das Haar rot, der Teint lebhaft und rosig gefärbt«.

Solche Beschreibungen und Bilder implizieren den Helden, als der er gemeinhin gilt. Alexander von Humboldt lobte seine »fast instinktsmäßige Klarheit des Geistes« und »die Erhabenheit und Festigkeit des Charakters«. Goethe sagte im Hinblick auf seine Tat: »Es gehörte denn doch zuletzt ein Mann dazu, der das alles zusammenfaßt, um Fabel und Überlieferung in Wirklichkeit zu verwandeln.« Schiller nannte ihn einen »Genius«. Und Jacob Burckhardt meinte, er sei groß, sehr groß gewesen, »weil er sein Leben und eine enorme Willenskraft an ein Postulat setzte, welches ihn mit den größten Philosophen in einen Rang bringt«.

So sehr kann das viel beschworene »Urteil der Geschichte« schwanken.

Er selbst hat übrigens seine große Entdeckung gar nicht erkannt. Gesucht hat er das Ursprungsland des Goldes. Und aus seinem Tagebuch geht hervor, daß er Tag und Nacht an Gold dachte und immer wieder Gott darum bat, ihn das Goldland finden zu lassen. Aber es wäre falsch, ihn deswegen der Habgier zu bezichtigen. Gold war ihm nur Mittel zum Zweck.

Er hat dann wirklich Gold gefunden, wenngleich bei weitem nicht die erhofften Mengen. Er ist sehr reich geworden. Daß er in Armut gestorben sei, ist eine Legende.

Wer war's?

36 *Tiere waren ihm lieber als Menschen*

Von den Menschen hatte er keine gute Meinung, vor allem von den Frauen nicht. Das mag mit einem Ereignis zusammenhängen, das für den Siebzehnjährigen von einschneidender Bedeutung war: Sein Vater – erst Anfang der 50 – verunglückte tödlich, indem er aus einer Speicherluke stürzte. Vielleicht war das mit Absicht geschehen, denn der Vater neigte zu Hypochondrie, überschätzte zu jener Zeit geschäftliche Schwierigkeiten, war krank, und vor allem war das Verhältnis zu seiner Frau nicht glücklich gewesen. Dies hatte den Sohn schon lange gestört, und jetzt notierte er: »Da mein guter Vater siech und elend an seinen Krankenstuhl gebannt war, wäre er verlassen gewesen, hätte nicht ein alter Diener sogenannte Liebespflicht an ihm erfüllt. Meine Frau Mutter gab Gesellschaften, während er in Einsamkeit verging, und amüsierte sich, während er bittere Qualen litt. Das ist Weiberliebe.«

Das Verhalten der Mutter – sie war 20 Jahre jünger als der Vater – wurde zu einem wichtigen Faktor für sein Verhältnis zu Frauen. Wie schon gesagt, hatte er von Frauen keine gute Meinung. Doch war er mit mehreren befreundet, und eine hat er in seinem Testament bedacht. Einer anderen aber – und das hat ihn sehr geärgert – mußte er viele Jahre lang Alimente zahlen; sie gehörte indessen keineswegs in die Reihe seiner Geliebten, sondern war eine Nachbarin, eine Verwandte seiner Hauswirtin, die neben seiner möblierten Wohnung eine kleine Kammer bewohnte. Nun gehörte zu seiner Wohnung ein Vorraum, den ein anderer Mieter als Durchgang benutzen durfte, und dort hielt sich eines Abends jene Nachbarin zusammen mit zwei anderen Frauen auf, möglicherweise aus Neugier, weil er an jenem Abend Damenbesuch erwartete.

Als er die Frauen aufforderte, den Vorraum zu verlassen, sie sich aber weigerten, wurde er handgreiflich. Da jene Nachbarin sich dabei – »aus Leibeskräften wehrte«, hat er – zu jener Zeit 29 Jahre alt – sich wohl zu kraftvoll eingesetzt. Jedenfalls ging die Frau vor Gericht, nachdem sie sich von einem Arzt eine bei der Auseinandersetzung erlittene Verletzung am Arm hatte bestätigen lassen.

Nach einem langwierigen Prozeß wurde er verurteilt, der Mißhandelten (die immerhin zwei Zeuginnen für sich hatte) Kurkosten und Alimentation von 300 Talern und eine Leibrente von jährlich 60 Talern zu zahlen. »Und dies alles bloß«, schimpfte er, »weil ich die Person vor fast fünf Jahren zur Stubentür hinausgeworfen, ohne daß sie irgendeine sichtbare oder nachweisbare Beschädigung erhalten.«

Seine Befürchtung, die Alimente »höchstwahrscheinlich bis zum Ende ihrer Tage« zahlen zu müssen, da die Frau »wohl so klug sein wird, das Zittern des Armes nicht einzustellen«, traf dann wirklich ein: 20 Jahre lang mußte er zahlen. Als man ihm ihren Tod meldete, schrieb er: »Obit anus, abit onus«, die Alte stirbt, die Last vergeht.

Inzwischen ging er auf die 60 zu und hatte sich längst zu einem Eigenbrödler, zu einem Menschenfeind entwickelt. Der Mensch, meinte er einmal, »ist das einzige Tier, welches anderen Schmerz verursacht ohne weiteren Zweck als eben diesen«. Und er, der vor allem Hunde liebte, erregte sich immer wieder darüber, wie schlecht die Menschen die Tiere behandeln. Er sah darin eine Folge des Christentums, indem »es widernatürlicherweise den Menschen losgerissen hat von der Tierwelt, welcher er doch wesentlich angehört, und ihn nun ganz allein gelten lassen will, die Tiere geradezu als Sachen betrachtend.«

Und er wetterte gegen »die himmelschreiende Ruchlosigkeit, mit welcher unser christlicher Pöbel gegen die Tiere verfährt, sie völlig zwecklos und lachend tötet oder verstümmelt oder martert und selbst die von ihnen, welche unmittelbar seine Ernährer sind, seine Pferde, im Alter auf das äußerste anstrengt, um das letzte Mark aus ihren Knochen zu arbeiten, bis sie unter seinen Streichen erliegen. Man möchte wahrlich sagen: Die Menschen sind die Teufel auf der Erde und die Tiere die geplagten Seelen.«

Er forderte, »die Tiere nicht mehr als rechtlose Wesen« anzusehen, und lebhaft griff er die Tierversuche der Mediziner an: »Jeder Medikaster hält sich für befugt, in seiner Marterkammer die grausamste Tierquälerei zu treiben und Probleme zu entscheiden, deren Lösung längst in Büchern steht, in welche seine Nase zu stecken er zu faul und unwissend ist . . . Aber freilich, arme Tiere langsam zu Tode zu martern, ist leichter als etwas zu lernen. Zu Vivisektionen ist keiner berechtigt, der nicht schon alles, was über das zu untersuchende Verhältnis in Büchern steht, kennt und weiß!«

In seinem Testament – er starb im Alter von 72 Jahren an einer Lungenentzündung – berücksichtigte er auch seinen Hund. Er vermachte seiner Hausangestellten neben einer lebenslänglichen Leibrente zusätzlich eine Entschädigung für seine Pflege. Für den Fall, daß sie und noch zwei andere im Testament genannte Personen den Hund nicht nehmen würden, hatte er die Hoffnung ausgesprochen, daß sich »irgendein Ehrenmann, der mein Andenken ehrt«, des Tieres annehmen werde.

Wer war's?

37 *Wirkte durch Stille und Bescheidenheit*

Nachdem er im Alter von 16 Jahren das Abitur bestanden hatte – mit ganz vorzüglichen Noten –, wußte er nicht, welchen Beruf er wählen sollte. Da er vor allem auf musikalischem Gebiet begabt war – er spielte sehr gut Klavier und auch Violoncello –, erkundigte er sich bei seinem Musiklehrer nach den Aussichten eines Musikstudiums. Die Antwort: »Wenn Sie schon fragen, studieren Sie etwas anderes!«

Als Alternative erschien ihm ein naturwissenschaftliches Studium möglich, aber sein Physiklehrer riet dringend ab, und zwar mit der Begründung, da sei im wesentlichen alles erforscht. Eine Zeitlang dachte er daran, Altphilologe zu werden, denn in Latein und Griechisch war er besonders gut.

Man kann schwerlich sagen, daß er schließlich jenen Weg ging, den er gehen mußte. Er jedenfalls war überzeugt, daß es auch ein anderer hätte sein können, und wahrscheinlich hätte er in einem anderen Beruf ebenfalls Überdurchschnittliches geleistet. In einem Zeugnis des Vierzehnjährigen hieß es: »Mit Recht der Liebling seiner Lehrer und seiner Mitschüler, der Jüngste der Klasse und bei aller Kindlichkeit ein sehr klarer, logischer Kopf. Verspricht etwas Rechtes.« Und ein anderes Mal: »Macht durch sein artiges, bescheidenes Benehmen einen sehr guten Eindruck.« Seine Bescheidenheit wurde immer wieder gerühmt, auch in späterer Zeit, als er es zu hohen Ämtern gebracht hatte. »Er wirkte durch seine Stille und Bescheidenheit, die ihn über das Getriebe der politischen . . . Kreise hinaushob«, schrieb ein Kollege.

Allerdings kam auch für ihn eine Zeit, in der es nicht mehr möglich war, in Stille und Bescheidenheit über das politische Geschehen hinwegzusehen. Zwar hatte er keinerlei Anlagen zum Revolutionär, er war im Gegenteil seinem innersten Wesen entsprechend durchaus staatsloyal, und für die pazifistische Haltung eines ihm befreundeten, ebenfalls berühmten, ja noch berühmteren Fachkollegen, der die Kriegsdienstverweigerung propagierte, fehlte ihm das Verständnis, aber er kam dennoch mehr und mehr in Gegensatz zu jenen Forderungen, die aus politischen Gründen an ihn gestellt wurden. Das galt noch mehr für seinen Sohn, der diesen Gegensatz mit dem Leben bezahlen mußte. Vergeblich hat der Vater – wie er selber schrieb – »Himmel und Hölle in Bewegung« gesetzt, »um wenigstens eine Umwandlung [des Todesurteils] in eine Freiheitsstrafe zu erwirken«.

Mit dem Sohn verlor er das letzte seiner vier Kinder aus erster Ehe. Sein ältester Sohn war gefallen (nachdem einige Jahre zuvor seine erste Frau gestorben war). Ein Jahr später starb eine seiner Töchter bei der Geburt ihres ersten Kindes. Seine zweite Tochter, eine Zwillingsschwester der Verstorbenen, nahm sich des Kindes an und heiratete später den Witwer. Aber dann, nach etwa zwei Jahren, erlitt sie dasselbe Schicksal wie ihre Schwester: auch sie starb bei der Geburt ihres ersten Kindes.

Zu jener Zeit war er zum zweiten Mal verheiratet, mit einer fast 25 Jahre jüngeren Frau. Auch sie erlebte mit ihm nicht nur glückliche Tage. Da war die Zerstörung seines Hauses und der Verlust seiner Bibliothek und seiner Aufzeichnungen. Es kam die Krankheit, und es kam die Evakuierung.

Er hat auch das durchgestanden, und trotz seines hohen Alters und seiner Krankheit hat er noch einmal ein Amt übernommen und jene Institution wieder aufgebaut, der er über viele Jahre angehört hatte und die heute seinen Namen trägt. Als er im Alter von 89 Jahren starb, schrieb sein alter Freund und einstiger Kollege: »Wie anders und besser stände es um die Menschheit, wenn mehr von seiner Eigenart unter den Führenden sein würden . . .«

Wer war's?

38 Gold machen, um die Weltordnung zu zerstören

Nachdem er das Abitur bestanden und mit einem Studium begonnen hatte (das er jedoch bald wieder aufgab), versuchte er, seine Persönlichkeit zu analysieren. Er begann, die Urteile anderer über sich zu sammeln, und er wunderte sich, daß sie so verschieden waren: »Der Vater«, so schrieb er später in einem autobiographischen Roman, »fand ihn hart; die Stiefmutter fand ihn bösartig; die Brüder sonderbar; die Schwestern hatten ebenso viele Ansichten über ihn, wie ihrer an Zahl waren; die jüngste liebte ihn und fand, seine Eltern behandelten ihn schlecht, und er sei ein guter Mensch; die Freundin fand zuerst, er sei voller Gefühl, der Freund, der Ingenieur, fand zuerst, er sei ein liebenswertes Kind; der Freund Fritz, er sei ein finsterer Bursche, voller Wildheit; die Tanten meinten, er habe ein gutes Herz, die Großmutter, er habe Charakter; seine Geliebte . . . vergötterte ihn natürlich; die Lehrer in der Schule kannten sich nicht so recht in ihm aus. Gegen die Hochnäsigen war er hochnäsig, zu den Netten nett. Und die Gefährten? Die sagten es nicht . . .«

War er denn – so fragte er sich – eine derart mannigfaltige Natur? War er falsch, indem er sich dem einen gegenüber anders gab als einem anderen? Die Stiefmutter behauptete das; sie warf ihm vor, sich bei einigen Liebkind zu machen. »Ja, aber alle machten sich Liebkind«, schrieb er; »sie, die Stiefmutter, war freundlich zu ihrem Mann, hart gegen die Stiefkinder, nachgiebig ihrem eigenen Kind gegenüber . . .«

Als Kind hatte er für alles das keine Erklärung. Erst später fand er sie: »Es war das Gesetz der Anpassung . . . So waren die Menschen; in ihnen steckte ein Anpassungstrieb, der auf Berechnung beruhte oder den Übergang bildete zwischen einer unbewußten und einer reflektierten Regung.« Sich anzupassen ist ihm sein Leben lang unmöglich gewesen. Dafür nannte er selber als Grund »zwei Grundzüge in seiner Seele, die für sein Leben und sein Geschick entscheidend wurden«:

Erstens: »Den Zweifel! Er nahm Gedanken nicht kritiklos auf, sondern entwickelte sie, kombinierte sie. Daher konnte er kein Automat werden und ließ sich nicht in die geregelte Gemeinschaft einordnen.«

Zweitens: »Empfindlichkeit gegen Zwang! Daher suchte er diesen zu mindern, teils, indem er sein eigenes Niveau hob, teils, indem er Kritik an allem Höheren übte, um festzustellen, daß es gar nicht so hoch und daher auch nicht so erstrebenswert war.«

Er trat einem literarischen Verein bei, wurde da aber für unverschämt und von einigen gar für verrückt erklärt, weil er behauptete, Dante sei für die Menschen ziemlich bedeutungslos und werde stark überschätzt; allenfalls sei er ein florentinischer Lokalpatriot gewesen, seiner Zeit nicht um einen Schritt voraus.

Diese Behauptung untermauerte er mit einer Reihe durchaus einleuchtender Gründe – in jener Gesellschaft war er jedoch völlig unten durch. Und so ging es ihm noch oft im Leben. Immer wieder stieß er mit seiner Meinung auf Unverständnis und heftige Ablehnung. Häufig kam es dann zum Krach, und er wechselte die Fakultät, den Beruf, den Wohnort oder gar das Land, mehrmals auch die Ehefrau. Das rastlose Zigeunerleben, das er über viele Jahre führte (mit immer neuen Versuchen auf verschiedenen Gebieten, mit Frau und Kindern und Geldsorgen), ließ ihn überreizt und schließlich müde werden; er fühlte sich verkannt, übergangen, ungerecht behandelt.

Dann versuchte er – inzwischen war er über 40 –, noch einmal ganz von vorn anzufangen, indem er auf ein für ihn neues Gebiet umstieg, auf die Naturwissenschaft, und er war überzeugt, daß es ihm gelingen müsse, Gold herzustellen. Auf diese Weise wollte er die ganze Welt verändern, ja sie zerstören: »Meinst du, ich machte das Gold, um uns und die anderen zu bereichern; nein, um die ganze Weltordnung zu zerstören, um zugrunde zu richten, siehst du! Ich bin der Zerstörer, der Auflöser, der Weltenbrandstifter, und wenn alles in Asche liegt, dann werde ich hungrig zwischen den Schutthaufen umherstreunen und über den Gedanken frohlocken: dies habe ich getan; ich, der ich die letzte Seite der Weltgeschichte geschrieben habe, die damit als abgeschlossen zu betrachten ist.«

Gold zu machen, ist ihm nicht gelungen – auch nicht auf jenem Gebiet, dem er sich nach seinen naturwissenschaftlichen Versuchen erneut zuwandte und auf dem er sich einen Namen machte. Nach der Zeit der These und der Zeit der Antithese suchte er jetzt die Synthese: »Du hast das Leben damit begonnen, alles zu bejahen; später hast du es fortgesetzt, indem du grundsätzlich alles verneintest. Beende es nun damit, zusammenzufassen! Also: sei nicht länger exklusiv! Sage nicht: entweder – oder, sondern: sowohl als auch! Mit einem Wort oder zweien: Humanität! und Resignation!«

Alles in allem hat er aber auch dann nicht resigniert, sondern rechnete – oft sehr rücksichtslos und gewalttätiger als nötig – mit seinen Gegnern ab und kämpfte um seine Anerkennung, die ihm nach seiner Meinung zustand, bis er im Alter von 63 Jahren an Magenkrebs starb.

Wer war's?

39 *Als Zwölfjähriger eine Oper über Liebe und Wein*

Von Geburt an war er kränklich. Infolge einer Knochentuberkulose im rechten Bein hinkte er sein Leben lang. Dennoch und obwohl er schwächlich, schmalbrüstig und klein war, führte schon der Siebzehnjährige das tolle Leben eines Don Juan – vielleicht, weil er es so bei seinem Vater gesehen hatte, einem fahrenden Theaterdirektor, der mit Frau und acht Kindern von Stadt zu Stadt zog.

Der Neunzehnjährige, der gern und viel trank, erwischte eines Abends, als er nach einem Trinkgelage im Dunkeln nach noch mehr Wein suchte, versehentlich eine Flasche mit Salpetersäure, trank und brach zusammen. Man fand ihn noch zur rechten Zeit, aber seine Stimme war für immer lädiert.

An seiner Art zu leben änderte das nichts. Auch weiterhin fühlte er sich als Don Juan. Er machte Schulden über Schulden, mußte eines Tages vor seinen Gläubigern fliehen, wurde Privatsekretär eines Fürsten, machte neue Schulden, wurde in einen Skandal verwickelt, wurde verhaftet, dann verbannt. Und versprach nun, seine große Schuldensumme zurückzuzahlen, was er in jahrelangem Mühen auch tatsächlich fertigbrachte. »Welch ewiger Kreislauf von Anstrengung und Tätigkeit ist doch mein Leben!« klagte er; »soll da nicht die Maschine bald zugrunde gehen?«

Indessen verzichtete er auch jetzt nicht auf Liebe und Wein, über deren Macht er schon als Zwölfjähriger eine Oper geschrieben hatte. »Sehr, sehr selige Abende werden hier verlebt mit Soldaten und Mädchen . . .«, schrieb er. Aber zugleich klagte er auch wieder: »Welches Leben ist wohl erfüllter mit widerlich kleinen Zufällen und Erbärmlichkeiten als das eines Künstlers!«

Mit seiner Arbeit hatte er Erfolg, wenngleich keineswegs auf Anhieb. Aber er hatte sich entschlossen durchzuhalten. In seiner theatralischen Art leistete er sogar einen feierlichen Schwur: »Nie! und ich hebe dabei die Hand feierlich ans Herz, nie! soll sich die Welt in dem Vertrauen getäuscht finden, das sie vielleicht in mich hegt; und sollte es jemals so scheinen, als wollte ich einstens von der einmal betretenen Bahn abweichen, . . . so halten Sie mir diese Zeilen vor, als einen heiligen Vertrag, den ich mit der Kunst geschlossen.«

Zu jener Zeit hatte er längst die Frau kennengelernt, die er schließlich heiratete, weil sie allein ihm Ruhe und Arbeitsmöglichkeit garantierte, eine – so schrieb er – »Atmosphäre unbeschreiblicher Wohnlichkeit und Behaglichkeit«. Sie hatte nicht nur Hausfrau und Mutter sein wollen, sie war Sängerin gewesen, hatte dann aber ihren Beruf für ihn aufgegeben. Und er schrieb ihr: »Ach, Du gute Perle wirst aufgelöst im Essig des Ehestandes, verschluckt von Sorgen . . .«

Er arbeitete immer härter. Vielleicht ahnte er, daß er nicht mehr viel Zeit hatte, seinen »heiligen Vertrag« zu erfüllen. Als er die Chance hatte, eines seiner Werke in London aufzuführen, schrieb er: »Ich bin sehr krank, über alle Maßen trübsinnig und zu aller Arbeit unfähig. Eine fatale Heiserkeit . . . könnte wohl am Ende die Halsschwindsucht werden . . . Ob ich reise oder nicht, in einem Jahr bin ich ein toter Mann . . . Wenn ich aber reise, haben meine Kinder zu essen . . .«

Von London aus schrieb er nach Hause: »Ich zähle Tage, Stunden, Minuten bis zu unserem Wiedersehen. Wir sind doch sonst auch getrennt gewesen und haben uns gewiß auch lieb gehabt, aber diese Sehnsucht ist ganz unvergleichbar.«

Endlich war es soweit: Alle Aufführungen hatte er geschafft. Am Abend vor der Heimreise saß er mit Freunden zusammen. Er sprach nur von Zuhause, Frau und Kindern, zu denen er am nächsten Morgen heimreisen wollte. Aber in der Nacht starb er. In seinem vierzigsten Jahr.

Wer war's?

40 *Ihr Mann saß Abend für Abend in der Kneipe*

In ihrem Leben spielten Selbstmorde eine große Rolle, Selbstmorde von Verwandten, Freunden, Bekannten – und zwei Selbstmordversuche von ihr selber. Als sie 20 Jahre alt war, beging ihre ältere Schwester Paula Selbstmord aus enttäuschter Liebe (und zwar so, wie sie es einmal auf der Bühne gesehen hatte). Als man ihr Zimmer aufbrach, fand man sie – so heißt es in den Erinnerungen der Schwester – auf dem Fußboden liegend; »eine halbe Flasche Cognac stand geleert auf der Kommode und ein Zettel lag dabei: ›Verzeiht – Um Gottes Willen nicht retten!‹ – Die Wände waren mit Blut bespritzt. Sie hatte sich mit dem Rasiermesser den Hals durchschnitten und die Pulsadern.«

Ein Jahr später erschoß sich ein Bruder ihres Mannes. Dann beging ihre Mutter Selbstmord, indem sie Nadeln schluckte. Jahre danach ging einer ihrer Freunde aus dem Leben, indem er Gift nahm. Und eine Kollegin von ihr stürzte sich aus dem fünften Stock eines Wohnhauses auf die Straße. Wieder Jahre später erschoß sich ein anderer ihrer Freunde, ein berühmter Flieger. Auch ein Freund ihrer ältesten Tochter (Sohn eines weltbekannten Vaters) ging freiwillig aus dem Leben. Und dann war da noch eine Psychiaterin, bei der sie wegen ihrer häufigen Depressionen in Behandlung war, die plötzlich Selbstmord machte.

Ihre eigenen Versuche, aus dem Leben zu gehen – der erste war zwar eigentlich nur ein winterliches Bad in der Spree; der zweite, bei dem sie Tabletten schluckte, aber war ernst gemeint und machte eine längere Behandlung erforderlich –, hingen mit ihrem Mann zusammen. Als sie ihn kennenlernte (und ihn schon bald heiratete), war er – mit Anfang 40 – doppelt so alt wie sie. Daß die Ehe nicht glücklich wurde, lag zu einem gut Teil an dem Altersunterschied und an der Eifersucht des Mannes. Um seine junge Frau möglichst wenig mit anderen Männern in Kontakt kommen zu lassen, zwang er sie, ihren Beruf (in dem sie gerade Erfolg hatte) aufzugeben.

»Nun saß ich also zu Hause«, schrieb sie, »das Mädchen kochte und putzte, und ich hatte nichts zu tun. Mein Mann schlief bis mittags. Nachmittags ging er oft fort . . . Abends ging er in die Kneipe. Saß er da jetzt mit anderen, nachdem ich ihm sicher war? – Er hatte sein Leben lang abends in Kneipen gesessen, wo sollte er sonst sitzen?«

Sein Thema, mit dem er sich über lange Zeit befaßte, war die geschlechtliche Liebe als ursprüngliche, wild elementare Kraft, als Aufstand gegen die Gesellschaft, als Ruf nach Freiheit. Aber er befaßte sich damit – so sagte sie – »nur theoretisch; ich ahnte damals nicht, daß ihm das Liebes- und Eheleben gar nicht so wichtig war«. Auch als ein Kind kam, änderte sich für sie kaum etwas: »Ich dachte: Jetzt habe ich einen Mann und ein Kind und beide schlafen den ganzen Tag.«

Was er ihr nicht verzeihen konnte, war ihre Jugend: »Er war besessen von der Idee, daß er zu alt für mich sei, daß er früher sterben werde als ich, und daß mein Leben eigentlich erst richtig beginnen würde, wenn seines zu Ende war.« Und er meinte, nach seinem Tode werde sie den Ertrag seiner Lebensarbeit genießen; »sichtlich konnte er sich mit diesem Gedanken nicht abfinden.«

Als er dann krank wurde und – ohne Erfolg – mehrmals operiert werden mußte, litt er unter diesem Gedanken immer stärker. Tatsächlich ist es dann so gekommen, wie er es vorausgesehen hatte. Nach seinem Tode (im Alter von 53 Jahren) lebten sie und ihre Kinder von seinem Werk, das erst dann immer größeres Interesse fand und finanziellen Gewinn brachte (wozu sie allerdings wesentlich mit beigetragen hat). Sie überlebte ihren Mann um mehr als ein halbes Jahrhundert.

Wer war's?

41 *Es sollte ein Exempel statuiert werden*

Er hätte entkommen können, aber er hat seine Chance nicht wahrgenommen. Warum er sie in den Wind schlug, bleibt unklar. Möglicherweise erkannte er zu spät, daß es um Leben und Tod ging. Vielleicht überschätzte er auch bloß seine Beziehungen zu höchsten militärischen Stellen; sein Vater war General, sein Großvater war es ebenfalls gewesen. Er selbst stand noch auf der untersten Stufe der Offizierslaufbahn, obgleich er immerhin 26 Jahre alt war. Aber er war bis dahin nicht nur beim Militär gewesen, sondern hatte zunächst Jura studiert.

Infolge seines Studiums war er seinen gleichrangigen Kameraden im Offizierskorps nicht nur an Jahren überlegen, sondern vor allem an Bildung. Seine Interessen waren vielseitig. Er war sehr belesen, spielte Flöte und Klavier, zeichnete und malte, er sprach und schrieb ein ausgezeichnetes Französisch. Er sah zwar nicht besonders gut aus, hatte ein blatternarbiges Gesicht, aber er trat sicher und elegant auf, er brillierte im Gespräch, war in allem ganz ungezwungen, und er schwärmte für die Freiheit.

Dies alles imponierte einem acht Jahre Jüngeren, der ähnlich weitgefächerte Interessen hatte und der vor allem genauso sehr oder gar noch stärker von Freiheit träumte, ja von ihr bald nicht mehr nur träumen, sondern sie für sich erreichen wollte, und zwar durch Flucht ins Ausland. Die beiden schlossen Freundschaft, und schon bald wurde der Ältere von seinem neuen Freund gebeten, ihm bei seinem Fluchtversuch zu helfen.

Anfangs war er geradezu entsetzt und versuchte, dem Jüngeren den seiner Meinung nach an Wahnsinn grenzenden

Plan auszureden. Als er einsehen mußte, daß er weder mit solchen Versuchen noch mit Verzögerungstaktik den Freund von seinem Vorhaben abbringen konnte, stellte er sich ganz auf dessen Seite. Er leistete ihm den Schwur, ihn nie im Stich zu lassen, und sie verabredeten, gemeinsam zu fliehen. Später sagte er: »Ich kann es nicht leugnen, die große Liebe, die ich für ihn fühlte, erfüllte mich so ganz, daß es über mein Vermögen ging, seine flehentlichen Bitten um Hilfe abzuschlagen.« – Übrigens ist versucht worden, daraus ein homosexuelles Verhältnis zu konstruieren. Aber erstens ist der Beweis nicht erbracht worden, und zweitens wäre das durchaus irrelevant.

Als sie ihren Fluchtplan ausarbeiteten, waren sie schon nicht mehr die einzigen, die davon wußten. Ein Dritter war sogar in Einzelheiten eingeweiht, und der hat, unmittelbar bevor es zu der Flucht kommen sollte, aus Angst alles verraten – um dann selbst zu fliehen und sein Leben in Sicherheit zu bringen. Unterdessen wurde der jüngere der Freunde verhaftet.

Haftbefehl erging sogleich auch gegen ihn, den Älteren. Er traf Anstalten, sich zu verziehen, aber zu langsam und viel zu lässig, obwohl sein vorgesetzter Offizier ihm noch eine Chance ließ. Als der ihn mehrere Tage nach der Verhaftung des Freundes in aller Öffentlichkeit auf der Straße traf, sprach er ihn an: »Sie sind noch hier? Das wundert mich!« Er werde, antwortete er, an diesem Abend aufbrechen. Selbst dann ließ er sich noch Zeit, bis die Vollstreckung des Haftbefehls nicht mehr länger aufgeschoben werden konnte.

Beide kamen vor ein Militärgericht, das sich aus 16 Offizieren zusammensetzte. Der Vorfall erregte weltweites Aufsehen. Über den Jüngeren ein Urteil zu fällen, lehnten die Offiziere ab – sie empfahlen ihn der Gnade des Landesherrn –, bei dem anderen sprachen sie sich für lebenslängliche Festungshaft aus.

Das Urteil wurde vom Landesherrn verworfen. Daraufhin trat das Gericht erneut zusammen, hielt jedoch an seinem ursprünglichen Spruch fest. Jetzt sprach der Landesherr selbst das Urteil; für den Jüngeren ordnete er ein neues Verfahren an, über den Älteren brach er den Stab: Eigentlich müsse er »mit glühenden Zangen gerissen und aufgehängt« werden, aber in Anbetracht seiner Familie solle er »nur mit dem Schwert vom Leben zum Tode gebracht werden«; man möge ihm ausrichten, daß es ihm, dem Landesherrn, leid täte, es sei aber besser, daß er sterbe, als daß die Gerechtigkeit leide.

Dabei blieb es. Als man dem Todeskandidaten das Urteil vorlas, sagte er: »Ich füge mich in den Willen der Vorsehung . . . Ich habe keine Schlechtigkeit begangen, und wenn ich sterbe, so ist es um einer guten Sache willen.« Doch bat er seinen alten Großvater, der Generalfeldmarschall war, dem Landesherrn eine Bittschrift zu überreichen. Darin bezeichnete er seine Tat als Irrtum seiner Jugend, als Unbedachtsamkeit und Schwachheit und bat »demütigst um Gnade, Erbarmen, Mitleiden, Barmherzigkeit und Erhörung«.

Seiner Bittschrift legte der Großvater ein eigenes Schreiben bei, in dem er, der greise Generalfeldmarschall, bat, nicht geschehen zu lassen, daß »ich am Ende meines 80. Jahres auf eine so betrübte Art noch müsse Blut triefen sehen von demjenigen, der von mir abgestammet, und dadurch mein graues Haar mit Herzeleid in die Grube gebracht werde«.

In der Antwort hieß es, indem dem Verurteilten die Folter und das Hängen erspart werde, sei genug Gnade geübt; es müsse ein Exempel statuiert werden.

Drei Tage später erfolgte die Hinrichtung. Der jüngere Freund mußte sie mit ansehen. Als der Verurteilte in ganz ungezwungener Haltung zur Hinrichtungsstätte ging, rief er ihm zu: »Ich bitte Sie tausendmal um Verzeihung. Um Gottes willen, Verzeihung, Verzeihung!« Und er warf ihm eine Kußhand zu. Der Todeskandidat antwortete – so ist es überliefert – mit klarer Stimme: »Nichts von Verzeihung . . . ich sterbe mit tausend Freuden für Sie.« Als ihm der Kopf abgeschlagen wurde, fiel der, für den er starb, in Ohnmacht.

Wer war's?

42 *Um das Zerstreuen seiner Asche zu verhindern*

Es war ein unruhiges und ungesichertes Leben, das er führte. Daran war vor allem seine Krankheit schuld. Sie zwang ihn zur Aufgabe seines Lehrberufs und trieb ihn von Land zu Land, von Europa nach Amerika und Australien, wieder nach Europa, nirgendwo fand er Ruhe. Am schlimmsten war es in der letzten Zeit vor seinem Tod, als er genau wußte, daß die Besucher schon – so sagte seine Frau – als freundliche »Vorboten des Todes« kamen. Dann versuchte er zu fliehen, aber es wurde immer schwieriger, für den Sterbenskranken ein neues Quartier zu finden. Niemand wollte ihn mehr haben.

Und selbst nachdem der noch nicht Fünfundvierzigjährige gestorben war, sollte er noch nicht zur Ruhe kommen. Zwar wurde sein Leichnam beigesetzt: »Dann begruben wir ihn sehr einfach«, schrieb seine Frau später, »wie einen Vogel taten wir ihn weg, einige von uns, die ihn liebten. Wir legten Blumen in sein Grab und ich sagte nicht mehr als ›Leb wohl, Lorenzo‹, während seine Freunde und ich viele, viele Mimosen auf sein Grab legten.«

Vier Jahre blieb er dort. Inzwischen hatte sich seine Frau, die nach seinem Tode wieder geheiratet hatte – jenen Mann, der noch zu Lebzeiten des anderen ihr Geliebter gewesen war –, alles anders überlegt. Es sei im Sinne des Toten, meinte sie nun, verbrannt zu werden. Und für die Asche hatte sie in Mexiko (wo sie eine Zeitlang zusammen gelebt hatten) eine Art Kapelle bauen lassen. Genauer gesagt: Ihr jetziger Mann, der Nachfolger des Verstorbenen also, hatte die Kapelle bauen müssen, und er mußte nun auch die Asche holen; das heißt, zunächst mußte er die vielen behördlichen Schwierigkeiten überwinden, die sich daraus ergaben, daß ein seit vielen Jahren beigesetzter Leichnam exhumiert und verbrannt werden sollte. Der Mann hat es geschafft.

Aber es kamen neue Schwierigkeiten, so daß auch die Asche, wie einst der Lebende, so bald nicht zur Ruhe kommen sollte. Die Einwanderungsbehörden des Ziellandes wollten die Asche nicht einreisen lassen. Erst nach langen Verhandlungen gaben sie nach.

Aber noch einmal gab es ein Problem. Zwar war der Mann nun endlich mit der Urne auf dem Heimatbahnhof angelangt, wo seine Frau und die Freunde ihn abholten, aber als sie schon 30 Kilometer mit dem Auto gefahren waren, merkten sie, daß sie über der Freude des Wiedersehens die Urne auf dem Bahnhof vergessen hatten. Sie rasten zurück und fanden sie unversehrt an derselben Stelle stehen, wo sie sie vergessen hatten.

Auf dem Weg nach Hause vergaßen sie die Urne noch einmal. Sie hatten unterwegs einen befreundeten Maler besucht; erst am nächsten Morgen bemerkten sie, daß sie die Urne bei ihm stehengelassen hatten.

Am nächsten Abend jedoch konnte in einer von seiner Witwe vorgesehenen Zeremonie endlich das Gefäß mit der Asche in die Kapelle gestellt werden. Aber auch dies war nicht das Ende. Denn anläßlich dieser Zeremonie erhielt die Witwe von einer ehemaligen Nebenbuhlerin einen Blumenstrauß, dem ein Gruß beigefügt war und der Satz: »Wenn Du erst tot bist, werde ich meinen Willen durchsetzen, und die Asche wird verstreut werden.«

Um die Realisierung dieser Drohung ein für allemal zu verhindern, ließ die Witwe seine Asche mit Sand und Zement verrühren und daraus einen tonnenschweren Block formen, der seither wie ein Altar in der kleinen Kapelle steht und die Initialen des Jahre zuvor Verstorbenen trägt.

Wer war's?

43 *Um mir mein Vaterland zu erkämpfen*

Vom Vater wurde er verwöhnt; er war der einzige Sohn, erst nach sechsjähriger Ehe der Eltern – eines wohlhabenden und im positiven Sinne schöngeistigen Appellationsrates und seiner Frau, der Tochter eines Kupferstechers – auf die Welt gekommen. Ein Freund des Vaters, ein berühmter Dichter, wurde brieflich über alles, was den Sohn betraf, unterrichtet, über seinen ersten Zahn, die ersten, vom Schneider gefertigten Hosen, über Fortschritte auf der Gitarre, die der Dichter hatte besorgen müssen, über seine körperliche Entwicklung. »Sein Körper bildet sich jetzt aus, und er hat ziemliche Gewandtheit und Kraft«, schrieb der Vater dem Dichter über den Achtzehnjährigen.

Und der Dichter, den die Eltern so sehr verehrten, wurde für den Jüngling zum großen Vorbild, dem er nicht ohne einen gewissen Erfolg nacheiferte. Erfolg hatte er auch bei Frauen. Und die Gesellschaft einer großen Stadt, wo der Vater ihm Dank entsprechender Verbindungen viele Türen geöffnet hatte, verhätschelte ihn. Zuvor hatte er Bergwissenschaft studiert. Aber da er zu viele Mensuren ausfocht und sich an manchen Raufereien beteiligt hatte, war er von der Akademie relegiert worden. Zu Beginn seines Studiums hatte die Mutter ihn gewarnt: »Man sagt mir viel von der Verdorbenheit der Sitten in Freyberg, und von den Anlockungen liederlicher Dirnen. Bey Dir bin ich indessen darüber beruhigt. Du hast einen Ekel vor der Verworfenheit, und wirst Dir ihn von Wüstlingen, die Dich in die Schule nehmen wollen, nicht wegschwatzen lassen. Mit Vergnügen habe ich gesehen, daß Du das weibliche Geschlecht achtest, und für seine Reize empfänglich bist. Dieß ist ein gutes Verwahrungsmittel gegen die Ausschweifungen der rohen Sinnlichkeit. Wohl dem, der einst vor seiner Geliebten mit reiner Seele und ungeschwächtem Körper auftreten kann!«

Der Zwanzigjährige verlobte sich mit einer Schauspielerin, wozu die Eltern gerührt ihre Zustimmung gaben. Sie waren mit allem einverstanden, was der Sohn tat. »Die Bahn, auf der ich Dich finde, scheint mir die rechte zu sein«, schrieb der Vater, als der Sohn ihm eines seiner dichterischen Werke schickte. »Laß Dich nicht verleiten, den Ruhm der Genialität in der Wildheit, Formlosigkeit und Frechheit zu sichern. Fahre fort, Deine Pläne mit Besonnenheit zu entwerfen, aber bey der Ausführung überlaß Dich ganz Deiner Phantasie und Deinem Gefühl. Lebe in Deinem Stoffe, ohne an irgend etwas in der übrigen Welt zu denken. Aus Deinem Innern muß Charakter und Situation in ihrer ganzen Fülle hervorgehen, und was Dir lebendig vorschwebt, wird auch immer lebendiger in die Wirklichkeit treten, je mehr Du die Mittel beherrschest, die Du zur Darstellung brauchst . . .«

Wenig später aber hatte der Sohn ganz andere Pläne. »Ich will Soldat werden«, schrieb er dem Vater, »will das hier gewonnene, glückliche und sorgenfreie Leben mit Freuden hinwerfen, um, sei's auch mit meinem Blute, mir ein Vaterland zu erkämpfen.« Gut vier Monate später ist er, nicht ganz 22 Jahre alt, gefallen.

Wer war's?

44 *Für Möbel gab er sehr viel Geld aus*

Nicht alle mochten ihn, bei weitem nicht alle. Was viele abstieß, war – so sagte es einer seiner frühesten Biographen –, »daß er sich immerfort selbst lobte und rühmte . . .« und »am Ende auch seine Bücher und Schriften mit diesen Lobpreisungen der eigenen Person füllte« und ihm »diese Geschmacklosigkeit« ebenso bei seinen »schönen und geistvollen Reden und Vorträgen wie ein Fluch anhaftete«.

Er war ehrgeizig und wollte Einfluß nehmen auf die politische Entwicklung seines Landes, Einfluß in einem allerdings ausgesprochen humanen, freiheitlichen Sinn. Doch ging er in seiner liberalen Einstellung nicht etwa so weit, solche Leute zu unterstützen, die Staat und Gesellschaft stürzen wollten und die Anarchie propagierten. Im Gegenteil: Gegen sie ging er mit aller Schärfe vor. Als er – zu jener Zeit 43 Jahre alt – eine revolutionäre Verschwörung aufdeckte und sie ohne Waffengewalt im Keim erstickte, hat er, obwohl er Jurist und Anwalt war, nicht zu verhindern versucht, daß die Täter ohne Prozeß zum Tode verurteilt und hingerichtet wurden.

Es muß nicht purer Egoismus gewesen sein, schon gar nicht – wie ihm später vorgeworfen wurde – »Pfuschertum«, was ihn so handeln ließ. Vielmehr dürfte es die Überzeugung gewesen sein, auf alle Fälle die Sicherheit des Staates zu erhalten. Klagte er doch in einem Brief, »in einer grundverdorbenen Zeit« zu leben: »Wo ist jetzt noch dem Gefühl für Recht und Gesetz, wo ist der Redlichkeit, der Tugend, edlen Studien, schönen Künsten – was sage ich, wo ist auch nur der Freiheit und Sicherheit noch der mindeste Raum gelassen?«

Während ihm die Unterdrückung jener Verschwörung zunächst größte Anerkennung und die Verleihung des höchsten

Ehrentitels eintrug, hat sich die formal ungesetzliche Hinrichtung der Verschwörer wenige Jahre später gerächt. Da mußte er (unter politisch veränderten Verhältnissen) in die Verbannung gehen. Zwar durfte er nach nur etwa einem Jahr in die Heimat zurückkehren, aber in seinen politischen Bestrebungen war er von da an nicht mehr erfolgreich.

Als er aus der Verbannung zurückkehrte, fand er sein Haus total verwüstet vor. Politische Gegner hatten alles zerstört. Obgleich er noch andere Häuser außerhalb der Stadt besaß, hat ihn das schwer getroffen. Denn als sehr kultivierter Mann hing er an den Dingen und Möbeln des Hauses, die er mit Geschmack und Liebe zusammengestellt hatte. Einige Stücke hatte er teuer erworben. So hatte er zum Beispiel einmal für einen Zitrustisch (nach heutigem Wert) mehr als 100 000 Mark ausgegeben! Welch horrender Preis das war, zeigt der Betrag, für den er sein Haus gekauft hatte, nämlich (ebenfalls nach heutigem Wert) etwa 750 000 Mark.

Dennoch: Er war nicht etwa ein Verschwender. Aber er war eben auch nicht kleinlich. Verschwenderisch jedoch scheint seine Frau gewesen zu sein. Jedenfalls heißt es, sie habe (während er über längere Zeit im Krieg war) so viele Schulden gemacht, daß bei seiner Rückkehr eine Masse von Gläubigern über ihn herfiel. Um sie zufriedenstellen zu können, habe er sich von seiner Frau scheiden lassen und seine junge und überaus vermögende Pflegetochter, deren Vermögen er verwaltete, geheiratet. Nach dieser Heirat konnte er die Gläubiger abfinden. Die Ehe hielt allerdings nur kurze Zeit.

Während er auf schriftstellerischem Gebiet immer erfolgreicher wurde, wollte er auch in der Politik noch einmal sein Glück versuchen. Oder richtiger: Noch einmal wollte er sich für ein humanes und liberales Prinzip einsetzen. Dabei ist er seinem Gegenspieler unterlegen. Dessen Schergen haben den fast Vierundsechzigjährigen ermordet.

Wer war's?

45 *In junge Mädchen geradezu vernarrt*

Der Siebenundzwanzigjährige schrieb: »Ich habe hier gar keinen Menschen, dem ich mein Herz öffnen dürfte, werde auch in mancher Beziehung verkannt, was mir oft heimlich sehr schwer fällt.«

Das blieb die Grundsituation seines Lebens: verkannt zu sein und einsam. Der Vierzigjährige gestand einem Freund: »Was ich unter Melancholie verstand – ich drückte mich nur schlecht aus – es ist zum größten Teile nur Feindschaft gegen die Menschheit, deren Liebenswürdigkeit, Aufrichtigkeit und Treue gewiß auch ich bitter genug so oft empfinden mußte und noch empfinden muß.« Zu jener Zeit wäre er am liebsten ausgewandert: »Gehen wir nach Rußland und wo immer hin, wenn man uns im Vaterland nicht kennen will!«

Hinzu kam, daß er in seiner schlecht bezahlten Stellung als Lehrer auch noch Ärger hatte: »Zwei Mädchen . . . sollen durch mich gekränkt worden sein, ich soll eine im Zorne ›Urschl‹ genannt haben . . . Papa nahm die Mädchen aus der Schule und seitdem verfolgt man (respektive er) mich durch anonyme Anzeigen, daß ich die Mädchen bei der Hand schüttelte, daß ich gegen eine freundlicher sei, ja, daß ich sogar gefährlich wäre. Daß meine Freundlichkeit und Güte mißbraucht worden sein muß, steht außer allem Zweifel; sonst weiß ich mich nichts schuldig . . . Wenn man nun mit der einen . . . nur freundlich spricht, so heißt es, in diese ist er verliebt, etc.«

Als er das schrieb, war er 47. Und er war noch immer allein. Zu gern hätte er eine Frau gehabt. Das aber hieß für ihn: ein junges Mädchen. Er scheint – so sagt es einer seiner Biographen – vom Gedanken an das junge Mädchen besessen gewesen zu sein. Neunmal hat er sich in junge Mädchen verliebt. Alle kannte er nur ganz flüchtig, manchmal nur vom Sehen. Dennoch machte er allen einen Heiratsantrag. Der Einundvierzigjährige schrieb der siebzehnjährigen Tochter eines Metzgers, die er seit fünf Jahren heimlich verehrte:

»Sehr geehrtes, liebenswürdiges Fräulein! Nicht als ob ich mich mit einer Ihnen befremdenden Angelegenheit an Sie, verehrtes Fräulein, wenden würde, nein, in der Überzeugung, daß Ihnen längst mein zwar stilles, aber beständiges Harren auf Sie bekannt ist, ergreife ich die Feder, um Sie zu belästigen. Meine größte und innigste Bitte, die ich hiermit an Sie, Fräulein Josefine, zu richten wage, ist, Fräulein Josefine wollen mir gütigst offen und aufrichtig Ihre letzte und endgültige, aber auch ganz entscheidende Antwort schriftlich zu meiner künftigen Beruhigung mitteilen und zwar über die Frage: Darf ich auf Sie hoffen und bei Ihren lieben Eltern um Ihre Hand werben? . . .«

Der Antrag wurde unter Hinweis auf den großen Altersunterschied abgewiesen. Alle seine Anträge wurden abgewiesen. Einmal jedoch schienen sich seine Wünsche zu erfüllen. Da war der Siebenundsechzigjährige krank geworden, und im Hotel hatte ein Stubenmädchen ihn gepflegt. Als er das Hotel zum erstenmal wieder verlassen konnte, kaufte er sogleich einen Ring, den das Mädchen auch annahm. Doch erfuhr er erst jetzt, daß die Neunzehnjährige anderer Konfession war und zu seiner nicht übertreten wollte. Sie schickte ihm schließlich den Ring zurück.

Nicht nur bei den Frauen hatte er kein Glück. Es dauerte lange, sehr lange, bis er mit seinem Werk wenigstens einigermaßen Anerkennung fand. Aber entmutigen ließ er sich trotz aller Anfeindungen nicht. Der Siebenundsechzigjährige sagte: »Bald nennen sie mich Narr, bald Meister. Die sollen schreien, soviel sie wollen! Wenn das, was ich schreibe, gut ist, wird es bleiben; wenn nicht, wird es zugrunde gehen.«

Wer war's?

46 *Der Wagen mit den Kindern stürzte in den Fluß*

Sie wuchs frei und unkonventionell auf. Der Vater hatte sich von der Familie getrennt, als sie noch ein Baby war, die Mutter mußte sich und vier Kinder allein durchbringen. Über viele Jahre waren sie sehr arm. Sie aber hat darunter nicht etwa gelitten, im Gegenteil, später schrieb sie in ihren Memoiren:

»Wie dankbar bin ich dem Schicksal, daß meine Mutter während meiner Kindheit fast ganz mittellos war: Weder Dienstboten noch Gouvernanten vermochte sie ihren Kindern zu halten, und diesem Umstand verdanke ich meine impulsive, ungebundene Lebensauffassung, die sich bei mir schon als Kind entwickelte und von der ich nie wieder abließ. Meine Mutter war Pianistin und erteilte zur Bestreitung unseres Lebensunterhaltes Unterricht; oft war sie den ganzen Tag bis zu den späten Abendstunden außer Hause. Konnte ich aus dem Kerker der Schule entweichen, dann fühlte ich mich frei, dann wanderte ich stundenlang allein am Meeresstrand umher und ließ meiner Phantasie die Zügel schießen.«

Aber frühzeitig erkannte sie auch, wie sehr die Frauen gegenüber den Männern benachteiligt waren, und die Zwölfjährige zog daraus Konsequenzen: »Das Schicksal meiner Mutter vor Augen, beschloß ich damals schon, mein ganzes Leben im Kampf gegen die Ehe zu verbringen: Ich wollte für die Frauenemanzipation, für das Recht jeder Frau eintreten, Kinder zu gebären, wann es ihr beliebte; jede Frau müsse dieses Recht ebenso heilig halten wie ihre Tugend.«

Sie hat diesen Entschluß wahrgemacht. Sie hat sich das Recht genommen, so zu leben, wie sie wollte. Sie hat mit Männern gelebt, wann es ihr gefiel, hat einmal auch geheiratet (doch ging die Ehe schief), und sie hat drei unehelichen Kindern das Leben geschenkt, unbekümmert um die Meinung der Gesellschaft. Sie war selbstbewußt und eigenwillig. Das Leben war für sie eine Kette von Wagnissen und Abenteuern. Und Abenteuer zu bestehen, sich durchzusetzen gegen alle möglichen Widrigkeiten und Benachteiligungen, hat ihr immer wieder Freude gemacht.

Schon als Kind gab sie anderen Kindern Unterricht im Tanzen – auch dies auf eine eigenwillige, unkonventionelle Art. Auf diese Weise kam sie in sehr reiche Häuser. Doch wurde es nie ihr Ziel, auch reich zu werden: »Niemals habe ich dort die reichen Kinder beneidet, im Gegenteil, ich bemitleidete sie, ich war überrascht über die kleinliche Albernheit ihres Lebens, und im Vergleich zu diesen Millionärskindern dünkte ich mich tausendmal reicher an jenen Dingen, die den Wert des Lebens ausmachen.«

Und weiter heißt es in ihren Memoiren: »Wenn ich von Familienvätern höre, daß sie arbeiten, um ihren Kindern etwas hinterlassen zu können, dann drängt sich mir immer die Frage auf, ob sie sich klargemacht haben, daß ihre Ersparnisse aus dem Leben der Kinder jeden abenteuerlichen Zug ausschalten. Denn mit jedem Dollar, den sie zurücklassen, werden die Kinder ungeeigneter für den Lebenskampf. Die schönste Erbschaft, die man einem Kinde vermachen kann, ist, ihm die Gestaltung seines eigenen Lebensweges selbst zu überlassen, damit es einmal ganz auf eigenen Füßen stehen kann.«

Sie hat ihr Leben wirklich gestaltet, ganz aus sich heraus. Und mit dem, was sie machte, wurde sie weltberühmt. Aber sie hat nicht immer nur Erfolg und schon gar nicht immer nur Glück gehabt, sondern sie mußte harte Schicksalsschläge hinnehmen. Eines Tages ließ sie ihre Kinder, einen Sohn und eine Tochter, im Auto von Paris nach Versailles bringen. Die Kinderfrau hatte gesagt: »Ich glaube, es wird regnen – vielleicht ist es besser, wenn die Kinder zu Hause bleiben.«

In ihren Memoiren heißt es: »Wie oft habe ich, gleichsam

unter einem schrecklichen Alpdruck, diese warnende Stimme wieder gehört und mich verflucht, daß ich ihr nicht folgte.« Unterwegs hatte der Chauffeur am abschüssigen Ufer der Seine halt gemacht und war aus dem Auto ausgestiegen, ohne die Bremse anzuziehen. Der Wagen kam ins Rollen und stürzte in den Fluß, wo die Kinder ertranken.

Auf seltsame Art ist auch sie selbst Jahre später – nachdem ihr drittes Kind kurze Zeit nach der Geburt gestorben war und sie noch manch anderen Schicksalsschlag hatte hinnehmen müssen – ums Leben gekommen. Im Anschluß an ihre Vorstellung setzte sich die Siebenundvierzigjährige in einen Zweisitzer, einen Sportwagen. Um den Hals trug sie einen langen Schal, der zu einem großen Teil aus dem Wagen heraushing. Beim Anfahren fing er sich in den Radspeichen und brach ihr das Genick.

Wer war's?

47 . . . *daß er immer nur normale Männer traf*

Er wirkte kühl, vornehm, voll Haltung und Distanz und stets in Form. Oder vielmehr: Er wollte so wirken. In Wahrheit war er ganz anders, aber er wollte sein Anderssein, unter dem er unsäglich litt, hinter einer Maske von Unnahbarkeit verbergen. Seine Tagebücher, die über eine lange Zeit nur in einem sorgfältig frisierten und ausgekämmten Auszug bekannt waren, zeigen ihn in seiner Hilflosigkeit und Verzweiflung. Da ist der kühle Ästhet, der hochmütige und großartige Satiriker ein tiefunglücklicher Mensch. Der Zweiundzwanzigjährige schrieb ins Tagebuch: »O Schmerz ohne Ziel und Maß! O unerschöpflicher Jammer! Nie liebte ich, wie in diesem Augenblick, nie liebte ich so grenzenlos unglückselig. Ich kenne mich selbst nicht mehr. Wo sind meine Vorsätze, meine Pläne? Wo ist die Riesenkraft eines festen Willens? Träumer! Elender Tor! – Ich komme aus einem Konzert zurück; o wäre ich nie dort gewesen. Ich sah dich: ja mein Gewand berührte das deine, aber du sahst mich nicht. Du hast mich nicht betrachtet. Mit welcher Gleichgültigkeit, mit welcher Verächtlichkeit flogen deine Blicke an mir vorbei! Du fliehst mich . . . Kennst du, o Tartarus, schärfere Qualen, als seine schneidende Geringschätzung?«

Zu jener Zeit war er Leutnant. Da seine Familie zwar von Adel, aber nicht wohlhabend war, hatte man ihn für die Offizierslaufbahn bestimmt. Als Zehnjähriger war er in ein Kadettenkorps gesteckt worden. Schon damals merkte er, daß er anders war als seine Kameraden; er selbst nannte sich später einmal eine »links angehängte Null«. Als Zwölfjähriger verliebte er sich zum erstenmal. »Doch darf ich kühn sagen«, heißt es in seinem Tagebuch, »daß mich mein Freund so sehr liebte, als ich ihn. Wir waren einander alles. Wir genossen einige Monate lang das reinste höchste Glück, das die Freundschaft zu gewähren imstande ist. Nur war unser Bund zu schwärmerisch und auch zu sehr der Liebe gleich.«

Die Tragik in seinem Liebesleben sei gewesen, meint einer seiner Biographen, daß er immer nur normale Männer traf, die ihn mit Verachtung straften. Er verliebte sich in einen jungen, blonden, französischen Pagen, danach in einen bayerischen Prinzen, dann in einen jungen Offizier, der ähnlich schön war wie der französische Graf und dem er diese Verse schrieb:

»Du liebst und schweigst – o hätt ich auch geschwiegen / Und meine Blicke nur an dich verschwendet! / O hätt ich nie ein Wort dir zugewendet, / So müßt ich keinen Kränkungen erliegen! / Doch diese Liebe möcht ich nie besiegen, / Und weh dem Tag, an dem sie frostig endet! / Sie ward aus jenen Räumen uns gesendet, / Wo selig Engel sich an Engel schmiegen!«

Als der von ihm so sehr geliebte Offizier an einem Feldzug teilnehmen mußte, zog auch er in den Krieg, obwohl ihm das ganze Militärleben verhaßt war. Aus dem Krieg zurückgekehrt, verliebte er sich immer aufs neue und immer in Männer, auch einmal in seinen Hauptmann. Da sie alle von ihm nichts wissen wollten und ihn zurückstießen, rettete er sich, indem er sie an seiner Idealvorstellung maß, der sie alle letztlich nicht genügen konnten. Zum Beispiel schrieb der Zwanzigjährige, nachdem er wieder einmal eine Enttäuschung erlebt hatte, in sein Tagebuch: »Übrigens war mir dieser lebende Federigo niemals, was er wirklich ist, sondern ich trug seine Züge nur auf mein Ideal über.«

Als Leutnant passierte es ihm einmal, daß er bei einer Revue versehentlich in heller Sommerhose statt in einer dunkelblauen erschien. Für diese Nachlässigkeit wurde er mit acht Tagen Arrest bestraft. Er sah das nicht recht ein und meinte, da zeige sich der Fluch des Militärs: Versehen würden hart bestraft, moralische Unzulänglichkeiten jedoch gar nicht.

Und er beschloß, den Soldatenrock auszuziehen und die diplomatische Laufbahn einzuschlagen.

Zunächst ließ er sich beurlauben und ging an eine Universität, um die Rechte zu studieren. Mehr jedoch interessierte er sich für Sprachen und Literatur. Um die Hauptwerke der Weltliteratur im Original lesen zu können, lernte er zehn Sprachen: Französisch, Englisch, Italienisch, Spanisch, Portugiesisch, Latein, Griechisch, Dänisch, Schwedisch, Holländisch und Persisch. Auch als Student verliebte er sich wieder: »O mein Eduard, morgen sind es vier Monate her, seit wir zärtlich voneinander Abschied nahmen«, schrieb er einem Kommilitonen, »ich habe noch zwei Rosen von dir, die ich heute fand, eine rote und eine weiße; sie sind vertrocknet, aber sie duften noch. Und meine Tränen fließen noch . . .« – Und wieder fand er nur Verachtung. Jener Eduard schickte ihm »das schimpfliche Schreiben« zurück, mit der Begründung, er müsse ihn »wegen seiner abscheulichen Gelüste verachten«.

Er wurde nicht Diplomat. Er, der so viel Dichtung las, begann selber zu dichten. Vielleicht war es nichts anderes als ein Versuch, seinem zerrissenen Ich mit strengen, glatten Sprach- und Versformen, in denen er das Schöne ansprach, einen festen Halt zu geben. Thomas Mann interpretierte dies so: »Das Schöne, das er anbetete und unbedingt anzubeten allen Grund hat, ist ja das Antinützliche und damit auch das Antimoralische, denn das Sittliche ist nichts als das Lebensnützliche . . . Die tödliche Libertinage seines Eros verbindet und verbündet sich allem Generös-Übernützlichen gegen das Ängstlich-Gemeine und Lebenssparsame . . .«

Doch im Leben hat das Ängstlich-Gemeine ihn doch besiegt: Der Neununddreißigjährige, der vor der Cholera nach Syrakus geflohen war, starb dort, als er meinte, sich angesteckt zu haben und deswegen eine Überdosis eines vermeintlichen Abwehrmittels nahm, an eben dieser Überdosis.

Wer war's?

48 Um ein Leben in Frömmigkeit zu führen

Schon mit 30 litt er an der Gicht, und von Jahr zu Jahr wurde die Krankheit schlimmer. Die Ärzte sahen die Ursache der immer häufiger auftretenden schmerzhaften Gichtanfälle in seiner unbezähmbaren Eßlust. Tatsächlich konnte er bei Tisch keinen Gang auslassen. Er nahm von jeder Speise, die angeboten wurde, und von solchen, die ihm besonders gut schmeckten, nahm er gewaltige Mengen. Selbst wer häufig mit ihm aß, war darüber immer wieder erstaunt. Ein Augenzeuge berichtete: Wenn es bei einer Mahlzeit Suppenfleisch, Hammelbraten, Hasenbraten, gebratenen Kapaun gab, dann nahm er von allem sehr reichlich, und noch riesiger waren die Mengen, die er dazu trank – »fünfmal steckte er seinen Kopf ins Glas, und jedesmal trank er gewiß nicht weniger als einen Liter Rheinwein«.

In anderen Dingen war er keineswegs so unbeherrscht. Im Gegenteil, was zum Beispiel sein tägliches Arbeitspensum angeht, das gewaltig war, so ließ er sich da niemals gehen. Er ist auch trotz seiner rasch zunehmenden Unbeweglichkeit – infolge der Gicht konnte er nicht mehr reiten und nur noch mühsam gehen – viel auf Reisen gewesen, nicht zum Vergnügen, sondern gewissermaßen dienstlich. Von seinem Amt hatte er eine hohe Auffassung.

Er war einer der mächtigsten Männer der Welt, vielleicht sogar der mächtigste zu seiner Zeit. Dennoch litt er an Minderwertigkeitsgefühlen, und zwar wegen eines Sprachfehlers. Er stotterte, und seine Aussprache war so undeutlich, daß er von Fremden oft nicht verstanden wurde. Das hat ihn einsam gemacht.

Als Mittfünfziger war er nicht mehr bereit, sein schweres

und verantwortungsvolles Amt weiterhin zu tragen. Er überließ es seinem Sohn, dem er aus diesem Anlaß einen langen Brief schrieb, in dem er ihm für die Führung des Amtes Rat gab. Da heißt es zum Beispiel: »Glaube nur nicht, mein lieber Sohn, daß die Lust, so vielen Völkern zu gebieten, nicht mit mancher Bitternis gemischt sei und nicht manchen Zwang und Abhängigkeit mit sich bringe. Wenn man wüßte, was im Herzen der Fürsten vorgeht, so würde man sehen . . ., daß diejenigen unter ihnen, die ihre Staaten mit Weisheit und mit Umsicht lenken, mit vielerlei Sorgen überhäuft sind, vor denen sie keine Ruhe finden . . .«

Über das Verhältnis des Herrschers zu seinen Untertanen schrieb er: »Die Furcht hält die Untertanen im Zaum und macht sie dem Willen ihres Fürsten gefügiger, . . . Manchen scheint es, daß man sie in Armut halten soll, um seine Macht unumschränkter ausüben zu können. Aber meiner Ansicht nach ist das ein sehr großer Irrtum . . .«

Er riet seinem Sohn, Frieden zu halten und fügte hinzu: »In Friedenszeiten sollst Du Dich Beschäftigungen zuwenden, die eines Fürsten würdig sind, Dingen, die Deinen Völkern Nutzen bringen: Brücken ausbessern, Wege instandsetzen, Häuser verschönern . . . Kirchen, Paläste, öffentliche Plätze verschönern . . . die frommen Orden reformieren (d. i. die alte Zucht in ihnen wiederherstellen), Schulen, Gymnasien, Universitäten und Richterstühle errichten . . .«

Von sich selber sagte er, er wolle sich »aus den Banden dieser Welt befreien« und sich an einen »Zufluchtsort zurückziehen . . ., um daselbst ein Leben in Frömmigkeit zu führen . . .« Das hat er auch getan. Nur zwei Jahre später ist er, achtundfünfzigjährig, gestorben.

Wer war's?

49 *Denke daran, immer etwas zu wagen*

Er war schon über 50, als er endlich Gelegenheit hatte, sich als Held zu bewähren, als Kriegsheld; bis dahin hatte er in einigen seiner Lieder, in Zeitungsartikeln und flammenden Reden die jungen Männer zu kriegerischen Heldentaten animiert – jetzt zeigte er praktisches Heldentum, und zwar gleich in allen drei Waffengattungen, also zu Lande, zu Wasser und in der Luft. Er kämpfte im Schützengraben, er drang auf einem U-Boot-Jäger in einen durch eine Minenkette geschützten feindlichen Hafen ein, er flog in einem Doppeldekker über die Hauptstadt des Gegners (hin und zurück 1100 Kilometer), wo er jedoch nicht Bomben, sondern Flugblätter abwarf. Und nach dem Krieg wagte er sein größtes Husarenstück: Da besetzte er als Freischärler eine ganze Hafenstadt, weil er es als Unrecht empfand, daß sie aus dem Territorium seines Vaterlandes herausgetrennt werden sollte.

Seine Karriere als Held brachte ihm mehr als nur eine Steigerung seines Ansehens ein. Entscheidend war die Möglichkeit der Rückkehr ins Vaterland, das er einige Jahre zuvor auf der Flucht vor Gläubigern verlassen hatte. Jetzt waren die alten Geldschulden nicht nur verjährt und vergessen, jetzt wurde er zum Nationalhelden, zum lebenden Denkmal gemacht und reich beschenkt. Aus während des Krieges als Feindbesitz beschlagnahmten Immobilien erhielt er von der Regierung eine Villa mit großem Garten, hoch am Ufer eines Sees gelegen. »Ich nehme«, schrieb er, »diese ersehnte Erde in Besitz, die mir das Schicksal anheimgab: und hier setzte ich Zeichen, die ich mit mir führte, die stummen Kräfte, die mich hergeleiteten.«

Als er begann, dort seine Zeichen zu setzen, war er 57 Jahre alt, verheiratet, Vater von drei erwachsenen Söhnen, anerkannt als »einfachster und klarster Dichter« seines Landes (wie er selbst sich längst bezeichnet hatte). Doch plötzlich meinte er, die Welt ablehnen zu müssen, weil es ihn vor ihr ekelte: Er nannte sein Haus »Schifamondo«, was heißen sollte, daß dort der Dichter saß, der die Welt verachtete.

Aber die Welt tröstete ihn, und zwar wieder und wieder: nicht nur jene Schauspielerin, deren Geliebter er war; nicht nur der König und sein berühmterer Ministerpräsident, die ihn zum Fürsten adelten, nein, alle Welt schien ihn trösten zu wollen, und so kamen Geschenke über Geschenke auf seinen Besitz und in sein Haus, über dessen Eingang die Worte stehen: »Der Geist des Sieges gebe Frieden eines tapferen Mannes Haus.« Vieles, das meiste, das ihm geschenkt wurde, hing mit seinen Heldentaten zusammen oder doch überhaupt mit jenem Krieg. Es kamen Fahnen, Uniformen, Granatsplitter, und es kam eine Haubitze, ein Maschinengewehr, es kam ein ganzes Torpedo-Boot, aus dessen Typenbezeichnung »MAS« er das Motto prägte: »Memento Audere Semper« (Denke daran, immer etwas zu wagen). Es wurde ihm schließlich sogar ein ausgedienter Kreuzer geschenkt. Und das Vorschiff des Kreuzers hat er wie alles andere auch, das er zusammensammelte – seine 30 000 Bücher umfassende Bibliothek, Teppiche, Kirchenaltäre, Orgeln, Heiligenfiguren, Marmorsäulen und Büsten, Gipsabdrücke von Michelangelo Statuen, Photographien und tausend und abertausend andere Dinge –, sorgfältig aufstellen lassen. Und dann hat er den ganzen ihm geschenkten Besitz seinem Volk zurückgeschenkt – als eine nationale Gedenkstätte, die heute von Menschen aus aller Welt gegen Eintritt besichtigt wird.

Inzwischen liegt er, nachdem er im Alter von fast 75 Jahren gestorben war, hoch über seinem ehemaligen Besitz in der Spitze einer Säule, an deren Fuß die Sarkophage seiner Kriegskameraden von einst stehen.

Wer war's?

50 *Verzeihen Sie einem Erschöpften . . .*

Einmal, als etwa Fünfzigjähriger, war er fest entschlossen, ein Haus zu kaufen. Er hatte genug Geld, aber dann ließ er sich durch seinen Verleger von seinem Plan wieder abbringen. Vielleicht war das ein Fehler. Vielleicht hätte er im eigenen Haus mehr Ruhe gefunden. Aber vielleicht brauchte er auch den Ärger, der mit den Wohnungen, die er mietete, verbunden war. Jedenfalls hat er sich fast ständig über die Nachbarn geärgert (diese allerdings auch oft über ihn), und zwar so sehr, daß er in den nächsten vier Jahren nach dem gescheiterten Hauskauf fünfzehnmal die Wohnung wechselte.

Ein Zeitgenosse wunderte sich über seine »sonderbare Passion, so oft das Logis zu wechseln«, weil ihm nämlich »das Übersiedeln mit Sack und Pack höchst lästig fiel und jederzeit mit einem Verlust an Bagage verbunden war. Kaum im Posseß einer neuen Wohnung, mißfiel ihm schon wieder manches daran, und er lief sich abermals die Füße wund, um nur eine andere aufzufinden.«

Vielleicht brauchte er Wohnungen, um sich vor der Welt verstecken zu können. Eine junge Frau, die ihn besuchen wollte, berichtete: »Man fürchtete sich, mich zu ihm zu führen, ich mußte ihn allein aufsuchen; er hat drei Wohnungen, in denen er abwechselnd sich versteckt, eine auf dem Lande, eine in der Stadt und die dritte auf der Bastei . . .«

Oder lief er gar nicht vor der Welt davon, von einer Wohnung in die andere, sondern vor der von ihm selbst verursachten Unordnung? Ein Besucher hat eine seiner Wohnungen beschrieben: »Seine Wohnung umfaßte, glaube ich, nur zwei Räume. Der erste hatte einen geschlossenen Alkoven, in dem sein Bett stand, war aber so klein und dunkel, daß er seine

Toilette in dem zweiten oder dem Salon machen mußte. – Man stelle sich das Unsauberste und Unordentlichste vor, was man kann: große Wasserlachen standen auf dem Boden. Auf dem schon ziemlich alten Flügel führten Staub und Schmutz mit geschriebenen und gedruckten Notenblättern einen dauernden Kampf. Darunter stand ein noch ungeleertes diskretes Gefäß . . . Die Stühle . . . waren mit allerhand Garderobengegenständen und mit Tellern bedeckt, die die Reste des gestrigen Abendessens enthielten . . .«

Nun muß man allerdings wissen, daß er, der sein Leben lang Junggeselle blieb, oft mit seinen Haushälterinnen und Küchenmägden in Streit geriet, so daß sie häufig wechselten. Er hat diese vielen Ein- und Austritte in seinen Kalendern sorgfältig notiert. In nur einem Jahrgang finden sich da zum Beispiel folgende Eintragungen:

Am 17. April die Küchenmagd eingetreten. – Am 16. Mai dem Küchenmädchen aufgesagt. – Am 19. die Küchenmagd ausgetreten. – Am 30. Mai die Frau eingetreten. – Am 1. Juli die Küchenmagd eingetreten. – Am 28. Juli abends ist die Küchenmagd entflohen. – Am 30. Juli ist die Frau von U.-D. eingetreten. Die vier bösen Tage in L. gegessen. – Am 28. der Monat von der Frau aus. – Am 6. September ist das Mädchen eingetreten. – Am 22. Oktober ist das Mädchen ausgetreten. – Am 12. Dezember das Küchenmädchen eingetreten. – Am 18. Dezember dem Küchenmädchen aufgesagt. – Am 27. Dezember das neue Stubenmädchen eingetreten.

Manchmal hat er sich nach Streiteren mit seinen Haushälterinnen bei ihnen schriftlich entschuldigt. Zum Beispiel: »Verzeihen Sie mir von gestern, ich wollte Ihnen heute nachmittag selbst deswegen Abbitte tun; in meiner Lage, worin ich mich jetzt befinde, bedarf ich überall Nachsicht, denn ich bin ein armer, unglücklicher Mensch.«

Oder ein anderes Mal: »Ich bitte Sie um das Bettzeug, verzeihen Sie einem Erschöpften . . .«

Wer war's?

51 *In der Furcht, lebendig begraben zu werden*

Die Mutter hat ihn, der von Geburt schwächlich war, von Anfang an verwöhnt und den nachfolgenden vier kräftigeren Töchtern vorgezogen. Da der Vater früh starb (als er, der Sohn, im 16. Jahr stand), blieb er ganz unter dem Einfluß der Mutter, wodurch seine Neigung zu Labilität und Disharmonie gefördert wurde. Da sie alles, was sie und er als unangenehm empfanden, von ihm fernhielt, schreckte er auch später vor großen Belastungen zurück und nahm Mißerfolge auf übertriebene Weise ernst.

In der Schule, als Gymnasiast, erwies er sich als überdurchschnittlich gut. Schon damals zeigte sich seine spezielle Begabung: Er hatte die Fähigkeit, andere rasch zu durchschauen und sie auf witzige und treffende Weise nachzuahmen. Indessen erwuchs seine Lust zu satirischem Karikieren nicht aus sicherer Überlegenheit. Vielmehr war es der verzweifelte Versuch eines gegenüber äußeren Einflüssen anfälligen, im Grunde sehr gehemmten jungen Menschen, sich unter seinen robusteren Mitschülern zu behaupten. Quälende Zweifel an sich selbst hatte er sein Leben lang.

Sein Ehrgeiz ging dahin, im öffentlichen Leben, im Staatsdienst, einmal eine bedeutende Stellung einzunehmen, und zwar in der Absicht, etwas allgemein Nützliches zu tun. Der Achtzehnjährige schrieb über seine Zukunftsabsichten: »Schon seit allerfrühesten Jahren, seit meiner Jugend, noch unbewußt, glühte in mir ein unauslöschlicher Eifer, mein Leben nutzbringend zu machen für das Wohl des Staates, und sei es auch um des geringsten Nutzens willen . . . Ich bin im Geiste alle Stände und Dienstverträge im Staate durchgegangen und dabei bei einem geblieben: bei der Justiz. Ich habe eingesehen, daß hier am meisten Arbeit zu leisten sei und daß ich nur auf diesem Gebiete für die Menschheit wirklich Nützliches leisten werde. Die Ungerechtigkeit, die mir das Herz zerreißt, ist das größte Unglück auf der Welt. Ich habe es mir geschworen, nicht eine Minute dieses kurzen Lebens zu verlieren, ohne Gutes zu tun . . . Werden sich meine hochfliegenden Absichten erfüllen? Oder werden sie im Dunkel des Unbekannten begraben?«

Sie erfüllten sich nicht, zumindest nicht auf die erträumte Art. Als er in den Staatsdienst eintrat, hat ihn die geisttötende Routine bitter enttäuscht. Und, was ihm das Schlimmste zu sein schien, er sah in den Beamten nur eine riesige Schar von Nichtstuern, die ihre Dienststunden auf die bequemste Art hinzubringen bestrebt waren und sich im Grunde für nichts interessierten. Ihre Schar noch zu vermehren, schien ihm nicht ratsam. Und so wagte er es, sich in der Schriftstellerei zu versuchen. Aber die Kritik war derart vernichtend, daß der Überempfindliche ins Ausland floh. Er kam bis Travemünde. Dort sah er ein, daß diese Flucht sinnlos war, und so kehrte er in sein Heimatland zurück. Jedoch hat er zunächst nicht gewagt, als Schriftsteller weiterzuarbeiten.

Er hat noch andere Mißerfolge hinnehmen müssen. Zum Beispiel als Universitätslehrer für Geschichte. Dank guter Beziehungen hatte er eine Berufung erhalten. Aber er wußte einfach zu wenig, und so mußte er diesen Versuch nach einem Jahr aufgeben.

Dann kam er auf die Idee, sein eigentliches Talent, das sich schon während der Schulzeit gezeigt hatte, zu nutzen. Von nun an hielt er seinen Mitmenschen einen Spiegel vor; er zeigte alles, was schlecht war, was sie falsch machten, wieviel Ungerechtigkeit in der Welt herrscht, aber er zeigte es auf satirische Weise, karikierend übertreibend, aber immer menschlich.

Damit hatte er von Anfang an Erfolg. Aber er machte sich zugleich auch viele Feinde. Und dies überraschte und enttäuschte ihn: »Alle sind gegen mich«, klagte er; »die älteren und soliden Beamten erheben ein Geschrei darüber, daß mir nichts heilig sei, weil ich es gewagt habe, so kühn über die Beamten zu reden. Die Beamten sind gegen mich; die Kaufleute sind gegen mich; die Literaten sind gegen mich ... Das kleinste Anzeichen der Wahrheit – und alle stehen gegen dich auf, und nicht nur einzelne, sondern ganze Stände ...«

Zwar ging er auf dem eingeschlagenen Weg weiter. Aber daß er, wie er meinte, von so vielen Menschen mißverstanden wurde, er, der ja eigentlich helfen und verbessern wollte, das hat ihn tief getroffen, ja krank gemacht. Es untergrub seine ohnehin schwache Gesundheit. Und da er für so viel Mißverständnis die Schuld bei sich selbst vermutete, wollte er Buße tun, um seine Seele zu reinigen. Im »Bewußtsein tiefer Sündhaftigkeit« kam er zu der Überzeugung, seinem sündhaften Leib die materiellen Existenzmittel entziehen zu müssen. Er schränkte die Nahrungsaufnahme mehr und mehr ein, bis er schließlich überhaupt nichts mehr aß und auch nicht mehr schlief, weil er sich nachts durch Gebete wachhielt. Die Ärzte wollten ihn künstlich ernähren, er lehnte ab und dämmerte schließlich – nicht ganz 43 Jahre alt – total erschöpft in den Tod hinüber.

Seine größte Angst war immer gewesen, lebendig begraben zu werden. Als man viele Jahre später seinen Sarg öffnete, sprachen alle Umstände, vor allem die Lage des Skeletts, dafür, daß ihm eben dies geschehen ist.

Wer war's?

52 Von Fachkollegen lächerlich gemacht

Sein Name und sein Schicksal sind – um dies fairerweise vorauszuschicken – sehr viel weniger bekannt als das, was er erfunden oder erdacht hat und was heute für viele geradezu ein Dollpunkt ist. Nach dem Wunsch des Vaters, eines Maklers, der aus Kopenhagen stammte und sich in St. Petersburg niedergelassen hatte, dann aber mit seiner Familie nach Deutschland gegangen war, sollte er einen praktischen, handfesten Beruf erlernen. Er selbst wäre am liebsten Musiker geworden; seine Mutter entstammte einer Musikerfamilie. Aber der Vater wollte, daß er Ingenieur würde, und so kam er, nachdem er das Gymnasium mit einem sehr guten Abitur abgeschlossen hatte, auf eine Höhere Gewerbeschule, eine Art Technischer Hochschule.

Dort jedoch zeigte sich, daß seine wahre Begabung auf einem anderen Gebiet lag. Seinem Wunsch, das Berufsziel zu wechseln und jene Wissenschaft zu studieren, der von da an seine Neigung, ja sein ganzes Leben galt, gab der Vater erst nach längerem Zögern nach. Als er schließlich seine Erlaubnis gab, machte er den Sohn damit glücklich, der ihm in einem Brief dankte: »Mein lieber Papa! Wie sehr Dein Brief mich freute, kannst Du Dir denken; er bestimmt meine Zukunft. Die letzten Tage vergingen mir im Zweifel und der Unentschiedenheit; ich konnte zu keinem Entschluß kommen, Pflicht und Neigung bewegten sich in stetem Kampfe. Jetzt bin ich glücklich, wenn ich sehe, daß es Dich nicht mehr betrüben wird, wenn ich in meiner Wahl dem Gefühl folge. Ich hoffe, Du wirst noch Freude an mir erleben, teurer Vater, denn meine Seele, mein ganzes Ich lebt in meinem Berufe; was der Mensch will und kann, und wozu ihn eine unbekannte, geheimnisvolle Stimme treibt, das führt er schließlich auch durch!«

Aus der Hoffnung, daß der Vater noch Freude an ihm haben werde, wurde dann jedoch nichts, und zwar deswegen, weil der Vater starb, noch bevor er, der Sohn, mit dem Studium fertig war. Der Sohn jedoch fand sehr viel Freude auf seinem Gebiet, jedenfalls anfänglich. Da schrieb er zum Beispiel seiner Schwester, wie sehr jene Wissenschaft ihm ans Herz gewachsen oder vielmehr: »Daß ich eigentlich dazu geschaffen bin, um in dem Denken und Trachten in dieser Sphäre Glück, Befriedigung und wahrhaften Genuß zu finden.«

Viele Jahre später aber sah alles ganz anders aus. Da schrieb er einem Bekannten: »Au fond bin ich eine sehr leichte Künstlernatur und bedaure stets, daß mein Vater mich nicht hat ›violiniste‹ werden lassen, darin ich jedenfalls am glücklichsten geworden wäre . . . Sie sehen also, daß ich meinen Beruf verfehlt habe.«

Im Hinblick auf die äußeren Daten seiner beruflichen Laufbahn ist diese Äußerung überraschend. Im Alter von 22 Jahren hatte er promoviert (mit summa cum laude), nur zwei Jahre später habilitiert, und der Siebenundzwanzigjährige war schon außerordentlicher Professor. Im Alter von 32 Jahren war er Ordinarius. Und noch bevor er das Ordinariat übernommen hatte, war er mit einer wissenschaftlichen Leistung hervorgetreten, die ihm in seiner Disziplin einen der wenigen wirklich entscheidenden Plätze sicherte.

Hier jedoch lag nicht nur der Kern zum Ruhm, sondern zugleich der Anfang vom Ende seines Glücks. Die Wende kündigte sich an, als sein erster Aufsatz über seine revolutionären Theorien, den er dem Herausgeber einer Fachzeitschrift anbot, von diesem erst nach langem Zögern veröffentlicht wurde. Er schloß daraus, daß die Publizierung seiner Idee überhaupt verhindert werden sollte. Aber ob er das nun zu Recht oder zu Unrecht vermutete, Tatsache ist, daß der Herausgeber jener Fachzeitschrift gegenüber seinen neuen

Ideen nicht nur in höchstem Maße skeptisch war, sondern sie, je weiter sie schließlich ausgearbeitet wurden, in Bausch und Bogen ablehnte. Und mehr noch: Dieser Fachkollege machte ihn und seine Theorien in öffentlichen Vorträgen vor Studenten lächerlich, und er behauptete, durch diese seltsame Theorie, die eine ganze Wissenschaft von Grund auf änderte, ihr ein ganz neues Reich erschloß, könne eben diese Wissenschaft noch ins Irrenhaus gebracht werden.

Ihn haben diese Angriffe, diese persönlichen Verunglimpfungen, tief getroffen. Er war nun einmal nicht robust, sondern außerordentlich verletzlich. Hinzu kam, daß er mit seiner Theorie, die er zu einem immer größeren Gebäude ausweitete, lange Zeit allein blieb; auch bei anderen Fachkollegen stieß er auf ablehnende Kritik. Vergeblich versuchte er, sich mit seinem Hauptgegner zu verständigen, ja er hat ihn geradezu um Aussöhnung angefleht.

Unter der mangelnden Anerkennung hat er so sehr gelitten, daß er depressiv wurde. Außerdem traten bei ihm immer häufiger Anfälle von Jähzorn und Geistesabwesenheit auf. Der Vierzigjährige mußte sich deswegen in ärztliche Behandlung begeben. Mit 60 emiritierte er. Und im Alter von 72 Jahren ist er nach langer Krankheit in einer psychiatrischen Klinik gestorben.

Was er erdacht hat, das heißt, der Name seiner Lehre, ist heute in aller Munde und – wie schon gesagt – für viele ein Dollpunkt. Vor allem für Schüler, noch mehr aber für deren Eltern.

Wer war's?

53 *Es wird ein lustiges Leben bei Hofe werden*

Er hatte das Glück und zugleich das Pech, Erbe seines sehr berühmten, angesehenen, höchst erfolgreichen Onkels zu sein; gegen ihn konnte er ohnehin nur abfallen, aber es kam für ihn erschwerend hinzu, daß der Onkel ihn nicht mochte, so wie er auch seinen Vater schon nicht gemocht hatte, der als Mittdreißiger gestorben war.

Beim Tode seines Vaters war er 14 Jahre alt, und unter den Augen seines Onkels erhielt er eine äußerst strenge Erziehung. Aber sie brachte wenig, ja, vielleicht wurde dadurch alles noch viel schlimmer, indem er sich ständig überfordert fühlte. Er hatte Schwierigkeiten, sich klar und ordentlich auszudrücken, und es heißt, daß eben dies für seinen gebildeten und sprachgewandten Onkel ein Grund gewesen sei, ihn so gut wie nie zu seiner Tafelrunde zuzulassen. Die Folge war, daß er sich mit Leuten umgab, die ihn trotz seiner unzusammenhängenden Redeweise verstanden. Dies wiederum brachte ihm den Vorwurf ein, er habe einen »sehr untergeordneten Umgang«. Und daß er leutselig und höflich war und alle Menschen grüßte, verübelten seine Standesgenossen ihm ebenfalls. Schlimmer aber war, daß er sich kaum für Politik, noch weniger für Kunst und Literatur interessierte, desto mehr aber für Frauen. Und die kosteten ihn sehr viel Geld.

Ein ausländischer Diplomat behauptete, der Zwanzigjährige habe 600 000 Taler Schulden – zum Vergleich: der Finanzminister seines Onkels hatte ein Jahresgehalt von 15 000 Talern –, und das meiste Geld habe er mit Mädchen durchgebracht; er habe unter anderem eine, die ihn jährlich 30 000 Taler koste. Etwa ebensoviel koste es ihn allerdings, die Spione seines Onkels zu bestechen.

Nicht ganz 21 Jahre alt, heiratete er. Vier Jahre später wurde die Ehe wegen eines »Fehltritts« der Frau geschieden, und er heiratete kurz darauf ein zweites Mal. Seine Liebe aber galt einer anderen, die er als Zweiundzwanzigjähriger kennengelernt hatte, als sie 14 Jahre alt war. Er mochte sie vom ersten Augenblick an, und er ließ sie auf seine Kosten erziehen; sie lernte die französische Sprache, ein wenig Geschichte, mußte die Werke der alten und der modernen Literatur lesen und wurde eine Zeitlang in Paris ausgebildet.

Schon der Fünfzehnjährigen schwor er, sie nie zu verlassen. Sie selbst hat dies später so erzählt: »Mit einem Federmesser machte er sich einen Ritz in den Ballen der linken Hand, drückte das Blut aus und schrieb mir diese Versicherung auf einen kleinen Zettel von ungefähr drei Zeilen nieder. Diese Handlung erschütterte mich so sehr, daß ich mich hierüber nicht zu fassen wußte. Er verlangte von mir ein Gleiches. Die Worte, die ich mit meinem Blute niederschrieb, waren die Erwiderung seiner eigenen, nämlich daß ich ebenfalls bis zu seinem Tode seine unveränderliche Freundin bleiben und ihn nie verlassen wolle.«

Beide haben ihr Wort gehalten. Zwar hatte er neben ihr und seiner angetrauten Ehefrau immer noch andere Frauen, aber sie hatte den stärksten Einfluß auf ihn und erhielt die meisten Geschenke. Und sie gab sehr viel von seinem Geld aus. Ein Jahr vor seinem Tode – er wurde nur 53 Jahre alt – hat er ihr (die ihn um 23 Jahre überlebte) den Titel einer Gräfin verliehen.

Als sein Onkel noch lebte, hatte dieser einmal einem Minister gesagt: »Ich sage, wie es nach meinem Tode gehen wird. Es wird ein lustiges Leben bei Hofe werden. Mein Neffe wird den Schatz verschwenden, die Armee ausarten lassen. Die Weiber werden regieren, und der Staat wird zu Grunde gehen . . .«

Wer war's?

54 *Ein öffentliches Fest des Fleisches*

Im Alter von 53 Jahren heiratete er zum zweiten Mal, nachdem seine erste Frau, die er sehr geliebt hatte und die ihm in siebzehnjähriger Ehe drei Kinder geboren hatte, gestorben war. Die zweite Frau, die der ersten sehr ähnlich sah, eine rosige, mollig-rundliche Person, war bei der Heirat 16 Jahre alt. Er war unsterblich in sie verliebt und – so einer seiner Biographen – »achtete nicht der bösen Zungen, die herzogen über die Gier des Menschenfressers nach frischem Fleisch und darüber lästerten, daß sein ältester Sohn gerade im Alter seiner Stiefmutter stand«.

Weiter heißt es in der Biographie: »Er war so glücklich über seine junge Frau und so stolz auf ihre Schönheit, daß er es aller Welt zeigte. Ohne eine Spur von Scheu verheimlichte er niemandem die opulenten Früchte ihres bezaubernden Körpers. Vor aller Augen und jeder Zeit öffnete seine Venus sperrangelweit die Pforten ihres Zimmers und ihres Ankleidekabinetts, an dessen Schwelle er stand und zuschaute . . . Welche Herausforderung an die Heuchler, die Verschämten, die Frömmler! Keiner aber wagte, angesichts seiner hochangesehenen Stellung etwas zu sagen, und sogar die Kirche schwieg.«

Es ging nicht eigentlich darum, daß er seine Frau, die ihm in den folgenden Jahren fünf Kinder schenkte, den zahlreichen Besuchern vorzeigte, die ihm bei der täglichen Arbeit zuschauen durften, sondern es ging darum – und vor allem dies hätte Anstoß erregen können –, daß er sie gewissermaßen immer wieder veröffentlichte, sei es nun – wie jener Biograph schreibt – »allein oder mit ihren Kindern, nackt, halb bekleidet oder geschmückt im prunkvollen Staat, im Brautkleid, in

Hofkleidung bedeckt mit Juwelen und im verschwenderischen Dekolleté einen Busen zeigend, der von Jahr zu Jahr majestätischer wurde, ohne indessen seine Festigkeit zu verlieren«.

Daß Einwände nicht laut wurden, hatte noch einen anderen Grund als seine auf geniales Können gegründete Autorität: Dieses öffentliche Fest des Fleisches, zu dem ihn seine junge Frau inspirierte, war gleichsam durch Alibis abgesichert. Wenn er auch immer wieder ihren Körper zeigte, so war es doch nicht sie selbst, die die Leute sahen, sondern sie war Venus, Andromeda, Diane, sie war eine lustige Bäuerin, eine Nymphe, eine Bacchantin, sie war Bathseba, sie war die drei Grazien, sie war Europa, und manchmal war sie auch die Madonna.

Um dies und sehr viel mehr zu schaffen, war er unermüdlich tätig. Einer seiner Neffen hat überliefert, daß er an jedem Tag morgens gegen vier Uhr aufstand, danach die Messe hörte, und dann bis fünf Uhr nachmittags arbeitete. Um sich von seinem zwölfstündigen Arbeitstag zu entspannen, unternahm er meistens einen Spazierritt. Wörtlich schrieb der Neffe: »Sein größtes Vergnügen war es, ein schönes spanisches Pferd zu besteigen, ein Buch zu lesen, oder seine Medaillen, Achate, Karneole und andere geschliffene Steine, von denen er eine sehr schöne Sammlung hatte, zu sehen und zu betrachten.«

Gegessen hat er übrigens immer recht frugal, denn – so noch einmal der Neffe – er hatte »eine große Abneigung gegenüber übertriebenen Weingenuß und üppige Tafelei, wie auch gegen das Spiel«. Dennoch lebte er nicht nur für die Arbeit. Sehr stolz war er auf sein stattliches Haus, für dessen Verschönerung er viel Geld ausgab, und dann noch auf seine umfangreiche Sammlung von Gemälden. Er starb im 63. Lebensjahr, vermutlich im 63., muß hinzugefügt werden; denn sein genaues Geburtsdatum ist nicht bekannt.

Wer war's?

55 *Ichbezogenheit, Zerrissenheit, Unvollendetes*

Als Militärrichter sollte er einmal zwei Offiziere vereidigen. Es war elf Uhr vormittags, als er sie in seiner Amtsstube empfing: In Unterhosen und rotgestreifter Nachtjacke saß er an seinem Arbeitstisch, vor sich eine nicht mehr volle Flasche Rum. Er forderte die beiden Offiziere, die im Zivilberuf Juristen waren, erst mal zum Trinken auf, um die nötige Courage zu kriegen. Als sie ablehnten, sagte er: »Nun, so wollen wir es kurz machen.« Er müsse sich allerdings noch anziehen und ging ins Nebenzimmer.

Als er wiederkam, trug er über den weißen Unterhosen schwarzseidene Strümpfe, über der Nachtjacke einen schwarzen Frack, um den bloßen Hals eine Krawatte, an den Füßen Pantoffeln. Die Offiziere fingen an zu lachen. Er aber sagte: »Lacht nicht! Das ist eine feierliche Handlung. Denkt an Gott! Ihr müßt nicht nach meinen Unterhosen sehen. Ich will mich anders hinstellen.« Dabei ging er soweit in die Knie, daß der Saum seines Fracks bis an die Strümpfe reichte. Und dann begann er, den entsprechenden Text zu verlesen. Aber plötzlich verlor er die Geduld: »Ihr werdet ja wissen, was drin steht. Was soll ich euch das alles vorpredigen! Nur schnell die Hand auf! Schwatzt nicht mehr! Ich gelobe und schwöre . . . So, nun sind wir fertig! Nun müßt ihr aber trinken, eher kommt ihr nicht weg!«

Zu jener Zeit war er 29 Jahre alt. Getrunken hatte er schon als Gymnasiast. Er war der einzige Sohn eines Strafvollzugsbeamten. Der ziemlich ungebildete Vater und die etwas törichte Mutter hatten ihn verzogen, und in der Schule, wo er fleißig und eifrig war, wurde sein übersteigertes Selbstbewußtsein noch gefördert. Als er einem seiner Lehrer ein selbstverfaßtes Märchen vorlegte, sagte der: »Es ist ja, als ob man etwas von Shakespeare oder Calderon läse!«

Sein Selbstbewußtsein behielt er auch noch während seines Jurastudiums, das er jedoch bald abbrach, weil er meinte, als Literat leben zu können. Leben tat er indessen von einem halben Dutzend silberner Löffel und einem Schöpflöffel, die die Eltern ihm zum Unterhalt mitgegeben hatten. Und wenn er nach seinem Befinden gefragt wurde, antwortete er: »Ich bin jetzt an meinem dritten, vierten . . . Löffel.« Nach dem letzten Löffel mußte er gänzlich mittellos nach Hause zurück. Und da suchte er immer häufiger Zuflucht im Alkohol.

Plötzlich aber riß er sich zusammen, nahm das Studium wieder auf, machte sein Anwaltsexamen und wurde Militärrichter. Er heiratete eine zehn Jahre ältere Frau (weil sie etwas Vermögen besaß), mit der es aber sofort zu Streitereien kam, weswegen er sie nach etwa einem Jahr verließ. Unregelmäßigkeiten im Amt (wie die anfangs geschilderte) führten zu Beurlaubung und schließlich zu Entlassung. Er ging in eine andere Stadt, arbeitete eine Zeitlang an einem Theater, bis man ihn auch da wieder vor die Tür setzte, weil er zu oft betrunken war.

Der Mittdreißiger kehrte in die Heimatstadt zurück, mit Schulden und total zerrütteter Gesundheit. Er lieh sich etwas Geld und mietete sich in einem Gasthaus ein, weil seine Frau ihn nicht ins Haus ließ. Erst mit polizeilicher Hilfe kam er hinein (wobei die Polizei argumentierte, daß er ja nicht mehr lange zu leben habe). Dort ist er, nicht ganz 35 Jahre alt, gestorben. Was er hinterließ, zeigt dieselben Züge wie sein Leben: Übersteigerte Ichbezogenheit, Zerrissenheit, schuldhaftes Verstricktsein, Unvollendetes . . .

Wer war's?

56 *Sein Konsum an Alkoholika war gewaltig*

»Gestern Abend wurde meine liebe Frau von einem gesunden Knaben glücklich entbunden« – mit dieser Geburtsanzeige, die der Vater in die Zeitung setzen ließ, war von ihm zum erstenmal öffentlich die Rede. Fast 29 Jahre später brachten die Zeitungen seinen polizeilichen Steckbrief:

»Alter 26 bis 28 Jahre, Größe 5 Fuß 6 Zoll, Haare blond, Stirn frei, Augenbrauen blond, Augen blau, Nase und Mund proportioniert, Bart rötlich, Kinn oval, Gesicht oval, Gesichtsfarbe gesund, Statur schlank. Besondere Kennzeichen: spricht sehr rasch und ist kurzsichtig.«

Immerhin war der Flüchtige weitsichtig genug, seinen Verfolgern rechtzeitig zu entkommen. In der Annahme allerdings, sein Aufenthalt im Exil werde nur ein kurzes Provisorium sein, hatte er sich gründlich getäuscht; das Exil dauerte viereinhalb Jahrzehnte – bis zu seinem Tod. In Voraussagen für die Zukunft – und er hat sehr viel vorausgesagt – lag er eigentlich immer schief. Überhaupt hat er sich, da er nicht nur – wie es im Steckbrief hieß – schnell sprach, sondern nahezu ebenso schnell schrieb, sehr oft vertan. So zum Beispiel in seinem Urteil über das Volk der Bulgaren: »Die Bulgaren haben sich selbst geschildert in ihren Volksliedern . . . Da spielt das Feuer eine große Rolle. Ein Haus brennt, die junge Frau verbrennt, weil ihr Ehemann, statt ihrer, lieber seine schwarze Stute rettet. Ein andermal rettet eine junge Frau ihren Schmuck und läßt dafür ihr Kind verbrennen . . . Wo in der Welt finden Sie ein solches Sauvolk wieder?«

Im Exil hat er nicht etwa Not gelitten. Er tat dort einfach das, was er ohne seine Flucht auch getan hätte: Er trat in den väterlichen Betrieb ein. Dabei kam es ihm in erster Linie darauf an, sich »vor zu großer Überbeschäftigung auf dem Kontor zu schützen«, zugleich aber möglichst viel Geld zu bekommen, was ihm auch gelang. Voller Stolz meldete er schon nach kurzer Zeit seinem Freund, er habe mit seinem »Alten« ziemlich hohe »Repräsentations- und Tafelgelder« ausgemacht, und er meinte: »Mit einem solchen Salär geht die Sache schon.« Und nach nur drei Jahren konnte er seinem Freund mitteilen: »Im vorigen Jahr hab ich Gott sei Dank meinem Alten die Hälfte seines Profits aufgefressen.«

Als er das schrieb, kämpfte er gerade wieder um eine weitere Erhöhung seiner Einnahmen, und für den ihm unzweifelhaften Fall eines Sieges stellte er in Aussicht: ». . . wird sich dann in feine *lodgings* gezogen, feine Zigarren und Weine angeschafft etc., damit wir imponieren können.«

Das war nicht nur so dahingesagt. Für Zigarren, gute Weine, Champagner hat er viel Geld ausgegeben. Sein Konsum an Alkoholika war gewaltig, zumal er schon mit einem Frühschoppen begann und manche Nacht durchgezecht hat, wobei nicht selten auch Frauen mithalten mußten. Sein Programm hatte er als Siebenundzwanzigjähriger so umrissen: »Hätt ich 5000 Fr. Rente, ich tät nichts als arbeiten und mich mit den Weibern amüsieren, bis ich kaputt wär.«

»Kaputt« ging er mit 74 an Kehlkopfkrebs. Bis dahin hat er sich nicht nur amüsiert, sondern auch immer gearbeitet. Da ihm das Schreiben sehr leicht fiel, hat er häufiger Artikel für seinen Freund geschrieben, das heißt, sie unter dessen Namen veröffentlicht, um ihm zu helfen. Seine Hilfsbereitschaft ihm gegenüber war unerschöpflich, vor allem auch in finanzieller Hinsicht, denn der Freund kam mit seiner Familie von einer Misere in die andere. Er half sogar, dessen zeitweise etwas schiefe Familienverhältnisse in Ordnung zu halten: Als der Freund mit der im Hause lebenden Haushälterin ein Verhältnis begann, aus dem ein Sohn hervorging, sprang er ein, indem er sich selber als Vater jenes Jungen bezeichnete . . .

Wer war's?

57 Ist ja's Menschen sein freier Wille . . .

Im Alter von 25 Jahren kehrte er ins Elternhaus zurück; er hatte ein Theologiestudium hinter sich (aber ohne Abschluß), er hatte ein Bändchen Gedichte veröffentlicht (das ihm vernichtende Kritiken eingebracht hatte), und er war ein Jahr lang als Sekretär tätig gewesen (wobei er jedoch nicht Befriedigung, sondern Demütigungen erfahren hatte). Drei Jahre lang saß er nun daheim, und der Vater, ein Pfarrer, wird sich Sorgen gemacht haben, ob denn aus ihm noch etwas werden könne. Dann, als Achtundzwanzigjähriger, verließ er sein Heimatdorf, und er wurde in einer Hafen- und Handelsstadt Redakteur.

Drei Jahre später, als er die Redaktion einer kleinen Zeitung (Auflage: 400 Exemplare) übernahm, die in einem Dorf in der Nähe seiner Stadt erschien, wohin er deshalb übersiedelte, verliebte er sich in ein sechzehnjähriges Mädchen. Es war – sagte er später – Liebe auf den ersten Blick, und zwar von beiden Seiten. Es kam auch gleich zur Verlobung. Für eine Ehe aber reichte sein Einkommen nicht. Und so bat er Freunde und Bekannte, ihm bei der Suche nach einem einträglichen Posten behilflich zu sein. Zum Beispiel so: »Ich habe mir die unnötige Mühe gemacht, ein unbedeutendes Bauernmädchen liebzugewinnen, und ich habe es mit ehrlichem Blut und Hirn beschlossen, sie zur Männin zu machen, wenn mir irgendwo auf dem Lande eine kleine Amtsverwalter pp Stelle werden könnte . . .«

Er heiratete dann doch, ohne etwas Neues gefunden zu haben, suchte aber weiter nach einem besseren Posten: »Ich möchte am liebsten auf dem Lande eine Stelle, die mir Zeit übrig ließe, und da wäre, denk' ich, Postmeister wohl das beste. Ich kann auch zur Not Organist werden . . .«, schrieb er an Freunde und Bekannte.

Als einer seiner Freunde endlich eine Möglichkeit für ihn auftat, aber ziemlich weit weg von seiner Heimat, zeigte er sich nicht sehr begeistert, nahm aber doch an. Er hatte auch kaum eine andere Wahl, denn die Zeitung, deren Name zwar durch ihn weithin berühmt geworden war, war inzwischen eingegangen. Am neuen Wohn- und Arbeitsort störte ihn so manches, vor allem aber, daß er mit seiner Frau und zwei Töchtern in einem Haus ohne Garten wohnen mußte: »Wir haben einen großen Saal für Freunde, eine gute Stube für uns, und eine andere, wo der Nachttopf steht, und noch eine für Stina, und eine Küche, darin viel gebraten werden kann und wenig gebraten wird, und einen Keller wo kein Wein darin ist, und einen Holzstall und ein Waschhaus und keinen Garten und keinen Garten, und so hol' der Henker den großen Saal und die Stube für uns und die Stube mit dem Nachttopf und Küche und Keller und Waschhaus . . .«

Nach einem Jahr hielt er es in der Fremde nicht mehr aus (zumal er sich mit seinem Vorgesetzten nicht verstand), und so fuhr er mit seiner Familie zurück in sein kleines Dorf, wo er als Redakteur gearbeitet hatte. Und dort blieb er nun bis ans Ende seines Lebens. Nie wieder ist er ein festes Anstellungsverhältnis eingegangen; er wagte den Versuch, als freier Schriftsteller zu existieren – obwohl seine Familie ständig größer wurde. Und er hat es geschafft.

Als er sein erstes Buch ankündigte, zur Subskription, las sich das so: »Ich will meine Werke auch sammeln und h'rausgeben. Es hat mich zwar, wie sonst wohl zu geschehen pflegt, kein Mensch drum gebeten, und ich weiß besser als irgendein geneigter Leser, wie wenig dran verloren wäre, wenn meine Werke so unbekannt blieben als ich selbst bin, aber, 's ist doch so artig mit dem Subskribieren und H'rausgeben, und so eine Freud' und Ehre für mich und meine alte Muhme; ist auch ja's Menschen sein freier Wille, ob er subskribieren will oder nicht . . .«

Diesem Buch, das ein beachtlicher Erfolg wurde (wenngleich kein finanzieller), folgte noch eine ganze Reihe. Aber leben konnten er und die Seinen davon mehr schlecht als recht. Es ging erst einigermaßen, als ihm ein Amt übertragen wurde, das zwar Geld einbrachte, aber allenfalls zwei, drei Tage Arbeit im Jahr kostete. Da ging er aber auch schon auf die 50 zu.

Sein Hauptberuf war eigentlich Familienvater. Ein Leben lang liebte er seine Frau, die ihm zwölf Kinder schenkte. Nachdem das erste gleich starb, kamen fünf Töchter, dann ein Sohn, dann wieder eine Tochter und nach ihr vier Söhne. Er freute sich über jedes Kind: »Du kannst nicht glauben«, schrieb er einmal, »was ein Fest es ist, wenn der Adebär ein neues Kind bringt und die Sache nun endlich glücklich getan ist und ich's Kind im Arm habe . . . ›Da bist du, liebes Kind‹ sag' ich denn, ›da bist du! sei uns willkommen! – es steht dir nicht an der Stirne geschrieben, was in dieser Welt über dich verhängt ist, und ich weiß nicht, wie es dir gehen wird, aber gottlob, daß du da bist!‹ . . .«

Das war nicht nur dahin gesagt. Die Kinder und die Frau waren wirklich seine Welt. Der Siebenundsechzigjährige schrieb seiner Frau nach 35 Jahren Ehe: »Dann danke ich Dir noch heute diesen Tag für das, was Du mir heute Abend vor 35 Jahren sagtest«, und er schenkte ihr einen Myrthenkranz und schrieb: »Der rote, sich überall durchschlängelnde seidene Faden bedeutet meine Liebe . . .«

Wer war's?

58 *Von Zeit zu Zeit einen Sterbenden sehen*

Über den Zehnjährigen schrieb einer seiner Lehrer: »Er neigt zu optimistischen Anschauungen und sucht womöglich, das Unangenehme zu vergessen.«

Aber schon bald war bei ihm von Optimismus nichts mehr zu merken. Zwar glaubt er eine Zeitlang an liberale Ideen, versucht auch, sie zu verbreiten und durchzusetzen, indem er (unter einem Pseudonym) Zeitungsartikel schreibt und einmal an einem »Mahnruf« mitarbeitet, der sich an den Adel wendet und in dem es heißt: »Die zur Teilnahme an der Gesetzgebung berufenen Mitglieder des Adels haben nicht das Recht, sich gleich anderen wohlhabenden Privaten lediglich dem Lebensgenuß zu widmen.« Aber nicht lange, da überwiegen pessimistische Stimmungen.

Der Fünfundzwanzigjährige schreibt: »Wir leben in einer bösen Zeit; Geldschwindel, Diebstahl, hochgestelltes Gesindel, rohe Willkür, Ausnahmeregeln, Korruption, Verfall des Staates.« Ein paar Jahre weiter hat er bereits resigniert: »Ich sehe die schiefe Ebene, auf der wir abwärtsgleiten. Lebe den Dingen sehr nahe, kann aber in keiner Weise etwas tun, darf nicht einmal laut reden, das sagen, was ich fühle und glaube.«

Mehr und mehr beschrankte er sich auf seine eigentlichen Leidenschaften. Das waren die Jagd und Frauen. Mit 23 Jahren heiratete er, doch interessierte ihn seine Frau, in der er anfangs »einen wahren Engel, . . . ein treues gutes Wesen, eine sehr kluge, gebildete, geschickte Begleiterin für dieses Leben« gesehen hatte, nur kurze Zeit.

Bald kritisierte man sein zunehmend »barsches Benehmen«, bemerkte seine »schwindende Beliebtheit«, seinen immer stärker werdenden »Hang zu wechselnden Galanterien«, »sich steigernde Entfremdung vom Familienleben«, »Züge eines Trinkers«. Auch »Unvorsichtigkeiten« warf man ihm vor. Einmal drang eine solcher »Unvorsichtigkeiten« in die Öffentlichkeit, und ein Abgeordneter griff ihn deswegen an, allerdings ohne ihn beim Namen zu nennen: »Man spricht von Roheiten der Jugend. Ich will auch von Roheiten der Jugend erzählen. Es ist mir eine Geschichte bekannt, von einem sehr hohen jungen Herrn, der nach einem überaus wüsten Gelage mit seinen Kameraden diese in das Zimmer seiner Frau führen wollte . . .«

Wenige Tage danach wurde der Abgeordnete in seiner Wohnung von zwei Unteroffizieren in Zivil mit Reitpeitschen verprügelt. Und er gestand kurz darauf in einem Brief: »Die Polizei hat mir schlechte Stunden bereitet, sie haben die Spuren entdeckt und auch das Regiment, von welchem die Prügel ausgegangen sind . . . Es hat meine ganze Frechheit und Findigkeit dazugehört, um mich aus allem zu salvieren.«

An seinem 30. Geburtstag schrieb er einem Freund: »30 Jahre sind ein großer Abschnitt; viel Zeit ist vorüber, mehr oder weniger nützlich zugebracht, doch leer an wahren Taten und Erfolgen. Wir leben in einer schleppenden und versumpften Zeit. Und jedes Jahr macht mich älter, weniger frisch und weniger tüchtig . . .«

Fünf Monate nach seinem 30. Geburtstag nahm er sich, zusammen mit einer Geliebten, das Leben. Seiner Frau und seiner kleinen Tochter hatte er einen Abschiedsbrief geschrieben, in dem es heißt: »Du bist von meiner Gegenwart und Plage befreit; werde glücklich auf Deine Art. Sei gut für die arme Kleine, die das einzige ist, was von mir übrigbleibt.«

Einige Jahre zuvor hatte er in sein Tagebuch notiert: »Ich suche von Zeit zu Zeit nach einer Gelegenheit, einen Sterbenden zu sehen und seine letzten Atemzüge zu belauschen . . . Man muß mit den letzten Notwendigkeiten des Lebens rechnen lernen.«

Wer war's?

59 *Wie weit wohnen Mädchens von Ihnen?*

Schon während der Schulzeit – er war zunächst von einem Hauslehrer erzogen worden und besuchte danach ein Gymnasium und eine sehr angesehene Gelehrtenschule – war er fest entschlossen, einmal ein großes Epos zu schreiben. Und so scheute sich der Einundzwanzigjährige keineswegs, seine lateinische Abschiedsrede über die epische Dichtung mit einem prophetischen Hinweis auf das nur erst geplante eigene Werk zu schließen. Er hatte von den Großen des Alten Testaments, von Homer, Vergil und Milton gesprochen und flehte nun den Sänger der Neuzeit herbei, mit dem er eigentlich sich selber meinte: »Gebildet werden soll er . . . zum Dichter, würdig des menschlichen Geschlechtes, der Unsterblichkeit und Gottes selber, den er vor allem verherrlichen wird.«

Wenig später – inzwischen war er Student der Theologie – konnte er von seinem Werk schon eine kleine Probe an einen der berühmtesten Literaturpäpste jener Zeit schicken. Der war begeistert und schrieb ihm: »Die Menschheit wird in einer Würde vorgestellt werden, welche den Rat der Erschaffung rechtfertiget und den Leser in eine so hohe Gemütsverfassung setzet, die ihn vor das Angesicht Gottes nähert.«

Dies Lob aus berufenem Munde bestärkte den jungen Dichter in seinem ohnehin nicht geringen Selbstbewußtsein so sehr, daß er sein Studium an den Nagel hing und seinen wohlwollenden Kritiker direkt um finanzielle Hilfe anging. »Mein Vaterland sorgt nicht und wird auch in Zukunft nicht für mich sorgen«, begründete er seine Bitte. Da jenem die Vollendung des begonnenen Werkes wichtig schien, lud er den Dichter zu sich ein, bei ihm zu leben und zu schreiben.

Und er schickte ihm sogleich 300 Taler Reisegeld. Unser Dichter nahm sie ohne Zögern an und fuhr zu ihm.

Indessen hatte er in seinem Bittbrief geschrieben, er sei »von gebrechlichem Körper« und werde »nicht zu hohen Jahren kommen«. Deswegen hatte sein Gastgeber ihn sich als einen nahezu ätherischen Geist vorgestellt, zumal in dem Brief auch noch stand: »Meine körperliche Gegenwart muß in Ihrem Hause beinahe unmerklich sein; sie muß da auch nicht die mindeste Veränderung hervorbringen.«

Nun aber zeigte sich, daß der Gast keineswegs ein Todeskandidat war, sondern ein kräftiger, lebenslustiger junger Mann, der überdies sogleich nach jungen Mädchen Ausschau hielt. Wenn der Gastgeber, der seine ganze Kraft nur seiner Arbeit zukommen lassen wollte und deswegen niemals Wein trank und stets früh (und allein) ins Bett ging, den Brief aufmerksamer gelesen hätte, hätte ihn das allerdings nicht überraschen können. Denn da hieß es: »Wie weit wohnen Mädchens Ihrer Bekanntschaft von Ihnen, von denen Sie glauben, daß ich einigen Umgang mit ihnen haben könnte?« Als Grund für solchen Umgang hatte der Vierundzwanzigjährige genannt: »Das Herz der Mädchens ist eine große, weite Aussicht der Natur, in deren Labyrinthen ein Dichter oft gegangen sein muß, wenn er ein tiefsinniger Wisser sein will.«

Jetzt kümmerte er sich wirklich um die Herzen der Mädchen, »eroberte sogar Küsse«, was den Gastgeber, der in ihm einen »heiligen Poeten« gesehen hatte, nach wenigen Wochen von ihm sagen ließ: »So groß in seinem Gedichte, so klein und gemein in seinem Leben«, um dann eine Quittung über das Reisegeld und schließlich sogar dessen Rückerstattung zu fordern.

Das Werk geriet durch diesen Bruch nicht in Gefahr; die Rettung kam in Form eines königlichen Ehrensolds. Doch erst der fast Vierzigjährige konnte es vollenden. Es hat ihn wirklich unsterblich gemacht.

Wer war's?

60 *Das Recht auf Freiheit und Streben nach Glück*

Seine Stärke lag darin, daß er sich durch Mißhelligkeiten nicht entmutigen ließ und Unterbrechungen seiner politischen Laufbahn sinnvoll auszufüllen wußte, indem er sich auf den verschiedensten Gebieten betätigte. So hat der Enddreißiger als Archäologe gearbeitet. Er wollte wissen, was es mit jenen seltsamen Hügeln auf sich hatte, die weit über das Land verteilt waren und von denen einer in der Nähe seines Wohnsitzes lag. Der Hügel war – so hat er ihn beschrieben – von kuppelförmiger Gestalt, an der Basis etwa 13 Meter Durchmesser, ursprünglich wohl vier Meter hoch. Er entschloß sich, den Hügel »zu öffnen und ihn durch und durch zu untersuchen«.

Jeden Schritt seiner Forschungsarbeit hat er sorgfältig registriert: »Ich grub zuerst oberflächlich an mehreren Stellen und stieß in verschiedenen Tiefen, zwischen 15 und 90 Zentimetern, auf Ansammlungen menschlicher Knochen. Es herrschte ein völliges Durcheinander . . . Knochen der verschiedensten Körperteile lagen beieinander, . . . so daß der Eindruck entstand, die Knochen seien aus einem Sack oder Korb ausgeschüttet und mit Erde bedeckt worden, ohne Rücksicht auf ihre Zusammengehörigkeit. Am zahlreichsten waren Schädel vertreten, Unterkiefer und Zähne, sowie Knochen von Armen, Oberschenkeln, Beinen, Füßen und Händen. Nur wenige Rippen waren erhalten geblieben, dazu etliche Hals- und Rückenwirbel . . .«

Er kam dann auf eine Idee, die vor ihm noch niemand realisiert hatte und die den Beginn einer speziellen archäologischen Disziplin bedeutet: »Ich ging daran, einen senkrechten Schnitt durch den Grabhügel zu legen, um seinen inneren

Aufbau zu untersuchen.« Am Ende kam er zu dem Ergebnis, »daß der Hügel sowohl seine Entstehung als auch seinen Ausbau dem Brauch verdankte, die Gebeine der Toten zu sammeln und gemeinsam zu bestatten«.

Welches Volk diesen Brauch ausgeübt und lange vor ihm dieses Land beherrscht und besessen hatte, wußte er nicht. Jetzt besaß er es, zumindest einen Bruchteil davon. Er hatte das Land geerbt; der Vater hatte mehr als 60 Morgen für ein Faß Arrak-Punsch eingetauscht. Dieser Landbesitz war die Grundlage für seinen Wohlstand, der es ihm ermöglichte, nach einem Studium der Rechte in die Politik zu gehen und mit 26 Jahren Abgeordneter zu werden.

Aber nicht nur der Politik galt seine Aufmerksamkeit. Auch der Kunst, der Literatur, den Wissenschaften. Er musizierte, er las die griechischen und lateinischen Klassiker im Urtext, und er korrespondierte mit den führenden Geistern seiner Zeit: 18 000 Briefe schrieb er im Lauf seines Lebens.

Sich entfalten zu können, war für ihn ein naturgegebenes Recht des Menschen. In seinem politisch bedeutendsten Schriftstück forderte er für jeden das Recht auf Selbstbestimmung, auf Leben, Freiheit und Streben nach Glück. Auf dem Höhepunkt seiner politischen Laufbahn hat er durch Kauf das Territorium jener Staaten, an deren Spitze er damals stand, verdoppelt. Das war für die Zukunft seines Landes von großer Bedeutung.

Als er im Alter in private Geldschwierigkeiten geriet, verkaufte er seine umfangreiche und wertvolle Bibliothek dem Staat. Damit wurde sie zum Grundstock der heute bedeutendsten Bibliothek der Welt. Doch hat ihr Verkauf ihn finanziell nicht saniert. Als die Gefahr bestand, daß er auch seinen Landsitz würde opfern müssen, veranstalteten seine Mitbürger eine Geldsammlung, so daß er sein Haus – das er, wie noch bedeutendere Gebäude, selber entworfen hatte – behalten konnte. Dort starb er im Alter von 83 Jahren.

Wer war's?

61 *Panische Furcht vor der Cholera*

Mit hypochondrischer Akribie führte er ein Tagebuch über sein körperliches und seelisches Befinden. Immer mehr litt er in seinen 50er Jahren unter Anwandlungen von Verzagtheit und hatte Furcht vor allen möglichen Krankheiten. Am meisten quälte ihn – wie er es nannte – ein »Nervenübel«, das er auf den Zwang zurückführte, dem er sich in seinem Amt ausgesetzt fühlte. Unfähigkeit der Vorgesetzten schien ihm alle seine Bemühungen um Reformen im Schulwesen, für die er sich so sehr einsetzte, zunichte zu machen.

In diesem Ärger vermutete er die eigentliche Ursache dafür, daß er, der sich einst einen wandernden Wollsack genannt hatte – schon der Mittdreißiger hatte erhebliches Übergewicht –, plötzlich abmagerte, eine gelbe Gesichtsfarbe bekam und unter Würgen im Hals und Angstzuständen litt. Sein Arzt jedoch führte alles auf mangelnde Bewegung bei zu guter und viel zu reichlicher Ernährung zurück.

In der Tat saß er fast den ganzen Tag und hatte trotzdem einen Hunger, der – so sagte er – »wie ein reißendes Tier war«. Dann aber kam eine Zeit, inzwischen war er 60, da er kaum noch essen mochte. Und nun vermutete sein Arzt ein Gallen- und Leberleiden und überredete ihn, zur Kur nach Karlsbad zu fahren.

Er befolgte den ärztlichen Rat, und nach wenigen Wochen, im Frühsommer, fühlte er sich »fast vollständig gesund«. Die Furcht, an Diphtherie zu erkranken, die ihn lange gequält hatte und die von der Furcht vor der »Bräune« abgelöst worden war, schien vergessen. Geblieben war nur eine »Überreizung der Nerven«, die er mit Spaziergängen kurieren wollte. Auch am Essen hatte er wieder Freude; zu seiner »Suppe und mitunter einem Stückchen Fleisch« schmeckte ihm ein Glas Bier, er »schlief sehr gut und war sehr heiter«.

Dies alles schrieb er seiner Frau. Denn er war von der Kur nicht nach Hause gefahren, sondern hatte sich in einem etwa 20 Kilometer von seinem Wohnort entfernten Bergdorf eingemietet, wo »auserlesenes Wasser und unvergleichliche Luft« war, während ihm in seinem Heimatdorf »Nebel und Dunstschichten« das Leben unerträglich machten.

Zwar sehnte er sich nach Hause, nach seiner Frau, und in fast jedem Brief wiederholte er ihr, er könne sich nichts Schöneres denken, als endlich wieder bei ihr zu sein, aber er verschob die Heimkehr von Woche zu Woche, obwohl er sich körperlich immer besser fühlte; »nur die Nerven wollen noch nicht so eisern sein, wie einst«, schrieb er ihr: »Jedes Unangenehme, so klein es ist, greift mich unverhältnismäßig an.«

Und dann las er von einem Cholerafall, der zwar in einer weit entfernten Stadt war, ihn aber in höchstem Maße beunruhigte. Zwar nannte er seine Angst lächerlich, doch sah er sich nicht in der Lage, die »dummen Nerven« zu beruhigen. Fast täglich schrieb er nun nach Hause an seine Frau, immer wieder beteuerte er ihr seine Liebe, und in immer neuen Variationen wiederholte er: »Bei Dir zu sein, wäre mir jetzt das Liebste . . .«, doch folgte dann regelmäßig die Entschuldigung: »Wäre die Cholera nicht, so wäre ich rüstig und fröhlich.« Wenig später schrieb er: »Die Sehnsucht nach meinem Hause wächst mir hoch über den Kopf . . .« Aber ein neuer Cholerafall mit tödlichem Ausgang, über den er in der Zeitung gelesen hatte und der sich mehr in der Nähe seines Wohnortes ereignet hatte, beweise doch, daß »meine Besorgnis nicht so unnötig ist, wie du geschrieben hast«. Seine Frau hatte nämlich gemeint: »Bis jetzt hört man darüber nicht das geringste, und du kannst darüber ganz ruhig sein.«

Er aber mißtraute den Ärzten: »Wissen die Herren nun genau, daß alles desinfiziert ist, wie sie sagen? Sind sie selber desinfiziert, und die Träger der Leiche, und die übrig gebliebenen Kleider?« Weil er seine Frau aufgrund dieses Falles dringend bat, ebenfalls die Wohnung zu verlassen und zu ihm aufs Land zu kommen, folgte sie ihm nach. Doch sehnte sie sich bald wieder nach der Stadt und kehrte auch dorthin zurück, obwohl da inzwischen mehrere Cholerafälle aufgetreten waren. Sie hatte vor Ansteckung offenbar keine Angst. Er blieb in dem Bergdorf viele Wochen, in denen er aufmerksam und mißtrauisch die Zeitungen verfolgte. Als es darin endlich hieß, sein Wohnort sei cholerafrei, glaubte er der Meldung nicht. Inzwischen kam der November. Der Familienarzt meldete ihm, daß seine Frau erkrankt sei. Er geriet in einen fast panikartigen Zustand und beschwor den Arzt, ihm täglich über ihr Befinden zu berichten. Er fürchtete das Schlimmste, aber die Furcht vor möglicher Ansteckung hielt ihn fern. Als die Krankheit sich als eine bloße Erkältung herausstellte, entschuldigte er sich bei seiner »geliebtesten, teuersten Gattin«: »Ich habe ein wenig die Besorgnis gehabt, daß dich die Szene des Wiedersehens etwa zu stark angreifen könnte.«

Nun aber wollte er wirklich zu ihr. Da setzte ein überaus starker Schneefall ein, und er teilte seiner Frau mit, daß er deswegen die Heimreise verschieben müsse. Seinem Arzt gestand er jedoch, daß der wahre Grund noch immer die Cholerafurcht sei, die ihn nun einmal »lächerlich heftig« ergriffen habe. Als der Schnee vorüber war, fuhr er doch endlich heim.

Er blieb keine drei Tage. Da floh er wieder aus der Stadt, weil er von einigen noch nicht gänzlich ausgeheilten Krankheitsfällen gehört hatte. »Meine Nerven werden sich doch endlich meinem Verstande fügen«, entschuldigte er sich von unterwegs, überwand endlich seine Angst und kehrte endgültig zu seiner Frau zurück.

In den Stunden zwischen seinen vielen Angstzuständen hat er sein Werk vollendet, jene Welt, in der es die Angst nicht gibt, weil es eine heile Welt ist, eine Traumwelt von Recht und Ordnung, von Gerechtigkeit und Freude, eine Welt ohne das Böse und ohne Krankheit.

Wer war's?

62 *»Alle meine Landsleute sind Arschlöcher«*

Fast sein ganzes Leben lang war er nicht anerkannt worden. Als man schließlich doch auf ihn und seine Arbeit aufmerksam wurde, war er ein alter Mann. Da fühlte er sich von der Beurteilung anderer längst frei; die lebenslange Ablehnung durch die anderen hatte ihn, weil er nicht resignieren wollte, dahin gebracht, seinerseits alle anderen zu mißachten. »Alle meine Landsleute sind Arschlöcher neben mir«, schrieb er seinem Sohn.

Das war kurze Zeit vor seinem Tod. In demselben Brief heißt es: »Ich fahre fort zu arbeiten, zwar mit Schwierigkeiten, aber schließlich ist doch etwas daran.« Einige seiner Biographen haben diese Äußerung als Euphorie bezeichnet. Und diese angebliche Euphorie nahmen sie als mögliches Anzeichen dafür, daß er wenig später einen epileptischen Anfall erlitten habe, obwohl es in seiner Lebensgeschichte ansonsten keinerlei Anzeichen für Epilepsie gibt. Man weiß lediglich, daß er zuckerkrank war.

Zwei Männer fanden ihn nach einem Gewitterregen mit völlig verknüllten, verschmutzten, durchnäßten Kleidern auf der Landstraße. Er lebte noch, war jedoch bewußtlos, war eiskalt, fast steif. Sie legten ihn in den Wagen und fuhren in die Stadt, brachten ihn in sein Haus, legten ihn aufs Bett, und seine Wirtschafterin zog ihm die nassen Kleider aus. Am nächsten Morgen stand er früh auf, als wäre nichts gewesen, und ging, wie gewohnt, seiner Arbeit nach.

Daß – aufgrund jener oben zitierten Bemerkung – überhaupt von Euphorie gesprochen wurde, war nur möglich in Anbetracht seiner sonstigen Äußerungen. Sie zeigen, daß er häufig unter Depressionen litt; er selbst klagte oft über

»Schwächung des Nervensystems«, schrieb von »Gehirnstörungen«, von »Leere im Kopf.«

Allerdings sind diese Dinge vor allem auf die letzten Jahre seines Lebens bezogen. Indessen gab es für ihn auch vorher kaum etwas Fröhliches, schon gar nichts von Erfolg zu vermerken. Trotz aller Erfolglosigkeit hat er unverdrossen gearbeitet. Eine seiner größten Enttäuschungen aber erlebte er, als gerade jener Mann, von dem er sich verstanden und anerkannt fühlte, über ihn schrieb und ihn als einen Gescheiterten darstellte.

Daß er so arbeiten konnte, wie er es wollte und für richtig hielt, lag an seiner finanziellen Unabhängigkeit. Er verdankte sie seinem Vater, und er sagte einmal: »Mein Vater war ein Mann von Genie, er war vorsichtig genug, mir ein Vermögen zu hinterlassen. Was wäre ohne das aus mir geworden? . . . Man muß seinen Vater lieben . . . Niemals werde ich die Erinnerung an ihn genug in Ehren halten . . . Ich habe es ihm nicht genug gezeigt . . .«

Tatsächlich hatte er sich mit seinem Vater, einem Bankier, nicht gut verstanden. 14 Jahre lang hatte er versucht, vor dem Vater die Existenz seiner Geliebten und seines Sohnes zu verheimlichen. Er verleugnete sie auch noch, als der Vater die Wahrheit längst wußte und ihm dann den Monatswechsel halbierte, ihn jedoch bald wieder anhob.

Als er an jenem Morgen, nachdem man ihn den Abend zuvor bewußtlos heimgebracht hatte, wieder seiner Arbeit nachging, erlitt er wiederum einen Schwächeanfall und mußte ins Bett. Wenige Tage später ist er gestorben. Was er hinterließ, hat heute einen Wert von vielen Millionen.

Wer war's?

63 Seine Leistungen in der Schule waren allzu mäßig

Er war 60, als er in einer Mordgeschichte, die er gelegentlich als sein bestes Werk bezeichnete (und die noch in unserer Zeit hohe Auflagen hat), seine Lebenstheorie darlegte, an die er selbst sich immer gehalten hatte. Schon früh war er zu der Erkenntnis gekommen, daß es auf ein und dasselbe hinauslaufe, ob man die Welt und ihre Abenteuer in fremden Fernen suche oder sie an sich herankommen lasse. Er ist der Welt niemals nachgelaufen. Er meinte, sein Ziel, die Selbstverwirklichung, nur erreichen zu können, indem er sich auf sich selbst besann und sich vor der Welt, ja gegen sie behauptete.

Was aber war für ihn die Welt? Er sah überall nur Entgleisung und Entwertung des Lebens durch die Begierde nach äußerem Besitz, nach Reichtum und Macht; für ihn war das eine »verpfuschte Welt des Herrgotts«. Und »der Erdenmensch«, sagte er, »erlebt in einer Minute mehr Elend als das Tier der Erde vom Anfang bis zum Ende«. – Kann der Mensch da glücklich sein? Nein, meinte er, nicht glücklich, aber vielleicht leidlos, vorausgesetzt, daß er die Wirklichkeit vergißt, sie nicht so wichtig nimmt. »Das Behagen der Welt ist auf Märchen gestellt«, sagte er und verspann sich immer tiefer in die von ihm erträumte Welt mit ihren närrischen Käuzen und Sonderlingen.

Eigentlich hatte er Jurist werden sollen, wie sein Vater, ein Gerichtsaktuar. Aber seine Schulleistungen waren allzu mäßig. Und als dann der Vater früh starb, an einer Blinddarmentzündung, und die Mutter mit den Kindern den Wohnort wechselte, mußte er die Quarta wiederholen. Das untergrub seinen ohnehin schwachen Lerneifer vollends: »Auf dem Gymnasium lernte ich wenig mehr als Zeichnen und Deutsch schreiben«, sagte er später. Immerhin hieß es in seinem Abgangszeugnis: »Im deutschen Stil und im freien Handzeichnen hat er einen Grad der Vollkommenheit erlangt, wie es auf der Bildungsstufe, auf welcher er steht, nicht häufig ist.«

Es war indes kein Abiturzeugnis, in dem das stand. Er war vorher von der Schule abgegangen. Und er wurde zunächst Buchhändler. In jenen Jahren las er sehr viel. Und dann kam er auf die Idee, nicht mehr nur Bücher zu lesen und zu verkaufen, sondern selbst welche zu schreiben. Dafür wollte er sich zunächst einen Wissensfundus schaffen, das heißt, er wollte studieren. Aber es gelang ihm nicht, das Abitur nachzuholen; seine Lücken waren zu groß. Dennoch ließ er sich nicht entmutigen. Er ging als Gasthörer an die Universität und hörte, was ihm an Vorlesungen gefiel.

Aber so übermäßig scheint ihn, was er hörte, nicht interessiert zu haben. Denn er begann nun doch gleich, seinen ersten Roman zu schreiben, und zwar schrieb er ihn zum Teil während des Kollegs. Das Buch des Fünfundzwanzigjährigen wurde ein Erfolg. Und damit hatte er seinen eigentlichen Beruf gefunden. Er heiratete und führte künftig das Leben eines fleißigen Schriftstellers, ein an äußeren Ereignissen und Spannungen ausgesprochen armes Leben.

Seine Lebensmaxime, der Welt nicht nachzulaufen, sondern zu warten, bis die Welt von sich aus kommt, bewährte sich. Am Ende kam die Welt zu ihm: Dem Fünfundzwanzigjährigen wurde als Anerkennung ein jährlicher Ehrensold gewährt, der Siebzigjährige wurde mit Ehrendoktoraten ausgezeichnet. Er sagte einmal: »Der frühe Tod meines Vaters war mein Schicksal. Hätte er länger gelebt und mich erzogen, so wäre ich vielleicht ein mittelmäßiger Jurist geworden.«

Wer war's?

64 *Den Sohn ließ er zu Tode foltern*

Er war von unglaublicher Vitalität und steckte voll neuer Ideen. Alles wollte er verändern, verbessern, reformieren. Was nach Vergangenheit aussah, nach alter Tradition, störte ihn so sehr, daß er sofort seine Abschaffung befahl, auch die langen Bärte, die in seiner Umgebung seit eh und je getragen wurden. Er befahl, sie abzuschneiden.

Sein Sohn war nicht so fortschrittlich wie er und vor allem nicht so vital. Vom Vater hatte er weder dessen Vorliebe für alkoholische Getränke noch fürs Militärische geerbt. Deswegen schrieb der Vater ihm einmal: »Wenn Du Dich mit gesundheitlicher Schwäche entschuldigen willst, daß Du militärische Anstrengungen nicht ertragen kannst, so liegt darin keine Räson, denn ich will von Dir keine körperlichen Anstrengungen, sondern nur Lust zur Sache.« Lust zur Sache hieß, daß der Sohn alles so machen sollte, wie der Vater es für richtig hielt. Da aber lag die Kluft. Und der Vater fürchtete: »Es ist allen bekannt, daß Du meine Werke verabscheust . . . und daß Du nach mir ihr Zerstörer sein wirst.«

Der Vater unterdrückte den Sohn so sehr, daß dieser – inzwischen war er 28 Jahre alt – schließlich ins Ausland floh und dort um Asyl bat. Aber er ließ sich überreden, wieder heimzukehren. Dort stellte der Vater ihn vor Gericht. Unter Anwendung der Folter ließ er ihn verhören, bis der Sohn gestand, den Tod des Vaters gewünscht zu haben. Wenig später fällte das Gericht über ihn ein Todesurteil. Es brauchte nicht vollstreckt zu werden, da der Verurteilte an den Folgen der Folterungen starb, noch bevor der Vater es bestätigt hatte.

Wer war's?

65 *Es war wie ein Dauerselbstmord*

Schon in jungen Jahren war er ein starker Raucher, und nur einmal einen oder zwei Tage nicht zu rauchen, bedeutete ihm ein großes Opfer, ja, das größte, das er sich vorstellen konnte. Als Fünfundzwanzigjähriger verliebte er sich in eine neun Jahre ältere, verheiratete Frau, deren Mann zu jener Zeit als Soldat im Feld stand. Seine Liebe wurde erwidert, und zwischen den beiden blieb es nicht bei platonischen Begegnungen. Unmittelbar nach einer ihrer Begegnungen kam es bei der im siebten Monat schwangeren Frau zu Komplikationen, die sie tagelang zwischen Leben und Tod schweben ließen und schließlich zu einer Frühgeburt führten. Da war es, daß er, von Furcht und Reue geplagt, das Gelübde ablegte, »nicht zu rauchen, wenn Gott nur alles gut werden läßt . . .«

Er tat das während des ersten Schocks, nachdem man ihm gegen Morgen nach jener leidenschaftlichen Liebesnacht – in sein Tagebuch schrieb er: »Ich schonte sie nicht« – geweckt und gebeten hatte, für die Geliebte sofort einen Arzt zu holen. Wenige Stunden später, als er meinte, es gehe ihr wieder gut, und abreiste, zündete er sich auf dem Weg zum Bahnhof eine Zigarette an. Und auch auf dem Bahnhof, wo er lange auf seinen Zug warten mußte, rauchte er. Dann aber kam die Tochter der Frau, die man ihm nachgeschickt hatte, mit der Nachricht, es gehe ihr wieder sehr schlecht.

In sein Tagebuch schrieb er später über jenen Augenblick: »Ich hatte eine Zigarette in der Hand, die ich sofort wegwarf, denn ich hatte das Gefühl, daß es der geliebten, durch mich geschädigten Frau solange gut ging, als ich mich des Rauchens enthalten habe, und in dem ersten Augenblick, da ich mein Gelübde brach, die Wendung zum Schlechten eintrat. Diese

Erkenntnis, wurde mir von jener inneren Stimme in mir diktiert, der einzigen, die ich von satanischen Verführungen frei weiß.«

Drei Tage danach – inzwischen hatte er das sich selbst auferlegte Rauchverbot strikt befolgt – erhielt er die Nachricht, es gehe der Geliebten wieder gut. »Gott sei Dank!« notierte er, »Gott sei Dank! Es ist eine große Gnade. Ich bin ruhig und froh.« Und dann: »Ich rauche wieder, da ich das Gefühl habe, daß diese Krise meiner Freundin überwunden ist.«

Das Rauchen hat er nie mehr aufgegeben, obwohl sein Herz nie gesund war und ihm das Rauchen schlecht bekam. 25 Jahre nach seinem dreitägigen Rauchverzicht schrieb die Frau – inzwischen hatten die beiden geheiratet – in ihr Tagebuch: »Zwei Tage nach seinem Geburtstag hatte er in der Nacht eine schwere Herzattacke, und ich mußte den Arzt kommen lassen, der ihm Digitalis gab. Es hat stundenlang gedauert, bis seine Krämpfe nachließen . . . Er ist eine große Sorge für mich. Er kann das Rauchen nicht aufgeben . . .«

Und einige Zeit später: »Er ist sterbenskrank. Er hatte noch eine Herzattacke, und nun ist sein Herz furchtbar schwach . . . Diese Krankheit fing am 13. September an. Er hat wieder ungeheuer viel geraucht . . .« Zunächst »eine kohlschwarze, schwere Havanna. Er warf sie auf meine Bitte weg, zündete sich aber sofort eine neue, wenn auch leichtere Zigarre an. Es war spät, und ich ging in mein Zimmer. Aber schon nach einer halben Stunde kam er mir mit vollkommen verändertem Gesicht nach, und ich konnte ihn kaum in sein Zimmer tragen. Seitdem liegt er mit großen Schmerzen, die manchmal etwas nachlassen, dann wieder schlimmer werden . . .«

Er hat sich von diesem Anfall nie mehr ganz erholt. Er starb im Alter von 54 Jahren, vermutlich an einem Herzinfarkt. Im Tagebuch seiner Frau heißt es: »Er war, was Alkohol betrifft, der nüchternste Mensch. Anders stand es mit Kaffee und Nikotin, er rauchte, trotz ärztlichen Verbotes, Zigaretten, Pfeifen ohne Unterlaß. Es war wie ein Dauerselbstmord.«

Der Tod traf ihn am Schreibtisch. Seine Frau schrieb später in ihr Tagebuch: »Das furchtbarste, unfaßbare Unglück ist geschehen. Dieser einzig geliebte Mensch ist von mir gegangen. Ich war mit Freunden im Wohnzimmer, und wie immer wollte ich nach einer gewissen Zeit zu ihm gehen. Er hatte sich nach seiner Nachmittagsruhe angezogen und war an seinen Schreibtisch getreten. So hatte ich ihn verlassen. Ich kam in seinen Arbeitsraum . . . kein Laut. Ich rief . . . keine Antwort. Ich stürzte vor . . . Er lag vor seinem Schreibtisch auf dem Boden . . . mit ruhig lächelndem Gesicht und unverkrampft weichen Händen. Ich schrie, schrie so stark ich schreien konnte . . . Ich wollte es nicht glauben. Da sein Körper noch warm war, hoffte ich wider mein Wissen, es sei nur eine Ohnmacht. Aber das Unabänderliche in seinem Gesicht sagte alles. Trotzdem brachte ich den Oxygenapparat über sein Gesicht und massierte sein Herz, die Füße und Hände . . . der Butler trug ihn dann mit meiner schwachen Hilfe aufs Bett. Unsere Freunde kamen, halfen, aber wir wußten ja, daß alles zu spät sei . . . Und kein Arzt weit und breit, wieder Sonntag! Endlich kam dann jemand, konstatierte den Tod und ging wieder. Es ist furchtbar, zu leben.«

Er hatte gearbeitet bis zuletzt. Im Tagebuch seiner Frau heißt es: »Das Letzte, was er schrieb, ist mit klarer Schrift geschrieben. Ohne Krampf. Ohne Schmerz. Ohne Ahnung. Ich kann es mir nicht verzeihen, daß ich nicht dabei war, um ihn aufzufangen.«

Wer war's?

66 *Unerbittlich im Kampf für die Weltordnung*

Er wird als breitschultrig beschrieben – bei durchschnittlicher Körpergröße –, als muskulös, voll Kraft und Gesundheit; sein längliches Gesicht, sagt ein Zeitgenosse, der ihn gesehen hat, »spiegelte die Festigkeit seiner Seele wider, stets gleichmäßig und unbewegt, weder von Schmerz verdüstert noch vom Zorn verzerrt oder in Freude ausbrechend«.

Als noch junger Mann im Alter von 26 oder 27 Jahren wurde ihm eins der höchsten und verantwortungsvollsten Ämter übertragen. Damals war er schon seit mehreren Jahren verheiratet. Über seine Kindheit und Erziehung weiß man so gut wie nichts. Aber aufgrund seiner Herkunft läßt sich vermuten, daß er eine recht gute Ausbildung erhalten hat. Allerdings weiß man, daß es im Lateinischen bei ihm haperte, obwohl er ein Leben lang sehr viel mit lateinisch geschriebenen Schriftstücken zu tun hatte.

Statt Vokabeln und Grammatik zu büffeln, bewegte er sich lieber im Freien. Er war lebhaft, voller Schwung und Tatendrang. Er schwamm gern, ritt viel und ging oft auf die Jagd. Dies noch im hohen Alter. Auch im Gespräch war er sehr lebendig; er konnte gut reden und überreden. Er konnte überaus liebenswürdig sein, und – auch darin treffen alle Zeugenaussagen überein – sein Benehmen war formvollendet, ritterlich, vorbildlich für die Gesellschaft seiner Zeit.

Er konnte aber auch sehr hart sein, ja brutal. Um durchzusetzen, was er für Recht und Gerechtigkeit erkannte, hat er jene, die anderer Auffassung waren und sich ihm entgegenstellten, als Rebellen rücksichtslos bekämpft. Zwar heißt es, er habe einmal einem der von ihm Vertriebenen eigenhändig geholfen, seine Habe aufzupacken, aber selbst wenn das wahr sein sollte, würde es in keinem Verhältnis stehen zu dem Leid, das er über viele tausend Menschen brachte, indem er ihre Städte zerstören ließ. Selbst einer seiner Vertrauten gab zu, »auch seine Feinde zu lieben«, habe er »nicht völlig gelernt«.

Mildernd ist dabei anzuführen, daß auch und gerade in solchen Härtefällen für ihn immer die Idee der Gerechtigkeit ausschlaggebend war. Sie war der Leitstern seines Handelns. Sich selbst beziehungsweise sein Amt verstand er in erster Linie als Schützer des Friedens und Wahrer des Rechts. Als Richter kannte er kein Ansehen der Person und keine verwandtschaftliche Rücksicht. Eine Begnadigung noch erschien ihm als »Verdunkelung der Gerechtigkeit«. Kein Wunder, daß seine Feinde ihn haßten.

Nicht immer war er erfolgreich. Aber auch aus Niederlagen tauchte er scheinbar unversehrt immer wieder auf. Mit zunehmendem Alter wurde er diplomatischer, listiger, manchmal gar nachgiebig. Und gerade auf diese Weise kam er zu seinen größten Erfolgen. Sie alle dienten der Wiederherstellung und Festigung einer Ordnung, die nicht nur er, sondern sein ganzes Zeitalter ersehnt hatte.

Mehr als 38 Jahre stand er an der Spitze dieser von ihm gefestigten Ordnung. Bei dem Versuch, sie räumlich noch weiter auszudehnen, ist der Mittsechziger ums Leben gekommen. Fern seiner Heimat ertrank er, als er einen Fluß durchqueren wollte – ob schwimmend oder zu Pferde, blieb ungeklärt. Vor kurzem ist dort, wo er den Tod fand, ein Gedenkstein errichtet worden.

Unendlich bekannter als dieses Denkmal, bekannter noch als sein ganzes Leben, sein Kämpfen, seine Erfolge und Mißerfolge aber ist seltsamerweise sein Bart – obgleich man von ihm nicht mit Sicherheit weiß, wie er aussah. Über diesen Bart, seine Form, seine Farbe, gibt es wissenschaftliche Untersuchungen – über den Mann natürlich auch.

Wer war's?

67 *»Für Euch zu sorgen, ist mir heilige Pflicht«*

Der Ruhm kam zögernd, und dann hatte er nur kurze Zeit Freude an ihm wie überhaupt an seinem Leben, das sich so grundlegend von seinem fröhlichen, optimistischen Werk unterscheidet. Es war ein schweres Leben, voll harter Schicksalsschläge.

Nach neunjähriger, glücklicher Ehe verlor der Vierunddreißigjährige seine Frau. An ihrem Tod fühlte er sich mitschuldig, weil er sie mitgenommen hatte in die Fremde, wo sie wie er selbst immer an Heimweh gelitten hatte. Seiner Schwiegermutter schrieb er kurz vor dem Tod seiner Frau: »Unsere Besorgnisse wegen des Befindens Kätchens haben sich leider bestätigt. Ihr Zustand hat sich nicht nur nicht gebessert, sondern verschlimmert. Mögen die Ursachen wo immer gesucht werden, sie sind überall zu finden. Die meiste Schuld trifft vielleicht mich, insofern ich meinen Aufenthalt hierher in die Fremde verlegt habe. Es war vorauszusehen, daß das Klima, die fremden Sitten und Menschen den Verlust der gewohnten, heimatlichen und liebgewonnenen für sie stark fühlbar machen werden und deshalb noch mehr Sehnsucht nach der Heimat und dadurch Unzufriedenheit mit dem gegenwärtigen Zustande und demgemäß eine stärkere Erregbarkeit der Nerven und dadurch Verschlimmerung der Krankheit verursachen müssen. Ich wollte mir materiell helfen und habe nun alles zu beklagen . . .«

Er entschloß sich, mit ihr in die Heimat zurückzukehren; in Schweden fühlte er sich nun auch nicht mehr wohl. Aber es war zu spät. Auf der Reise starb sie, und er schrieb in sein Tagebuch: »Es ist vollbracht! – Käthe, mein teures, inniggeliebtes Weib ist heute früh gestorben, um 5 Uhr sanft, ohne daß wir es wußten, bis mich die Stille aufmerksam machte. Lebewohl, Engel!«

Er verliebte sich aber bald in eine andere, eine Schwägerin seines Bruders. Sie war 19 Jahre alt, und sie wollten bald heiraten. »Bist Du einmal meine Frau«, schrieb er ihr, »so soll Nichtstun Deine Hauptbeschäftigung sein. Da wir gerade dabei sind, so sprechen wir noch ein wenig über mein Lieblingsthema: unsere Heirat! Ich bitte Dich dringend, alle Vorbereitungen schon jetzt zu treffen, und wenn etwas zu tun ist, nichts zu verschieben, sondern alles machen zu lassen! Wir können nach Schweden nichts mitnehmen, als was in Kisten und Ballen eingepackt werden kann. Möbel besitze ich, und was noch fehlt, wird hier angeschafft. Zu sechs Fenstern habe ich Vorhänge, da aber die Wohnung wenigstens fünf Zimmer haben muß (jetzt bewohne ich nur drei), so werde ich noch welche nachschaffen müssen.«

Nach der Hochzeit aber lebten sie zunächst noch getrennt. In seinem Tagebuch heißt es: »Es ist traurig, daß ich genötigt bin, fern von meiner Heimat, die ich so innig liebe und wo ich so gerne leben würde, meinen Lebensunterhalt in der Fremde zu suchen. Aber vielleicht wird es nicht auf lange sein.« Und nach einem Besuch daheim: »Werde ich und wann wieder diese lieben teuren Berge sehen? Und mit welchen Gefühlen? Es ist mir immer sehr bange, wenn ich von diesen Stätten Abschied nehme. Lebe glücklich, mein über alles geliebtes Vaterland, mein schönes, großes, einziges Vaterland! In Deinem Schoße würde ich gerne ausruhen, Dein Boden ist mir heilig . . .«

Nach einem Jahr erfüllte sich sein Wunsch; er kehrte endgültig in die Heimat zurück. Kurz zuvor, als seine Rückkehr noch nicht feststand, und er noch im Ausland lebte, schrieb er seiner Frau: »Wegen meiner Reise habe ich keine Angst, ich glaube nicht, daß Gott mich schon jetzt abberufen will; ich denke vielmehr, daß er mir noch eine größere Aufgabe bestimmt hat, die ich lösen muß. Könnte ich nur immer in Böhmen und bei Dir, meine Einzige, bleiben! Dieses Ausland, ob nun Deutschland oder Schweden oder Holland usw. ist mir sehr zuwider –, ohne es beleidigen zu wollen. Aber bei uns ist nun einmal bei uns, und für mich am besten . . .«

Seine Heimatstadt, schrieb er, biete ihren »eigenen Kindern keinen Lebensunterhalt, und so müssen die Talente aus dem Lande hinaus, um leben zu können. So ging es auch mir, und wer weiß, ob es nicht wieder so gehen wird?« Und er bat seine Frau: »Erzähle Fremden nicht, daß ich so schwer zum Spielen gelange, sie würden glauben, ich bin meiner Sache nicht gewachsen, während die Sache in äußeren Verhältnissen liegt . . .«

Ihm fiel es schwer, sich im Ausland anzupassen. Und er tröstete sich nur mit seiner Familie: »Für Euch, meine Teuren, zu sorgen, ist mir eine heilige Pflicht, die mir Tag und Nacht im Sinn steht.« Aber sie würden ihn sicher bedauern, wenn sie sehen könnten, wie er sich abmühte, um etwas zu erreichen: ». . . wie ich meine Abneigung gegen Aufwartungen, Empfehlungen, Besuche hinunterwürge und kreuz und quer laufe, bis ich kaum noch stehen kann, bald in Amsterdam, bald in Haag, in Leiden, Utrecht, Dordrecht –, immer wieder dieselbe Lauferei, hin- und herreisen, alles anwenden, was sich nur irgendwie mit meiner Ehre verträgt . . .«

Der Durchbruch seines Werkes erfolgte aber doch daheim. Und dort erhielt der Zweiundvierzigjährige endlich auch einen angesehenen Posten, wenngleich nicht zu den besten Bedingungen: »Die Herren zahlen verteufelt wenig . . . Sie reden sich aus, nicht anders zu können; alle Gagen müßten reduziert werden . . .« Aber er war's trotzdem zufrieden, und er meinte: »Nun, wir werden ja weiter sehen!«

Er konnte nicht ahnen, daß es viel weiter nicht mehr ging. Nach nur acht Jahren mußte er den Posten wieder aufgeben, weil er völlig taub geworden war. Zwar setzte sich sein Werk immer mehr durch, er selber aber verfiel und mußte in ein Irrenhaus, wo er schließlich im Alter von 60 Jahren starb.

Wer war's?

68 *Immer Heimweh nach der Kindheit*

Als Vierzigjähriger – verheiratet (übrigens ausgesprochen glücklich), vier Kinder – versuchte er noch einmal, eine bessere Anstellung zu finden, und schrieb einem Bekannten, den er für einflußreich hielt: »Ich habe ehrlich gekämpft, so gut ich's vermag, aber ich bewege mich hier wie in Fesseln, ohne Hoffnung lohnenden Erfolgs . . . Mich verlangt endlich nach einer auf das Höchste im Leben gerichteten Tätigkeit, und ich biete einen reinen treuen Willen und meine besten Kräfte, die ich hier . . . nutzlos aufreibe. Und so lege ich denn den sehnlichsten Wunsch meines Lebens vertrauensvoll in Ihre Hände . . .«

Es half ihm nicht. Er blieb weiterhin im Staatsdienst, als Beamter, insgesamt nahezu 30 Jahre und die ganze Zeit – so sagte er selbst – als »Hilfsarbeiter«. Daß sein Berufsleben bis zu der vorzeitigen Pensionierung unter einem Unstern stand, ist vielleicht darauf zurückzuführen, daß er sich nicht in Szene setzen, sich nicht »verkaufen« konnte. Immer wieder hat man ihn als zurückhaltend beschrieben, als freundlich und sympathisch, als gutmütig und angenehm, nie aber als interessant, klug, geistreich. Er war und blieb unauffällig, auch dann noch, als sein Name weithin bekannt geworden war. »Er liebte es geradezu, unscheinbar zu sein, unbeachtet zu bleiben. »Inkognito«, sagte sein Sohn.

Über lange Abschnitte seines Lebens ist aus dem persönlichen Bereich so gut wie nichts bekannt. Er hatte es sich angewöhnt, von Zeit zu Zeit alle persönlichen Aufzeichnungen, seine Tagebücher und die empfangenen Briefe, zu vernichten. Das tat er auch noch kurz vor seinem Tode. Er starb im Alter von 69 Jahren, so still und unauffällig, wie er gelebt hatte.

Seine Tochter hat es in einem Brief beschrieben: »An seinem Todestag war er sehr still und so ruhig und schmerzlos, daß ich wirklich wieder anfing, für sein Leben zu hoffen. Er bekam, so oft er wollte, stärkende Sachen . . . Die letzten Stunden lag er ganz unbeweglich, ein Bild der tiefsten Ruhe, und atmete langsam und immer langsamer, bis der Atem stockte und zuletzt ganz sanft, ohne Todesröcheln aufhörte. Wir waren alle gegenwärtig . . . Am anderen Tage wurde die Leiche von Barmherzigen Schwestern in ein weißes Sterbekleid gehüllt und ihr ein kleines Kreuz in die Hand gegeben . . . Nach erfolgter Einsegnung in der Kirche wurde der Sarg dicht neben der Mutter Grab eingesenkt . . .«

Es war keine große, keine dramatische Krankheit, woran er starb, es war nur eine kleine Erkältung. Die eigentliche Ursache mag indessen der Tod seiner Frau gewesen sein. »Seit der Mutter Tode«, schrieb die Schwester, »war er nicht mehr der alte. Wir haben wenig über diesen Verlust gesprochen, aber wie der arme Vater darunter gelitten hat, weiß ich am besten . . .«

Vor dem Tod scheint er sich nie gefürchtet zu haben. Dem gläubigen Christen war das Leben eigentlich nur eine Wanderung zu Gott, auf der es ständig Abschied nehmen heißt, Abschied von allem, was uns lieb ist. Er sagte, manchmal zerbreche Gott absichtlich, was ein Mensch sich erbaut habe, damit der Mensch den Himmel schaue.

Ihm war das Vaterhaus, war die Heimat zerbrochen worden. Und damit die Basis für die Zukunft. Kindheit und Jugend waren glücklich gewesen, und immer wieder hat er sich an das von weiten Wäldern umgebene väterliche Schloß erinnert, das – so später der Sohn – »der Mittelpunkt eines regen Verkehrs war, wo mannigfache Festlichkeiten sich folgten und Gäste aus nah und fern zusammengeführt wurden, die, kürzer oder länger weilend und oft von bedeutender Persönlichkeit. . . zur frühen geistigen Entwicklung der Kinder viel beitragen mußten . . .«

Doch was so fest gefügt schien, hatte plötzlich keinen Halt

mehr. Im Tagebuch des Vierzehnjährigen findet sich nach einer Reihe lustiger Eintragungen dieser Hinweis: »Pläne zum Verkauf.«

Kurz zuvor hatte der Vater von unterwegs (er wollte seinen Gläubigern entgehen und irgendwie Geld beschaffen) der Mutter nach Hause geschrieben: »Ich habe Euch alle zu reichen Leuten machen wollen, derweilen hat uns Gott gestraft. Gebenedeit sei sein Wille, da er es so haben will, darf man nicht murren. An meiner Arbeit hat es nicht gelegen . . . Glaube mir, ich habe so eine Sehnsucht nach Hause zu Euch, das ist eine entsetzliche Marter. Ich habe niemandem etwas getan, nur bezahlen kann ich nicht. Gott, meine Kinder, wenn ich daran denke, so blutet mir das Herze . . .«

Bis zum Verkauf des gesamten Besitzes vergingen noch etwa neun Jahre. Dann gehörte sein Kindheitsparadies endgültig der Vergangenheit an. »Arm, aber frei«, sagte er, doch hat ihn das Heimweh nie verlassen. Immer von neuem beschwor er die Sehnsucht nach Wäldern und Tälern, nach Wanderschaft durch jubelnden Frühling, nach fernen Klängen in geheimnisvollen Mondnächten, während er seiner ungeliebten Arbeit nachging:

»Aktenstöße nachts verschlingen, / Schwatzen nach der Welt Gebrauch / Und das große Tretrad schwingen / Wie ein Ochs, das kann ich auch. / Aber glauben, daß der Plunder / Eben nicht der Plunder wär', / Sondern ein hochwichtig Wunder, / das gelang mir nimmermehr.«

Wer war's?

69 *Verleumdet als Ausbeuter und Massenmörder*

Er war in den Fünfzigern, nach Jahren harter Kämpfe und noch Tag für Tag ein riesiges Arbeitspensum bewältigend, als er sich einen Lehrer nahm, der ihn in die wichtigsten Wissenschaftsbereiche einführen sollte, vor allem in die griechische Philosophie und in die Vorstellungen griechischer Denker auf den Gebieten der Naturwissenschaften. Zugleich ließ er sich weiter in der griechischen Sprache ausbilden, die er von Haus aus nicht sprach.

Er war nun einmal ein Verehrer alles Griechischen; immer von neuem ließ er sich von der griechischen Lebensweise faszinieren, dieser – gemessen an der strengen, religiös verankerten Lebensart seines Volkes – jugendlich-schwungvollen Art, die sich im Sportlich-Eleganten zeigte, im Ästhetischen, in einem ausgeprägten Mut zu Frohsinn und Genuß. Schon zu Lebzeiten, aber mehr noch später, als er längst tot war, ist ihm seine Griechenliebe verübelt worden, obwohl er nie gewagt hat, selber so frei zu leben wie die Griechen seiner Zeit. Er hat allerdings viele seiner Bauten in ihrem Stil ausführen lassen, er hat Theater und Sportstadien nach griechischen Vorbildern eingerichtet, und er hat zahlreichen Griechenstädten großzügige Geschenke gemacht.

Er hat sogar, als einmal die Olympischen Spiele in Gefahr gerieten auszufallen, weil die Veranstalter kein Geld mehr hatten, die erforderlichen finanziellen Mittel gespendet, und zwar nicht nur für jenes Jahr (in dem er persönlich nach Olympia fuhr und dort das Amt des obersten Kampfrichters übernahm), sondern auch für zukünftige Veranstaltungen. So wurde er zum Retter der Olympischen Spiele (bei denen es seinerzeit nicht nur um Sport ging, sondern auch um das Vortragen und Auszeichnen literarischer und musikalischer Werke).

Später ist dies ebenso in Vergessenheit geraten wie sein unermüdlicher Einsatz für eine Welt des Friedens. Es gelang ihm, seinem Volk, dessen Thron der Mittdreißiger nach zähen Kämpfen eingenommen hatte, durch eine umsichtige Politik für mehr als drei Jahrzehnte Frieden zu schaffen – Frieden nach außen und Ruhe und Ordnung im Innern des Landes. Zugleich brachte er dem Volk durch eine kluge Wirtschafts- und Finanzpolitik einen bis dahin nie erreichten wirtschaftlichen Wohlstand, vorbildlich war seine Steuer- und Währungspolitik; mehrmals hat er die Steuern gesenkt. Und im Unterschied zu seinen Vorgängern und Nachfolgern achtete er streng darauf, daß der Edelmetallgehalt der in seinem Namen geprägten Münzen stets konstant blieb, um eine Entwertung des Geldes zu verhindern.

Nicht weniger vorbildlich waren seine landwirtschaftlichen Musterkulturen, die er anlegen ließ, seine großzügigen Bewässerungsanlagen, mit denen er Wüstengebiete fruchtbar machte, sein ausgedehntes Straßennetz, seine der Verteidigung dienenden Festungsanlagen.

Unter seinen Söhnen – als zehnfach Verheirateter hatte er viele Söhne, von denen er drei, wie auch eine seiner Frauen, hinrichten ließ, nachdem neutrale (das heißt, von ihm unabhängige) Gerichte sie des Verrats schuldig gesprochen hatten – ist sein Reich rasch zerfallen. Geblieben aber sind jene Verleumdungen, die nach seinem Tode gegen ihn erhoben wurden: Sie stempelten ihn zum brutalen Ausbeuter, zu einem der grausamsten Tyrannen, ja zu einem Massenmörder. Zwar hat in den letzten Jahrzehnten die historische Forschung das wahre Bild des zu Unrecht Verdammten unter jenem Wust von Verleumdungen herausgearbeitet, aber nur eine Minderheit wagt es, diesen Mann so zu sehen, wie er wirklich war: als einen der bedeutendsten Politiker seines Volkes.

Wer war's?

70 *Für mein Leiden taugt kein Kraut dieser Erde*

Der Einunddreißigjährige wollte sich in Traunkirchen am Traunsee erholen, weil er sich matt, dumpf, verbraucht fühlte. Anfangs schwärmte er von der tiefen Ruhe, die dort herrschte, aber dann ging ihm das Singen der Vögel auf die Nerven. »Werden Sie mir glauben«, schrieb er einem Bekannten, »daß mir Traunkirchen geradezu verhaßt geworden ist wegen des Vogelsangs? Sie können sich gar nicht vorstellen, was ich unter diesem vermaledeiten, eintönigen, in stets wohlgezählten kurzen Pausen sich wiederholenden Gezwitscher der Finken zu leiden habe . . .«

Was ihn in Wahrheit nervös machte, war nicht das Vogelgezwitscher, sondern der Mangel an künstlerischen Einfällen: »Alles um mich atmet Glückseligkeit und Frieden, alles lebt und webt und regt sich und tut, was es tun muß – nur ich – o Gott! nur ich lebe wie ein Tier dumpf und gefühllos in den Tag hinein.«

Sein Zustand besserte sich auch in den folgenden Jahren nicht. Im Gegenteil, er wurde schlechter. Wußte er, daß ihm nicht mehr zu helfen war? Der Dreiunddreißigjährige schrieb einem Freund: »Für mein Leiden taugt kein Kraut dieser Erde. Nur ein Gott vermag mir zu helfen . . .«

Drei Jahre später suchte er einen Arzt auf, weil ihm bei einer Eisenbahnfahrt ein Kohlestückchen ins Auge geraten war. Während der Arzt es entfernte, stellte er bei ihm eine Pupillenstarre fest – vermutlich als Symptom einer progressiven Paralyse. Es scheint, daß er sich 20 Jahre zuvor an Lues infiziert hatte. Zu jener Zeit war er 17 Jahre alt gewesen. Zwei Jahre zuvor hatte der Vater, ein Lederermeister, ihm erlaubt, sich ausschließlich seinen musikalischen Interessen zu widmen, nachdem er, der Sohn, auf der Mittelschule nicht besonders erfolgreich gewesen war. Auch auf dem Konservatorium, das er dann besuchte, war er nicht erfolgreich. Nach nur zwei Jahren mußte er es wieder verlassen, angeblich wegen Disziplinlosigkeit. Danach hat er komponiert. Doch blieben seine Arbeiten zunächst unbekannt. Dann wurde er – aber ebenfalls ohne Erfolg – Dirigent, obgleich er zuvor nie dirigiert hatte. Nach etwa dreijähriger Dirigentenzeit ging er an eine Zeitung als Musikkritiker. Und von da an hatte er Erfolg, nicht so sehr als Kritiker als vielmehr mit seinen Kompositionen, für die er jetzt einen Verleger fand.

Aber es blieben ihm nur wenige Jahre erfolgreichen Schaffens. Und auch in diesen war er keineswegs glücklich. Oft war er depressiv. Seiner Schwester und deren Mann schrieb er: »Ich bin so steinunglücklich und zugleich wütend auf mich. Bedauert mich, denn ich weiß nun sicher, daß es mein Los ist, alle die zu kränken, die mich lieben und die ich liebe.« Als er schon recht bekannt war, schrieb er in einem Brief: »Heute sind mir zwei Lieder eingefallen, von denen das eine schauerlich seltsam klingt, daß mir ganz bange davon wird.«

Seinen 37. Geburtstag feierte er von der Krankheit noch unbeeinträchtigt. Aber kurz danach litt er unter Schlaflosigkeit, obgleich er sich stets müde fühlte. Wenn er dann doch endlich schlief, quälten ihn Alpträume. Zugleich wurde er auffallend scheu und kontaktarm: Freunden und Bekannten wich er aus, und wenn er doch noch manchmal mit ihnen zusammentraf, ging er plötzlich davon, ohne sich von ihnen zu verabschieden.

Als sich Anzeichen von Größenwahn einstellten, brachten Freunde ihn in eine Heilanstalt. Dort besserte sich sein Zustand, so daß er wieder entlassen wurde. Wenig später versuchte er, sich im Traunsee zu ertränken. Danach veranlaßte er selbst die Rückkehr in die Nervenheilanstalt. Dort ist er im Alter von 43 Jahren gestorben.

Wer war's?

71 *Da schickte er seine Frau einfach weg*

Er schien wie besessen von der Leidenschaft für Ordnung und Sauberkeit. Im Haushalt seiner großen Familie hatte er alles geradezu militärisch reglementiert, und streng wachte er darüber, daß seine Anweisungen befolgt wurden. Täglich inspizierte er die Zimmer seiner Kinder. Während er auf Gesellschaften ein gern gesehener Spaßvogel war, immer bereit, komische Lieder zu singen, Zaubertricks vorzuführen, den Clown zu spielen und (oft recht peinliche) Witze zu reißen – er selber fand sich, wie er gern sagte, »unvergleichlich« –, regierte er zu Hause als strenger Zuchtmeister.

Wie bei fast allen Pedanten war es auch bei ihm nicht Liebe zur Ordnung, die ihn antrieb, sondern Angst vor der Unordnung; vielleicht meinte er, es sei Unordnung gewesen, was seine Eltern ins Gefängnis gebracht hatte. Ihm, der sein gewaltiges Arbeitspensum (und damit seinen Weg aus ärmlichsten Verhältnissen zu Weltruhm und Wohlhabenheit) nur mit eiserner Selbstdisziplin schaffte, erschien Mißerfolg immer nur als Folge mangelnder Ordnung.

Er übersah jedoch, wie sein Ordnungsschema, das zwar ihm selber sicheren Halt zu geben schien, seine Angehörigen immer unselbständiger und ängstlicher werden ließ. Vor allem seine Frau wurde aus lauter Unsicherheit zu einem ausgesprochenen Pechvogel, so daß ihr gerade bei besonderen Anlässen, die ihm so wichtig waren, komische Mißgeschicke passierten. So mußte ihr ausgerechnet bei einem Festbankett das Armband in die Suppe fallen. Und wenn sie verreisten, um sich zu erholen, dann schien es unabwendbar, daß sie stürzte und sich etwas brach oder sich sonstwie verletzte.

Er lachte zwar über solche Mißgeschicke und bedauerte

seine Frau, aber insgeheim ärgerte er sich über ihre Unbeholfenheit. Und obwohl er in seinem umfangreichen Werk für kleine menschliche Unzulänglichkeiten so viel Verständnis zeigte und sie mit viel Liebe und Humor darstellte, konnte er im Leben diese ständige Quelle des Ärgers nicht bewältigen. So kam es, daß er seine Frau immer häufiger zu Hause ließ.

Und eines Tages ließ er sie, die er als Vierundzwanzigjähriger geheiratet und mit der er zehn Kinder hatte, ganz sitzen. Der Sechsundvierzigjährige hatte sich in eine 19 Jahre alte Schauspielerin verliebt, ein blondes zartes Mädchen mit großen blauen Augen; deswegen schickte er seine in 22 Ehejahren ziemlich dick gewordene Frau einfach weg. Und sie, ein Leben lang an seine Befehle gewöhnt, ließ sich das auch gefallen. Er ordnete an, daß sie zu dem schon erwachsenen ältesten Sohn zog, während alle jüngeren Kinder bei ihm blieben – versorgt von einer Schwester seiner Frau, die schon seit Jahren bei ihnen lebte. Mit seiner jungen Freundin zusammenzuleben, wagte er nicht. Das Verhältnis, das zwölf Jahre dauerte, bis zu seinem Tode, und aus dem ein Kind hervorging, blieb ein gut gehütetes Geheimnis.

Ob es ihm wirklich das ersehnte Glück gebracht hat, ist zumindest fraglich. Auf jeden Fall brachte es ihm viel Unbequemlichkeit. Vor allem war es kostspielig. Denn jetzt mußte er für drei Haushalte sorgen: für den seiner Freundin, für den eigenen und für den seiner Frau. Und seine Freundin war anspruchsvoll und nicht leicht zufriedenzustellen. Er mußte also mehr Geld verdienen denn je zuvor, und das war mit ein Grund dafür, daß er in den letzten Jahren seines Lebens anstrengende Tourneen unternahm, auf denen er aus seinem Werk las. Der Hauptgrund für diese ihn völlig erschöpfenden Abende – immer häufiger brach er nach seinen Vorträgen zusammen – aber war nicht das Geld. Er brauchte (wie früher auf privaten Gesellschaften) den Beifall des Publikums; noch immer wollte er »unvergleichlich« sein.

Wer war's?

72 Sein Pferd kam ohne ihn ins Lager zurück

Zu seinem 18. Geburtstag waren mehr als 3000 Besucher gekommen, um ihm Glück zu wünschen. Er hielt vor ihnen eine kurze Rede, in der er zum Ausdruck brachte, daß eine Volksabstimmung in seinem Heimatland ihn bestimmt zum Kaiser machen würde.

Zu jener Zeit lebte er zusammen mit seiner Mutter seit fast vier Jahren im Exil. Sein Vater war dort gestorben. Und er selber lebte viel zu isoliert, war viel zu macht- und mittellos, als daß er das ursprüngliche Erbe seines Vaters hätte zurückgewinnen können. Auch wollte er es in Wirklichkeit wohl gar nicht. »Er ist nicht ehrgeizig, und diese Seite ist in ihm nicht zum Klingen zu bringen«, sagte seine Mutter von ihm, wobei sie indessen hinzusetzte: »Doch er hat Pflichtgefühl und Wagemut.«

Da ihm das müßige Dasein, das er unter der ständigen Aufsicht seiner Mutter führte, bald leid war, bewarb er sich bei der Regierung des Gastlandes um den Posten eines Kriegsbeobachters in Afrika. Weil die Königin jenes Landes ihn persönlich gerne mochte, wurde ihm der Wunsch erfüllt. Inzwischen war er 23 Jahre alt. Und in Afrika scheint er zum erstenmal in seinem Leben glücklich gewesen zu sein. Das Soldatenleben gefiel ihm. Sein sehnlichster Wunsch war es nun, nicht nur beobachten, sondern an vorderster Front richtig mitkämpfen zu dürfen.

Da erlaubte man ihm die Teilnahme an einem Spähtrupp. Der Trupp bestand aus einem Leutnant und sieben Mann. Als er auf eine Gruppe von Zulus stieß, gab der Leutnant seinem Pferd die Sporen, und mit ihm flohen sechs Mann. Er aber blieb allein und wurde von den Zulus erschlagen. Sein Pferd kam ohne ihn ins Lager zurück. Ihn fand man am nächsten Tag; sein Leichnam war voller Wunden.

Der Leutnant, der den Trupp angeführt hatte, sich aber um den Zurückgebliebenen nicht mehr gekümmert hatte, schrieb, als er wieder im Lager war, einen Brief an seine Frau: »Meine Einzige, ich bin, wie ich fürchte, ein verlorener Mann, obwohl Du meinem Brief entnehmen kannst, daß mir nichts anderes zu tun blieb . . . Trotzdem ist der Verlust des Prinzen eine fürchterliche Sache . . . Mein Pferd war fast erledigt, hat mich aber herrlich getragen . . . Mein Liebling, ich habe, während ich davonritt, um mein Leben gebetet, und mein Gebet wurde erhört . . . Armer Junge! Ich habe ihn so gern gehabt. Er war immer so warmherzig und gutmütig. Es kam alles so überraschend . . . O Annie! Wie nah bin ich doch dem Tod gewesen. Meine beiden armen Pferde sind auch unter Beschuß gewesen. Das eine, das ich heute geritten habe, konnte mich kaum tragen, kam aber heil zurück . . .«

Der Leutnant wurde degradiert. In einem späteren Gerichtsverfahren erhielt er seinen Rang jedoch wieder zurück. Die Mutter des Toten hatte sich für ihn verwendet.

Der Tote war inzwischen in sein Gastland überführt worden, wo er in jenem Mausoleum, in dem schon sein Vater ruhte, beigesetzt wurde. Mit ihm erlosch der Hauptzweig einer berühmten Familie.

Wer war's?

73 *Wo ich hinkomme, flieht die gute Laune*

Über den Zweiundzwanzigjährigen klagte die Mutter: »Was meine Angst und Sorge für ihn vermehrt, ist daß er sich auf keine Weise wird wissen einzuschränken; er ist gar zu sinnlich und mag auch gern auf dem vornehmen Fuß sein.« Zu jener Zeit hatte er wieder einmal Schulden gemacht, und seine Mutter sollte mit ihrer Befürchtung, er werde sich nie einschränken können, recht behalten. Schulden machte er sein Leben lang. Aber immer wieder kam irgend jemand für sie auf: anfangs die Mutter, häufig der ältere Bruder, mehrmals auch Freunde und schließlich seine Frau.

Die Eltern hatten ihn ursprünglich zum Kaufmann bestimmt, weil sie meinten, bei seinem Mangel an Ordnungssinn werde er ein regelrechtes Studium nicht durchhalten. Aber schon die Lehrzeit in einer Bank hielt der Sechzehnjährige nicht durch. Da ließen die Eltern ihn doch noch studieren, nachdem er sich in erstaunlich kurzer Zeit das entsprechende Gymnasialwissen angeeignet hatte. Was die Eltern für mangelnden Ordnungssinn gehalten hatten, war sein starker Freiheitsdrang. »Ich kann nicht gefesselt sein«, schrieb er seinem Bruder; »ich muß und will mir selbst leben, sicher und unbesorgt über das, was mir dabei aufstoßen mag . . .«

Freiheit war ihm das Merkmal des Genies, und der Behauptung, es gebe so gut wie keine Genies, entgegnete er: »Gebt die Bildung frei, und laßt sehen, ob es an Kraft fehlt!« Sein Hunger nach Bildung war ungeheuer. Was immer er an Büchern auftreiben konnte, verschlang er. Aber er wollte nicht nur lesen, nicht nur aufnehmen, er wollte alles auch verarbeiten und es von Grund auf neu ordnen. Das gelang ihm nicht immer, und zu solchen Zeiten verfiel er der Trägheit und war zu jeglicher

Arbeit unfähig. Doch tröstete er sich dann: »O Müßiggang, Müßiggang! Du bist die Lebensluft der Unschuld und der Begeisterung; dich atmen die Seligen, und selig ist, wer dich hat und hegt, du heiliges Kleinod!«

Trotz seiner sehr ausgeprägten Ichbesessenheit bemerkte er bald, daß er bei anderen nicht so beliebt war, wie er es gerne gewesen wäre: »Ich muß mir gestehen, daß ich nicht liebenswürdig bin . . . Wo ich hinkomme, flieht die gute Laune, und meine Nähe drückt. Am liebsten besieht man mich aus der Ferne, wie eine gefährliche Rarität. Gewiß manchen flöße ich bittern Widerwillen ein.«

Um das zu ändern, beschloß er, ein »Weltmann« zu werden. Als Zwanzigjähriger legte er sich eine Geliebte zu, eine verheiratete Frau aus der besten Gesellschaft. Oder vielmehr: er tat so. In Wahrheit scheint er über einige Annäherungsversuche nicht hinausgekommen zu sein. Nur Schulden hat er ihretwegen gemacht. Aber bald stürzte er sich wieder in die Arbeit: »Wenn ich aufwache, fange ich an, an meinem Werke zu arbeiten, und ich höre auf, wenn ich mich niederlege.«

Ein Berühmterer als er nannte ihn einmal »den immer Hetzenden und immer Gehetzten und eine rechte Brennessel«. Er hetzte durchs Leben, hetzte von Ort zu Ort, stellte alles in Frage, begann immer wieder Neues, und kam nie zur Ruhe.

Einen Skandal gab es, als er eine verheiratete Frau kennenlernte, einige Jahre älter als er und Mutter zweier Kinder, die sich seinetwegen scheiden ließ und ihn später heiratete.

Obwohl er nie seine nervöse Hast verlor, wurde er mit den Jahren ziemlich dick; er litt unter den entsprechenden Krankheitssymptomen, vor allem – so sagte er – unter jenem »Andrang des Bluts, den wir schweren Leute wohl am meisten zu fürchten haben«. Eines Abends unterbrach der Sechsundfünfzigjährige (was sonst nicht seine Art war) die Arbeit mitten im Satz. In der Nacht traf ihn ein Herzinfarkt, dem er nach einigen Stunden erlag.

Wer war's?

74 *Aus Furcht, von der Bühne gejagt zu werden*

Wenige Namen sind so bekannt geworden wie der seine. Aber wie so oft in solchen Fällen ist es auch hier: Sein Leben, seine Gestalt sind nur umrißhaft erkennbar.

Früh verlor er den Vater, der ein angesehener Kaufmann gewesen war. Sicherlich hat das sein Leben entscheidend beeinflußt. Denn ein Onkel nahm sich nun des Jungen an und sorgte für seine Ausbildung. Der Onkel übte ein hohes geistliches Amt aus. Er sorgte dafür, daß der Neffe gute Schulen besuchte und dann eine akademische Laufbahn einschlug.

Vier Jahre lang studierte er an einer Universität seines Heimatlandes. Dann ging er ins Ausland, wo er sich zunächst noch weitere sechs Jahre einem anderen Studienfach widmete. Und schließlich, nach Abschluß dieses Fachs, absolvierte er noch ein volles Medizinstudium.

Inzwischen hatte der Onkel ihm auch ein Amt beschafft, das ihn finanziell sicherstellte, ohne daß es ihn besonderen Einsatz kostete. Solange er studierte, war er jedenfalls von seinem Amt beurlaubt, während ihm das Geld regelmäßig zufloß. Und auch noch nach dem Studium blieb er seinem Amt noch einige Jahre fern.

33 Jahre war er alt, als er seine Studien abschloß und in die Heimat zurückkehrte, wo der Onkel ihn in seine Dienste nahm, und zwar als Sekretär und als Arzt. Sein anderes Amt, das sein Leben lang seine Haupteinnahmequelle war, trat er erst nach dem Tode seines Onkels an. (Inzwischen war er 40 Jahre alt.) Es ließ ihm viel Zeit für private Studien.

Bei diesen privaten Studien ging es um Fragen, die sein ganzes Zeitalter beschäftigten, zumindest die führenden Köpfe. Eine Frage war die nach der Möglichkeit genauerer

Zeitbestimmung und Zeiteinteilung. Da er beileibe kein revolutionär denkender Mann war – obwohl man ihn heute gerade als solchen rühmt –, sondern sich bewahrend verhielt, und weil er ein ausgesprochen pedantischer Denker war, kam es ihm zunächst einmal darauf an, für die Zeitfragen die Grundvoraussetzungen in Ordnung zu bringen. Anders gesagt: Er wollte das zu seiner Zeit und seit langem gültige Weltsystem, in seinen klaren Grundformen darstellen.

Dabei stieß er jedoch auf einen Denker, der die Zusammenhänge ganz anders gesehen hatte. Und dieser Denker, so schien ihm plötzlich, hatte die Dinge richtig gesehen. Seine Behauptungen übernahm er, und dann legte er seine Ansichten in einem umfangreichen Werk dar. Doch zögerte er, sein Werk zu veröffentlichen. Nicht – wie später fälschlich behauptet wurde – aus Furcht vor seinen Vorgesetzten, sondern – so sagte er selber – aus Furcht, »von manchen Leuten ausgezischt und von der Bühne gejagt« zu werden; »die Furcht vor Spott brachte mich beinahe dazu, den Plan aufzugeben«.

Fast drei Jahrzehnte ließ er sein Werk unveröffentlicht liegen. Offenbar hatte er keine Lust, sich mit den Fachexperten auseinanderzusetzen; er muß wohl sehr genau gewußt haben, daß er die Richtigkeit seiner Theorie nicht beweisen konnte. Daher seine Furcht, »ausgezischt« zu werden. Als er sich doch noch entschloß, sein Buch zum Druck zu geben, geschah dies auf ausdrücklichen Wunsch seiner Vorgesetzten, nicht aber – wie später behauptet – gegen ihr Verbot!

Die Veröffentlichung, die er selber nicht mehr erlebte, wurde jahrzehntelang überhaupt nicht beachtet. Dann jedoch, nachdem ein anderer sich für die darin ausgesprochene These einsetzte, wirkte sie wie eine Revolution. Für eine kurze Zeit, genau für vier Jahre, wurde sein Werk sogar verboten. Daß seine Theorie richtig war, wurde erst sehr viel später bewiesen. Da wußte man von ihm schon nicht einmal mehr, welches eigentlich seine Muttersprache gewesen ist.

Wer war's?

75 *»Kaiserliche Hoheit, das verbitte ich mir!«*

Als Fünfzigjähriger war er so berühmt, daß die Redaktion des Brockhaus-Konversationslexikons ihn um eine Darstellung seines Werdegangs bat. Er schrieb viel zu lang; aber daß die Redaktion seinen Text kürzte, hat er ihr nie verziehen. In der von ihm eingereichten Urfassung hieß es: »Mein Kunsttrieb, obwohl er bereits in dem Alter erwachte, da ich ein Stück Kreide fassen konnte, erwarb mir doch zunächst nicht die Hinleitung zur Künstlerlaufbahn. Vielmehr hatte neben strengem Schulbesuch einiger Privatunterricht lediglich Bezug auf künftigen wissenschaftlichen Lebensberuf. In dem, was mein Leben eigentlich erfüllte, gänzlich mir selbst überlassen, begann ich da schon jenes autodidaktische Treiben, das mich auch für die Folgezeit beim Studium ohne Meister beharren ließ.«

Vor allem interessierte er sich für Geschichte: »Sie begeisterte mich zu den ersten Kompositionen aus römischer, mittelalterlicher, auch neuester Historie, alles sehr ernst gemeint, und genau mit Bleistift ausgeführt.«

Er wollte eine Kunstakademie besuchen. Doch daraus wurde nichts, weil der Vater früh starb. Er, der Sohn, mußte die Mutter und zwei jüngere Geschwister ernähren, obwohl er noch sehr jung war. Und in seinen Angaben für das Lexikon hieß es: »Sechzehnjährig durch den schnellen Tod des Vaters gänzlich auf mich selbst gestellt, gab ich gleichwohl, bei zwar ungleich ausgedehnterer Geschäftsfähigkeit nichts von meinen Zielen und Träumen auf; war der Tag zu kurz, so half die Nacht.«

Ein anderes Mal schrieb er über diesen einschneidenden Abschnitt seines Lebens: »An einem gewissen Tage Anfangs

Februar sprach ein waltendes Geschick zu mir: zur Ehe eignest du dich zwar noch nicht, aber zum Familienoberhaupt bist du gut genug. Sprach's und nahm meinen Vater dahin . . .«

Daß er sich zur Ehe nicht eignete oder nicht geeignet fühlte, lag an seiner Figur. Er war sehr klein, nämlich nur einen Meter und 40 Zentimeter, und er hatte einen unverhältnismäßig großen Kopf. Außerdem litt er an epileptischen Anfällen. Die Folge war, daß er sich sein Leben lang um das andere Geschlecht nicht gekümmert hat. Und – so sagt es einer seiner Biographen – »die konsequente Entsagung brachte ihm unendlich viel Zeit, und manchmal scheint es, daß er, rein um sie totzuschlagen, als Sklave seines Fleißes lebte. Penetrante Gründlichkeit bedeutete ihm höchstes Glück.« Korrektheit und Solidität wurden für ihn der Inbegriff des Daseins. Damit hatte er Erfolg; er machte Karriere, und Ehrungen und Orden sammelte er mit dem Ernst eines Buchhalters. Der Dreiundsiebzigjährige wurde sogar geadelt.

Überhaupt genoß er bei Hofe großes Ansehen, was jedoch den Kronprinzen nicht hinderte, den kleinen Mann einmal inmitten einer Hofgesellschaft samt dem Stuhl, auf dem er saß, in die Höhe zu heben. Ihn hat das tief beleidigt, und obwohl er sonst ausgesprochen devot war, fauchte er den Kronprinzen, der nur seine Kraft hatte zeigen wollen, wütend an: »Kaiserliche Hoheit, das verbitte ich mir!«

Nach seinem Tode – im Alter von 89 Jahren – zeigte sich, daß dieser ewig Korrekte auch sein Testament mit größter Sorgfalt abgefaßt hatte. Da hieß es: »Gleicherweise kann niemand auftauchen, irgendwelche Nachkommenrechte geltend zu machen. Nicht allein, daß ich ehelos geblieben, habe ich auch lebenslang mich jederlei Beziehung zum anderen Geschlecht (als solchem) entschlagen. Kurz, es fehlt an jedem selbstgeschaffenen Klebestoff zwischen mir und der Außenwelt.«

Wer war's?

76 *Ein ganzes Leben lang unglücklich verliebt*

Zwölf Jahre war er, als er sich zum erstenmal verliebte. Sie war sechs Jahre älter als er und hieß Estelle. »Der Name allein hätte genügt, meine Aufmerksamkeit zu erregen«, schrieb er viele Jahre später. »Aber die ihn trug, war achtzehnjährig, von zierlichem, hohem Wuchs, hatte große, kampfbereite Augen . . . ich kann nicht an sie denken, ohne daß ich zugleich mit ihren großen Augen die kleinen rosa Schuhe schimmern sehe. Wenn ich sie sah, fühlte ich einen elektrischen Schlag; ich liebte sie, mehr kann ich nicht sagen. Der Schwindel ergriff mich und ließ mich nicht mehr. Ich hoffte nichts . . . wußte nichts . . . aber empfand im Herzen einen tiefen Schmerz. Ich brachte ganze Nächte in Verzweiflung zu. Tagsüber verbarg ich mich in den Maisfeldern, in heimlichen Verstecken des großväterlichen Obstgartens, wie ein verwundeter Vogel, stumm und leidend. Die Eifersucht, die bleiche Begleiterin der reinsten Liebe, quälte mich beim gegingsten Wort, das ein Mann an mein Idol richtete. Noch höre ich schaudernd die Sporen meines Onkels klirren, wenn er mit ihr tanzte! Alles im Hause und in der Nachbarschaft machte sich über mich, das arme zwölfjährige Kind, lustig, das einer Liebe erlag, die über seine Kräfte ging.«

Er hat sich noch oft verliebt. Und immer wieder mit geradezu ekstatischer Leidenschaft, »Unerträgliches« leidend vor lauter »Einsamkeitsweh«, wie er es nannte, er, den die Mutter verstoßen hatte, als er sein Medizinstudium abbrach, um Musik zu studieren. Er verlobte sich und löste die Verlobung wieder auf. Er heiratete und lief seiner Frau davon. Er heiratete eine andere, der er nach kurzer Zeit ebenfalls davonlief, an die er jedoch dem Gesetz nach acht Jahre lang gebunden blieb. Übrigens starben beide Frauen vor ihm, und er ließ sie im selben Grab beisetzen.

Inzwischen war er 60 Jahre alt, und er verliebte sich noch mehrmals, und immer wieder galt, was er einmal einem Freund schrieb: »Welche Marter ist es doch, sich mitten im Paradies eine Hölle zu schaffen.« Jedesmal entstand für ihn die gleiche Spannung zwischen Sehnsucht nach Liebe und Flucht vor der jeweiligen Frau. Denn in Wahrheit liebte er sein Leben lang immer nur jene Achtzehnjährige mit den rosa Schuhen. Als Dreißigjähriger war er in ihren Wohnort gefahren und hatte später darüber geschrieben: »Es wurde mir dunkel vor den Augen, ehe ich von ferne das kleine, weiße Haus mit dem alten Turm erblickte; ich liebte sie noch. Bei meiner Ankunft erfuhr ich, sie sei verheiratet und . . . alles was daraus folgt. Es heilte mich nicht.«

Und der Einundsechzigjährige schrieb ihr: »Bedenken Sie doch, daß ich Sie seit 49 Jahren liebe, daß ich Sie seit meiner Kindheit immer geliebt, trotz der Stürme, die mein Leben verheert haben . . . Ich habe Sie geliebt, liebe Sie und werde Sie immer lieben . . .« Sie antwortete: »Ich kenne Sie kaum . . . Ich glaube Ihnen sagen zu müssen, daß es Illusionen und Träume gibt, denen man zu entsagen lernen muß, wenn die weißen Haare gekommen sind . . .«

Wer war's?

77 *Ein Beispiel der Lüsternheit und Wollust*

Ihm ging es – und da berief er sich auf sein Vorbild, den Redner Cicero – um das »Wissen von den menschlichen Dingen«; er wollte von dem Leben und den Charakteren der Menschen erzählen, so wie er sie sah: »Ich will beschreiben, was ich nicht aus Büchern, sondern aus persönlichen Berichten weiß . . .« Er hielt sich zwar nicht für einen Dichter, aber er war überzeugt: »Ich weiß genau, daß ich mit meinen schlichten Worten den Menschen viel nütze . . .«, und er meinte: »Die Menschen wollen sich nicht mit schwerer Strafe züchtigen lassen, und Worte sind besser als Schläge.«

Zu allen möglichen Fragen und Problemen wußte er etwas zu sagen. Etwa gegen die Gefräßigen: »Durch das verdammte Laster Völlerei stirbt man viel eher, als es die Natur fordert, und viele werden aus diesem Grunde mit frühzeitigem Tod von dieser Erde genommen, damit der Spruch, den die weisen Meister der Medizin früher gesagt haben, wahr werde, daß das Essen mehr Menschen tötet als das Schwert.«

Seine Mitbürger ermahnte er, sich um die Zukunft nicht ständig Sorgen zu machen und vor allem nicht ständig auf die Meinungen anderer Leute zu hören; wohin das führe, sehe man an den Kaufleuten: »Jeder Wind läßt sie um ihre Schiffe, jede Kriegsbefürchtung um ihre Waren sich ängstigen. Wieviel Makler mit ihnen sprechen, ebenso viele Meinungen haben sie.«

Man müsse sich frei machen von den Meinungen anderer, forderte er, und er erkannte: »Der allein ist frei von Furcht und Hoffnung, der in einsamer Hütte wohnt; er . . . zittert nicht vor jedem Gerücht . . .«

Er selbst lebte jedoch nicht in einsamer Hütte, nicht abseits vom wirtschaftlichen und politischen Getriebe. Er hatte den Kaufmannsberuf erlernt, hatte dann Jura und Literatur studiert und übernahm danach verschiedene Ämter in der Verwaltung seiner Stadt. Eine Zeitlang war er als Diplomat tätig. Nebenher aber hat er immer geschrieben. Als er um die 40 war, schrieb er seinen Welterfolg, ein Buch, das noch heute zu den wahren Weltbestsellern gehört.

Was er darin schilderte, hat Menschen nicht nur Freude gemacht, sondern es wurde ihm von vielen auch verübelt. Später ist behauptet worden, ein frommer Mann habe ihn eines Tages mit einer Bußrede zu Tode erschreckt und schließlich wieder auf den »rechten Weg« gebracht. In jener Bußrede soll dem Achtundvierzigjährigen vorgeworfen worden sein, in seinen Schriften »die Seelen zur Fleischeslust zu locken und zu verführen«, was indessen so abwegig nicht gewesen wäre.

Und angeblich sei ihm von jenem Frommen gedroht worden: »Ich möchte Dir, der Du im Schreiben wie im Leben den anderen ein Beispiel der Lüsternheit und Wollust bietest, zur Erwägung geben, welche schlimmen und ewigen Strafen drohen, wenn Du Dich nicht besserst.« Bessern hieß, nicht nur sein angeblich so lasterhaftes Leben zu lassen, sondern auch die Poesie aufzugeben; »wenn Du Dich weigern solltest, . . . kannst Du . . . sicher sein, daß Du baldigst Deine Unverschämtheit büßen und mit dem Tod, der schneller kommt als Du denkst, zugleich Deine gemeinen Künste wie Dein Leben enden wirst.«

Man weiß zwar heute, daß die wörtlich überlieferte Ansprache eine spätere Erfindung ist. Doch hat tatsächlich – wie aus einem Brief seines Freundes hervorgeht – ein »Bangemacher« mit »mächtigem Gruselspuk« ihn zu erschrecken versucht. Doch reichte dies nicht, ihn zu bekehren. 13 Jahre später ist er (zweiundsechzigjährig) gestorben. Sein Name ist heute aller Welt geläufig – manchen allerdings nur als Name von Bars und Nachtklubs.

Wer war's?

78 Dürftigkeit spornt zu Fleiß und Arbeit an

Er und seine Geschwister verlebten eine ruhige, abgeschirmte, idyllische Kindheit, nach der er sich – was nicht nur viele seiner Briefe und Tagebuchaufzeichnungen, sondern auch ein Teil seines Lebenswerkes deutlich machen – ein Leben lang zurückgesehnt hat. Mit der Welt außerhalb des eigenen Hauses und des Gartens kam er als Kind kaum in Berührung, auch nicht, als er Lesen, Schreiben und Rechnen lernen mußte. Da kam ein Präzeptor ins Haus, um ihn und die Geschwister zu unterrichten. Als Dreißigjähriger hat er dieses Idyll beschrieben: »Wir schliefen neben der dunkelgrün auf weiß gestreiften Wohnstube, in der hellgrünen und breiter gestreiften Schlafcammer, ich und W . . . in einem Bett, vor uns war das Bett von Vater und Mutter mit dem grau und dunkelblau gestreiften Vorhang. Morgens beim Aufstehen brauste nebenan die Theemaschine . . . Der Vater las das Morgengebet auf den Tag ab und rauchte nachher.«

Der Vater war Beamter, zunächst Staatssekretär, dann Justizamtmann. »Beim Mittag- und Abendessen mußten wir oft auf ihn warten, weil er noch zu amtieren hatte.«

Am schönsten war es sonntags. Denn da gab es zum Mittagessen »Fleischbrühsuppe mit Eiern, Rindfleisch mit Pfefferkraut und Essig und Wirsingkraut . . . Nach dem Mittagessen zwischen dem Caffee ging der Vater gern im Hof und Hausgarten, schnitt Weintrauben zum Dessert ab, oder untersuchte den Hühner-, Enten- und Taubenstall, fütterte die Enten im Trog mit Hafer, welche sich dabei mit den Hälsen untertauchten, besah die Pferde und ging durch den Schafstall zu den Kühen . . . Auch hielten wir Schafe, die aber meist auf dem Feld waren und nicht heimkamen, die jungen Lämmerchen waren eine besondere Freude und der Vater sah auf schwarze, wegen der schwarzen Wolle zu nicht schmutzenden Strümpfen, dergleichen wir viele Jahre trugen.«

Dies zeigt, wie im Hause des Justizamtmanns gespart wurde. Richtig einschränken aber mußte die Familie sich, nachdem der Vater überraschend an Lungenentzündung gestorben war und die Mutter sechs Kinder allein durchbringen mußte. Später schrieb er in seiner Selbstbiographie: »Dürftigkeit spornt zu Fleiß und Arbeit an, bewahrt vor mancher Zerstreuung und flößt einen nicht unedlen Stolz ein, den das Bewußtsein des Selbstverdienstes gegenüber dem, was anderen Stand und Reichtum gewähren, aufrechterhält. Ich möchte sogar die Behauptung allgemeiner fassen und vieles von dem, was Deutsche überhaupt geleistet haben, gerade dem beilegen, daß sie kein reiches Volk sind.«

Ähnlich dachte sein um ein Jahr jüngerer Bruder, an dem er sehr hing und mit dem er vieles gemeinsam machte: »Ich habe keine Lust, ein vornehmer und angesehener Mann zu werden, meine Wünsche gehen nur dahin, in einfachen, natürlichen Verhältnissen wie bisher leben zu können . . .«

Zu jener Zeit waren sein Bruder und er längst aus dem Kindheitsidyll heraus. Sie hatten eine höhere Schule besucht (mit ganz ausgezeichneten Ergebnissen), sie hatten studiert und waren inzwischen selber Universitätslehrer. Und sie hatten sich frühzeitig einen Namen gemacht; durch ein von ihnen gemeinsam zusammengestelltes Buch, das noch heute allgemein bekannt ist, waren sie populär geworden. Ihr Ruhm nahm noch zu, als sie wegen ihrer freiheitlichen Gesinnung von der Universität, an der sie lehrten, verwiesen wurden, und das betreffende Land verlassen mußten. Gemeinsam begannen sie danach ein Werk, das erst in unserer Zeit – von anderen – vollendet wurde.

Nachdem der jüngere von ihnen im Alter von 72 Jahren gestorben war, lebte und arbeitete der ältere noch vier Jahre.

Wer war's?

79 *Mit fünfzehn heimlich die Eltern verlassen*

Mit ihren Eltern und Schwestern war sie in das fremde Land gekommen, wo sie alle sich eine neue Existenz aufbauen mußten. Sie erkannte schon bald, daß für sie die Chance im Lernen lag. Deswegen ging sie gern zur Schule. Aber sie kam fast immer zu spät, weil sie vor Unterrichtsbeginn ihrer Mutter helfen mußte, die einen Milchladen aufgemacht hatte. Und oft ließ die Mutter sie überhaupt nicht in die Schule. »Es war für mich schrecklich«, schrieb sie später in ihren Lebenserinnerungen, »daß ich fast jeden Tag zu spät zum Unterricht kam. Oft weinte ich auf dem ganzen Schulweg. Einmal erschien sogar ein Polizist in unserem Laden, um meine Mutter wegen meines Schulschwänzens zur Rede zu stellen. Sie hörte aufmerksam zu, verstand jedoch kaum, was er sagte. Ich kam weiterhin zu spät, manchmal ging ich überhaupt nicht zur Schule – ein noch größeres Unglück. Meine Mutter blieb ungerührt gegen die tiefe Abneigung, die ich gegenüber dem Laden empfand, sie hatte keine Alternative. ›Wir müssen doch leben, oder?‹, meinte sie . . .« Und was ihr Helfen im Laden betraf, fügte die Mutter hinzu: »Auf diese Weise wirst du wenigstens so bald kein Blaustrumpf.«

Damals war sie neun Jahre alt. Zwei Jahre später setzte sie sich in jener Schule für die ganz Armen ein, die sich keine Schulbücher kaufen konnten. Sie gründete einen Fonds und mietete dann einen Saal, in dem die Elfjährige vor eingeladenen Leuten aus dem ganzen Distrikt eine Rede über das Thema Schulbücher und deren Kosten hielt, und um Spenden bat. Die Mutter hatte ihr geraten, die Rede aufzuschreiben. »Ich fand es jedoch sinnvoller, einfach zu sagen, was ich auf dem Herzen hatte«, erinnerte sie sich. Und das habe sie später immer so gemacht: »Ein halbes Jahrhundert lang hielt ich ›Reden aus dem Kopf‹.«

Nachdem sie die Volksschule beendet hatte, im Alter von 14 Jahren, mit guten Zensuren und weit über dem Durchschnitt ihrer Klasse, wollte sie eine höhere Schule besuchen. Ihr Lieblingswunsch war, Lehrerin zu werden. Aber ihre Eltern wollten, daß sie nun ganztägig im Laden arbeiten solle. »Es ist nicht gut, zu klug zu sein«, sagte ihr Vater, »Männer mögen keine intelligenten Mädchen.« Sie antwortete, »unter Tränen . . ., daß heutzutage eine gute Ausbildung wichtig sei, auch für verheiratete Frauen«.

Da ihre Eltern von ihrer Meinung, die höhere Schule sei in ihrem Fall »ein ungerechtfertigter Luxus«, nicht abzubringen waren, hat sie – inzwischen eben fünfzehnjährig – die Eltern heimlich verlassen.

Sie hat immer gewußt, was sie wollte, und fast immer fand sie Wege, ihren Willen durchzusetzen. Mehr noch als für sie selbst gilt dies im Hinblick auf ihr Volk und für ihre politische Arbeit, mit der sie ihm diente, selbst dann noch diente, und zwar an oberster Stelle in der Staatshierarchie, als sie längst die tödliche Krankheit in sich hatte, an der sie im Alter von 80 Jahren starb.

Wer war's?

80 *Winken ins Heiligtum der Wissenschaften*

Von Kindheit an war er von einer unersättlichen Wißbegierde. Der Sohn eines Klippschullehrers las alles, was ihm an Büchern erreichbar war. Mit besonderem Eifer lernte er Latein, und zwar schon vor seiner Gymnasialzeit. Nach dem Besuch des Gymnasiums, wo er auch Griechisch gelernt hatte, nahm er eine Stelle als Hofmeister an. Für drei Jahre. Es war für ihn eine Zeit voll Kränkungen und Demütigungen. Später erinnerte er sich: »Damals hatte bei dem Landadel gewöhnlich der Koch weniger Arbeit und mehr Einnahme als der Erzieher.«

Als Einundzwanzigjähriger ging er nach Göttingen, um Theologie zu studieren. Das Studium verdiente er sich durch Hauslehrertätigkeit. Sechs Jahre später – inzwischen hatte er geheiratet – wurde er Lehrer an einer Dorfschule. Er fühlte sich da ganz wohl, aber von Zeit zu Zeit klagte er doch über viele widrige Umstände: »Nun ist der traurige Herbst wieder da mit seinen stinkenden Marschnebeln . . . Alle meine Bücher beschimmeln, mein Klavier quillt aus, das Zeug verdirbt und dabei Arbeit vom Morgen bis zum Abend . . . und kaum das liebe Brot . . .«

Vier Jahre später wurde er in eine kleine Residenzstadt versetzt, als Rektor. Dort störte ihn, daß das Gesellschaftsleben so sehr von Hof und Adel bestimmt wurde: »Die Grenzlinien zwischen Adel und Räten waren . . . scharf gezogen, noch schärfer fast zwischen diesen und den Unbetitelten, zu denen der Rektor gehörte. Die zweite Klasse nahte sich dem Adel stets mit Ehrfurchtszeichen; die letzte Klasse zog schon in der Ferne den Hut ab, wenn sich etwas zum Hofe Gehöriges blicken ließ.«

Aus der Gegenwart, die ihm so manchen Verdruß bereitete, floh er weit zurück in die Geschichte, in die Welt des klassischen Altertums, die er auch seinen Schülern – aber nicht nur ihnen – lebendig machen wollte. Seine Schüler versuchte er von der bildenden Kraft der antiken Sprachen zu überzeugen: »Lernt die Sprache des Römers, denn sie erhellte zuerst die Finsternis, die über Europa schwebte; und noch jetzo ist sie die gemeinsame Sprache der Weisen Europas . . . Faßt Mut und entschließt euch, euch soweit es geschehen kann, dem reinen und schönen Ausdrucke des goldenen Zeitalters zu nähern! Lernt die griechische Sprache. Zwar sollt ihr sie weder schreiben noch reden: aber sie ist die Mutter der lateinischen . . . Seht, o Freunde, die holden Sprachgöttinnen; nicht vom Schulstaube entstellt, sondern glänzend von himmlischer Schönheit, winken sie euch lächelnd ins Heiligtum der Wissenschaften.«

Der Mittvierziger klagte wieder über die »Schulfessel«, an die er geschmiedet sei und die ihm »den Nacken von Tage zu Tage mehr wund« reibe: »Nicht einmal dazu kann ich gelangen, eine ordentliche Frühlingscour wie mir dieses Jahr wohl nötig gewesen wäre, zu gebrauchen. Meine Schüler würden auseinander gehen und ich könnte nicht leben. Noch kein Jahr habe ich die Last des Schulstandes so sehr empfunden. Der vorige ganze Winter und ein Theil des Frühlings ist mit lauter Verdruß und Aergerniß über einige Wildfänge angefüllt worden.«

Er wurde immer kauziger und stritt sich schließlich mit immer mehr Leuten, insbesondere mit einem ehemaligen Jugendfreund, der zum Katholizismus übergetreten war. Er wurde frühzeitig pensioniert und lebte dann als Privatgelehrter. Auch als Dichter. Als er im Alter von 75 Jahren starb, hinterließ er ein umfangreiches Werk. Es besteht zu einem großen Teil aus Übersetzungen, von denen viele bis heute unübertroffen sind.

Wer war's?

81 *»Ich sterbe als das Opfer einer Dirne«*

Sein Name steht in jedem Lexikon. Aber bei weitem nicht jeder, der ein Lexikon hat, weiß ihn. Und noch weniger Menschen wissen, welch geniale Entdeckungen er im Laufe seines kurzen Lebens gemacht hat. Abgesehen vom Nachruhm, haben sie ihm übrigens nichts eingebracht.

Tragisch für ihn war es, daß seine Entdeckungen nicht gleich erkannt wurden. Das wiederum lag an seiner Jugend und dem Unverstand seiner Lehrer; ihnen waren seine Überlegungen zu kompliziert, und sie taten sie als »unreifes Geschwätz« ab. Die Folge war, daß man ihm die Aufnahme in eine berühmte Schule, um die er sich bewarb, verwehrte. Zweimal ließ man ihn durch die Prüfung fallen. Vor Wut warf er einem seiner Prüfer einen Radiergummi ins Gesicht.

Der Siebzehnjährige faßte seine Entdeckungen in einer Denkschrift zusammen und reichte sie einem der führenden Wissenschaftler ein. Dort aber ist sie verlorengegangen. Zwei Jahre später verfaßte er drei Abhandlungen, die er einer Akademie anläßlich eines Preisausschreibens vorlegte. Wieder hatte er ausgesprochenes Pech. Es heißt, ein Mitglied der Akademie habe die Schriften mit nach Hause genommen, um sie zu prüfen, sei aber kurz darauf gestorben, ohne sie angesehen zu haben. Gescheitert ist er auch mit seinem nächsten Versuch. Als er seine Ideen direkt an den Mann bringen wollte und als Privatlehrer einen entsprechenden Kursus ankündigte, fand er keine Schüler. Ein letztes Mal versuchte er, die Akademie von seinen Erkenntnissen zu überzeugen, indem er ihr noch einmal eine Denkschrift vorlegte. Er erhielt sie als »unverständlich« zurück.

Von da an war er überzeugt, ein Opfer der »bösartigen sozialen Struktur« zu sein, und schloß sich einer revolutionären republikanischen Gruppe an, die sich »Freunde des Volkes« nannte. Weil er auf einem Protestbankett einen Trinkspruch auf den König ausbrachte und dabei ein aufgeklapptes Taschenmesser hochhielt, wurde er als »prospektiver Königsmörder« verhaftet. Zwar sprach man ihn nach einer kurzen Verhandlung frei (obgleich er im Gerichtssaal heftige Angriffe gegen die Justiz führte), aber er wurde seitdem in den Listen der Polizei als »gefährlicher Radikaler« geführt.

Eines Tages lernte er ein junges Mädchen kennen. Er verliebte sich in sie. Zu spät merkte er, daß königstreue Rechtsradikale ihm eine Falle gestellt hatten. Das Mädchen, eine Prostituierte, scheint ihr Werkzeug gewesen zu sein, um an ihn heranzukommen und ihn in einen Streit zu verwickeln, der zu einem für ihn tödlich endenden Duell führte. In einem »Brief an alle Republikaner« schrieb er: »Ich sterbe als Opfer einer niederträchtigen Dirne.«

Wie sich das Duell im einzelnen abspielte, weiß man nicht. Fest steht nur, daß es ein Pistolenduell war, daß kein Arzt dabei war, daß er einen Bauchschuß erhielt und seine Gegner den Schwerverletzten einfach liegenließen. Stunden später wurde er gefunden und in ein Krankenhaus gebracht. Seinem Bruder, den man herbeigerufen hatte und der bei seinem Anblick in Tränen ausbrach, soll er noch gesagt haben: »Weine nicht! Ich brauche meinen ganzen Mut, um mit 20 zu sterben.«

Einem Freund hatte er seine wissenschaftlichen Notizen vermacht. Vieles davon war im Gefängnis entstanden (kurze Zeit nach seiner »Königsmörder«-Affäre war er für einige Monate in »Schutzhaft« genommen worden), anderes noch kurz vor seinem Tod, alles unter Zeitdruck rasch aufs Papier geworfen. 14 Jahre nach seinem Tode wurde es publiziert und kommentiert. Seitdem gehört er zu den Großen der Wissenschaft.

Wer war's?

82 Lehrer und Professoren hielt er alle für Narren

Sein Leben lang brachte er Lehrern und Professoren, überhaupt dem ganzen Schul- und Universitätsbetrieb seines Landes eine grenzenlose Mißachtung entgegen. Diese Mißachtung war in höchstem Maße subjektiv. Sie beruhte auf persönlichen Erfahrungen, die er in seiner Kindheit und Jugend gemacht hatte. Mehrere Jahre lang wurden er und sein Bruder von Hauslehrern unterrichtet. Dabei dachten sie nicht so sehr ans Lernen als vielmehr an Streiche, die sie ihren Lehrern spielen konnten. Von einem seiner Hauslehrer erzählte er später: »Wir hatten seine Schwächen bald weg, und die Streiche, die wir ihm spielten, grenzen ans Unglaubliche. So liebte er, zum Beispiel, des Morgens lange im Bett zu liegen. Da stürzte ich denn eines Tages ins Zimmer mit der Nachricht, es sei eine Frau da, die unsere Wohnung besehen wolle, in der Absicht, sie zu mieten. Mein Gärtner, so hieß er, springt im Hemde aus dem Bette und flüchtet sich hinter einen Vorhang, der eine abgesperrte Verbindungstüre mit der Nachbarwohnung bedeckte. Unterdessen führe ich meinen Bruder herein in Kleidern unserer Mutter, den ich ersuche, Platz zu nehmen und die Rückkunft unserer Eltern abzuwarten. Da setzt sich denn der Bube in der Mitte des Zimmers, mit dem Rücken gegen den Vorhang gekehrt, in einen Sessel und bleibt ein paar Stunden lang sitzen, indes der arme Hofmeister im Hemde und mit bloßen Füßen alle Qualen der Angst und der Kälte duldet.«

Später, als er endlich auf ein Gymnasium sollte, mußte er eine Prüfung ablegen. Darüber schrieb er: »Dem Gefährlichen der Prüfung wurde dadurch begegnet, daß der prüfende Professor ein großer Gartenfreund war. Nun besaß mein Vater sechs oder acht große Oleanderstöcke in Kübeln. Diese wurden meinem Weiterkommen aufgeopfert; die Prüfung ging glücklich vor sich, und ich trat nach versäumter erster in die zweite lateinische Klasse ein . . .«

Weder als Schüler noch als Student hat er sich an regelmäßiges, systematisches Arbeiten gewöhnen können. Die Schuld daran suchte er indessen nicht bei sich selbst, sondern gab sie seinen Lehrern, die in seinen Augen nur Karikaturen waren. Der Lateinlehrer zum Beispiel wurde so geschildert: ein stämmiger kräftiger Mann, nachlässig gekleidet, mit offener haariger Brust und struppigem Bart. Sein Wissen habe er nicht mitzuteilen verstanden; mit der Erklärung einer einzigen horazischen Ode verbrachte er wohl an die acht Tage, wobei er vom Hundertsten ins Tausendste gekommen sei: Er habe über die Jugend geschimpft, übers Billardspiel, über das Biertrinken, über das Rauchen und überhaupt auf die Jugend. An Ciceros Geburtstag sei er jedesmal schwarz gekleidet und mit einem Blumenstrauß in die Schule gekommen.

Und so seien sie alle gewesen, seine Schullehrer und auch seine Professoren an der Universität. Der Philosoph sei ein ausgemachter Pedant und Ignorant gewesen. Der Mathematikprofessor habe immer nur an das von ihm verfaßte siebenbändige Lehrbuch gedacht. Der Professor für philosophische Philologie sei »trocken bis zum Abschrecken« gewesen. Aber nicht nur sie, sondern alle Professoren, alle Vertreter der Wissenschaft stellte er mit Narren und Blödsinnigen auf eine Stufe. Und »leider«, heißt es in seiner Selbstbiographie, »übertrug ich meine Geringschätzung der Professoren auf die von ihnen vorgetragenen Wissenschaften . . .«

Er selbst wurde Beamter, und über die Beschwernisse seines Amtes hat er ständig geklagt, obgleich er von seinen Vorgesetzten sehr viel Urlaub bekam, damit er Zeit hatte, für jene Arbeiten, die ihn mehr als alles andere interessierten und die ihn weit über sein Land hinaus berühmt werden ließen.

Wer war's?

83 *Am Ende ließ der König den Goldmacher hängen*

Er verstand es, eindrucksvoll aufzutreten, aber in Wahrheit nutzte er nur die Geldnot der Regierenden aus – lange Zeit mit großem Erfolg. So war er zu seinen gewichtigen Titeln gekommen: kurbayerischer Feldmarschall, Generalfeldzeugmeister, Staatsrat, Oberster über ein Regiment zu Fuß und Kommandant von München. Als er aus der Bayernmetropole nach Berlin kam, fuhr er – so berichtet ein Chronist – eine prächtige, vierspännige Equipage, hielt sich eine große in Scharlach gekleidete Dienerschaft, zwei Kammerdiener, zwei Pagen und einen Maître d'hôtel. Er wurde bei Hofe eingeführt, und der Hof setzte große Hoffnungen in ihn. Versprach er doch nicht weniger, als Gold zu machen. Die Regierung zog einen Sachverständigen hinzu, unter dessen Aufsicht er mit einem von ihm mitgebrachten Pulver Quecksilber in Silber verwandelte.

Nach dieser Probe durfte er vor dem König einen weiteren Beweis seines Könnens erbringen. Dieses Mal verwandelte er mit Hilfe eines roten Pulvers und einer Tinktur ein Pfund Quecksilber in feines Gold. Außer dem König waren bei diesem Versuch anwesend: der Kronprinz, der Oberkämmerer, der Oberhofmarschall und der Feldmarschall. Er versprach, innerhalb von 60 Tagen Gold und Silber im Wert von sechs Millionen Taler herzustellen. Der König war – so berichtet der Chronist – darüber im höchsten Grade erfreut, und er »verehrte den Gast wie einen Gesandten vom Himmel«: Er ließ ihn in einem Schloß wohnen und »speiste ihn aus der Hofküche«.

Nach einigen Wochen ließ nicht etwa der König, sondern der Goldmacher Unzufriedenheit erkennen; er habe, ließ er verlauten, erwartet, daß der König ihm für die Vorbereitung seiner Goldherstellung bedeutende Geldsummen zur Verfügung stellen würde. Der König schien aber nicht zu begreifen, doch um den Goldmacher zu versöhnen, schickte er ihm zwölf Flaschen alten französischen Weins. Als der Goldmacher daraufhin noch immer kein Gold zustande brachte, schickte der König ihm noch ein Handschreiben sowie sein Porträt in Brillanten und ein Patent als Generalmajor der Artillerie. Auch diese Ehrungen brachten den Goldmacher noch nicht dazu, sein Versprechen einzulösen. Vielmehr forderte er jetzt 50 000 Taler für angebliche Auslagen oder 1000 Dukaten Reisegeld, um von Berlin nach Italien reisen zu können.

Eben zu jener Zeit trafen am Berliner Hof zwei Schreiben aus der Pfalz und aus Wien ein, in denen vor dem Goldmacher gewarnt wurde. Dieser floh nach Hamburg, wurde jedoch zurückgeholt und in die Festung Küstrin gebracht. Dort sollte er nun endlich das versprochene Gold produzieren. Auf seinen Einwand, in der Festung nicht arbeiten zu können, ließ man ihn wieder nach Berlin ziehen. Von dort floh er nach Frankfurt am Main, wo er aber von den Preußen ein zweites Mal festgenommen und wieder auf die Festung Küstrin gebracht wurde. Er wurde nun »aufs engste eingesperrt« und sollte endlich sein Versprechen einlösen. Aber – so heißt es weiter – »seine Tinktur ging zu Ende«. Wenig später wurde ihm wegen Betruges der Prozeß gemacht. Das Gericht sprach ihn schuldig, und dann wurde er in einem mit Flittergold beklebten Kleide an einen ebenso vergoldeten Galgen gehängt. Und der König untersagte aufs strengste, den Namen dieses Mannes in seiner Gegenwart jemals wieder zu nennen.

Gefragt ist nach dem König, der auf den »Goldmacher« hereinfiel.

Wer war's?

84 Stets darauf bedacht, sein Geld gut anzulegen . . .

Als er heiratete, war er 18 Jahre alt. Dennoch war es bereits höchste Zeit. Denn nur sechs Monate später, fast auf den Tag genau, kam seine Tochter zur Welt. Ihr folgte knapp zwei Jahre darauf ein Zwillingspärchen. Mit 21 mußte er also schon für eine recht ansehnliche Familie aufkommen. Und so ist es denn kein Wunder, daß er versuchte, das Geld, das er verdiente, sicher und gewinnbringend anzulegen.

Dabei hatte er nicht nur für sich und seine eigene Familie zu sorgen. Er mußte auch den Vater unterstützen, der in wirtschaftliche Schwierigkeiten geriet und – obgleich Ratsherr – kaum noch wagte, in der Öffentlichkeit aufzutreten und zum Beispiel nicht mehr in die Kirche ging, weil er fürchten mußte, dort von seinen Gläubigern gestellt zu werden.

Indessen scheint der Sohn recht gut verdient zu haben; denn obwohl er half, den Vater zu entschulden, konnte er sich schon bald – er war inzwischen 33 – das ansehnlichste Haus jenes kleinen Städtchens kaufen, in dem er zur Welt gekommen war, wo er die meiste Zeit lebte und wo er auch sterben sollte. Möglicherweise hat er sich bei diesem Kauf ein wenig übernommen; sein Name steht zu jener Zeit und in den folgenden Jahren noch fünfmal auf einer Liste von Steuerpflichtigen, die ihre Steuerschuld nicht beglichen haben.

Offenbar war er geschickt genug, wenigstens zeitweise unterzutauchen. Drei Jahre lang konnten die Steuereinnehmer ihn nicht ausfindig machen, und im vierten Jahr brachten sie nur seinen ungefähren Aufenthaltsort in Erfahrung. Doch im Jahr darauf scheint man seine Steuerrückstände eingetrieben zu haben.

Inzwischen hatte er sich von jenem Hauskauf finanziell erholt. Er konnte nicht nur die rückständigen Steuern zahlen, sondern erwarb jetzt auch ein beträchtliches Stück Ackerland. Es waren 450 000 Quadratmeter. Diesen Besitz rundete er einige Jahre später ab, indem er weitere 200 000 Quadratmeter Acker- und 84 000 Quadratmeter Weideland hinzukaufte. Ein großer Teil seines Ackerlandes war Weizenboden.

Bearbeitet hat er das Land nicht selber; von einigen Obstgärten abgesehen, die er bewirtschaftete, hat er es verpachtet. Es war nicht landwirtschaftliche Arbeit, was ihm Weltruhm einbrachte. Aber mit ihren wohl ziemlich regelmäßigen Pachtverträgen bot ihm die Landwirtschaft eine sichere Basis. Und besonders in Notzeiten war es gut, an der Quelle zu sitzen. Als nach zwei Mißernten und durch die Umwandlung weiter Strecken Ackerlandes in Schaftriften im ganzen Land das Getreide knapp wurde und die Regierung nach gehorteten Getreidevorräten forschte, fand man bei ihm etwa 50 Zentner. Für die eigene Familie wäre eine solche Menge viel zu groß gewesen. Wollte er also mit der Not der anderen ein Geschäft machen? Wie scharf er hinter Geld her war, zeigt ein zehn Monate langer Prozeß mit sechs Gerichtsterminen, den er wegen einer kleinen Summe gegen einen Schuldner angestrengt hatte.

Die bedeutendste Kapitalanlage seines Lebens machte er im Alter von 41 Jahren. Da erwarb er für einen hohen finanziellen Einsatz das Recht auf eine jährliche Rente für die Dauer von 31 Jahren. Anfangs betrug die Rente etwa ein Zwölftel des eingezahlten Betrages, allmählich sollte sie auf fast ein Siebtel steigen. Insgesamt sollte ein Vielfaches der Kaufsumme herausspringen. Doch bevor sich dieses Unternehmen für ihn rentierte, ja vermutlich auch nur der eingezahlte Betrag an ihn zurückgeflossen war, kam der Tod. Er starb an seinem Geburtstag, als er gerade 52 Jahre alt wurde.

Unbekannt ist, was für ein Tod es war und wie er, der so viel über Tod und Leben nachgedacht hatte, ihn aufnahm. Als – wie er ihn einmal darstellte – einen »Trostbringer«? »Hier lauert kein Verrat, hier schwillt kein Leid, / wächst kein verhaßter Zwist, kein Sturm für euch, / kein Lärm: nur Schweigen und ein ew'ger Schlaf«? Immer wieder aber hatte ihn die Frage gequält, »was in den Schlaf für Träume kommen mögen, wenn wir den Drang des Ird'schen abgeschüttelt«. Und manchmal hatte ihn vor dieser Ungewißheit das nackte Grauen gepackt:

»Ja, aber sterben! Gehn, wer weiß, wohin, / da liegen, kalt, eng, eingesperrt, und faulen; / dies lebenswarme, fühlende Bewegen / verschrumpft zum Kloß; und der entrückte Geist / getaucht in Feuerfluten oder schaudernd / umstarrt von Wüsten ew'ger Eisesmassen, / gekerkert sein in unsichtbare Stürme, / und mit rastloser Wut gejagt rings um / die schwebende Erd'; oder Schlimm'res werden / als selbst die Schlimmsten unter denen, die / zügellos wild umschweifende Gedanken / sich heulend vorstellen; / zu entsetzlich ist das! Das schwerste ird'sche Kummerleben, / das Alter, Armut, Schmerz, Gefangenschaft / den Menschen auferlegt, ist gegen das, / was uns im Tode droht, ein Paradies.«

Vier Wochen bevor er jenen Schritt ins Ungewisse tun mußte, hatte er ein Testament gemacht. Haupterbin wurde seine älteste Tochter. Seiner Frau vermachte er aus dem ganzen Vermögen nur ein einziges Stück: das »zweitbeste Bett«.

Wer war's?

85 *Es wurde der Höhepunkt seines Lebens*

Reisen mochte er nicht. Er haßte die Ferne, und er haßte das Meer. Schon gar nicht mochte er allein reisen, ohne seine Frau, die er sehr liebte, und von der er sich ungern trennte. Wenn es aber doch sein mußte – manchmal zwang ihn sein Beruf in andere Städte und andere Länder –, dann wartete er in der Ferne immer nur auf Post von ihr: »Mein Schatz, stelle Dir meine Enttäuschung vor! Kein Brief von meiner Liebsten! Und ich wartete bereits eine Stunde früher auf die Post! Seit ich hier bin, finden mein Herz und meine Nerven keine Ruhe. Wenn ich Dich nur ein bißchen weniger liebte! Ich habe zu nichts Lust.«

Und er machte ihr Vorwürfe: »Warum habe ich heute keinen Brief von Dir erhalten? Hast keinen Augenblick, nicht fünf Minuten Zeit gefunden, um mir (wenn auch nur mit Bleistift) zu sagen, daß Du mich liebst?«

Er konnte es einfach nicht verstehen, daß sie ihm noch nicht geschrieben hatte. Denn er schreibe doch auch, obgleich er sicherlich viel weniger Zeit habe als sie, meinte er; »aber ich finde doch immer einen Augenblick –, ich fühle mich so wohl, wenn ich Dir schreibe!« Und er fügte hinzu: »Es sind die einzigen guten Momente, die ich verlebe.«

Zwar berichtet er auch von seiner Arbeit, von seinen Erfolgen, die schon dem Mittzwanziger eine glänzende Zukunft verhießen. Eines seiner ersten Werke hatte er seiner Frau gewidmet, als sie noch gar nicht seine Frau war und deren Eltern sich ihm gegenüber offenbar recht skeptisch zeigten. Noch nach der Hochzeit schrieb er: »Ich habe so viel innerlichen Kummer, mein Liebstes! Ich glaube immer, Deine Eltern hätten sich für Dich etwas ganz anderes gewünscht . . . Ganz besonders, wenn ich von jungen Männern reden höre, die ›gewandt‹ sind und schon Positionen einnehmen . . . und dann fällt mir immer ein, daß meine einzige Position die am Klavier ist . . . Aber gut, ich fordere alle diese Positionen heraus, ja? Siehst Du: Sie sollen einmal versuchen, Dir so viel zu geben wie ich! Sie verstehen vielleicht viel vom Geld, aber nichts von Herzen und Liebe.«

Von seiner Liebe schrieb er am meisten, genauer: von ihrer beider Liebe. »Meine Liebe ist ein Feuer, das nicht einmal die auslöschen kann, die es entzündete, und je weiter es sich von seinem Ursprung entfernt, der es speist, desto mehr entflammt es . . .« Oft ließ er es nicht bei nur einem Brief am Tage, sondern schrieb ein zweites Mal: »Unsere Liebe wird niemals verlöschen . . .« Und: »Ich werde Dich immer anbeten. Dein bis zum Tode.«

Sechs Kinder hatten sie schließlich miteinander. Und was er ihr versprochen hatte – »ich fordere alle diese Positionen heraus« –, löste er ein. Er wurde berühmt, er und sein Werk wurden anerkannt. Aber seine Abneigung gegen das Reisen blieb. Immer noch war er am liebsten daheim – »ich werde Dir ins Ohr flüstern, daß ich Dich liebe, anbete, vergöttere; ich werde Dich ganz nahe bei mir haben und Deine schönen Augen sehen . . .«

Der Endvierziger erhielt eine Einladung, die gewissermaßen den endgültigen Durchbruch bedeutete und für die er seinen Widerwillen gegen das Reisen, gegen das Meer und die Ferne überwinden mußte. Er konnte seine Frau mitnehmen. Aber die sechs Kinder blieben daheim.

Es wurde der Höhepunkt seines Lebens, und das Publikum jubelte ihm zu. Es wurde auch das Ende seines Lebens und des Lebens seiner Frau. Auf dem Rückweg wurde ihr Schiff von einem deutschen U-Boot versenkt.

Wer war's?

86 *Da erfaßte ihn »blutvergiftendes Entsetzen«*

Er war kein Abenteurer, keiner, den es in die Welt hinaus zieht, und dem Goetheschen Spruch »Außer dem Haus ist immer das beste Leben« hätte er nie zugestimmt. Er wollte immer nur zu Hause sein, in der Heimat, und er hat sich selbst dann noch nach Hause gesehnt, wenn er zu Hause war. »Denn« – so hat Thomas Mann einmal von ihm gesagt –, »seine ›Heimatlichkeit‹ war wesentlich Sehnsucht, Nostalgie, ein Heim*weh*, das durch keine Realität zu stillen ist, denn sie richtet sich durchaus aufs Vergangene, Versunkene, Verlorene«. Nur daheim und innerhalb der Familie fühlte er sich einigermaßen sicher vor der Angst, »daß man am Ende einsam verlorengeht . . ., vor der Nacht des Vergessenwerdens«.

Heimat, Heim und Familie bezeichnete er als »die heiligsten Tiefen seiner Seele«. Sein Bestreben, sie zu bewahren, sie durch nichts erschüttern zu lassen, ging so weit, daß in diese Ordnung auch das Vergangene, ja sogar die Toten für alle Zeiten einbezogen blieben. So schrieb er einmal über sein Haus: »In allen Winkeln und auf allen Dingen lagen die Schatten vergangener Dinge; von allen, die einst lebten und starben, war eine Spur zurückgeblieben; uns, die wir ihres Blutes waren, trat sie überall entgegen und gab uns das Gefühl des Zusammenhangs mit einer großen Sippschaft; denn auch die Toten gehörten mit dazu. Ja, einige von uns wollten wissen, daß das Leben jener noch nicht ganz vorüber sei, daß es zuweilen in Nächten oder in einsamer Mittagsstunde sich den Enkeln kundzugeben wisse.«

War wirklich alles so festgefügt? Oder redete er sich das nur ein? War es nicht vielleicht der Versuch, Fremdes, Überraschendes, Gefährdendes auszuschließen, auch Gefährdendes im eigenen Ich zu bannen? Seltsam zumindest und mit der von ihm gewollten Ordnung nicht gut übereinstimmend war es ja, daß er sich während seiner Verlobungszeit mit seiner Cousine, die er dann auch heiratete, zu seiner eigenen Betroffenheit in ein erst dreizehnjähriges Mädchen verliebte. Nach seiner Heirat kam dieses Kind oft ins Haus, und er gestand: »Da war jene berauschende Atmosphäre, der ich nicht widerstehen konnte.« Seine Frau wußte oder ahnte vielleicht mehr als er selber von dieser seltsamen Liebe, und sie war es, die das Mädchen, das ihn auch liebte, ins Haus zog. Und Jahre später, als seine Frau nach der Geburt ihres siebten Kindes im Sterben lag, schlug sie ihm vor, nun die Jüngere zu heiraten, was er dann auch tat.

Und so blieb die Familie weiterhin intakt, jedenfalls äußerlich. Aber offenbar hatte es hinter der ordentlichen Fassade längst Probleme gegeben; denn er gestand: »Das wäre alles noch schön und gut, aber die Leidenschaft für die Lebende brach über mich herein, als die Verstorbene noch mein Weib war.« Und der Verstorbenen hatte er einmal geschrieben: »Du lehrst es mich langsam, aber gründlich, daß man sein Herz an keinen Menschen hängen soll.«

Er hatte sein Herz schon als Student – er studierte Jura – an einen Menschen gehängt. Und auch das war seltsam gewesen. Denn da war der Gegenstand seiner Liebe ein erst zehnjähriges Mädchen, dem er über Jahre hin einen poetischen Kultus widmete, bis schließlich die inzwischen Fünfzehnjährige seine »todesbange« Werbung abwies.

Kann es also nicht Angst vor der Unordnung gewesen sein, die ihn so ordentlich werden ließ – in seinem bürgerlichen Beruf als Jurist sowohl als in seinem Nebenberuf, der allein ihn berühmt machte? Die so gefürchtete Unordnung brach dennoch ein in sein so sorgfältig abgeschirmtes Idyll. Bei seinem Ältesten, den er von ganzer Seele liebte, glaubte er eines Tages »Sonderbarkeiten« zu erkennen, die in ihm die unheimliche Frage aufsteigen ließen, ob nicht ein keimender Wahnsinn in dem Sohn sei. Es ging nicht gut aus. Früh wurde der Sohn zum Säufer, und der Vater, den »blutvergiftendes Entsetzen« erfaßte, mußte einsehen, daß »nur der Tod hier das Ende sein kann«.

Der Vater sah es als Tragik: »Wir büßen«, schrieb er, »im Leben viel öfter für die Schuld der Allgemeinheit, wovon wir ein Teil sind, für die der Menschheit, des Zeitalters, des Standes . . ., für die Schuld der Vererbung, des Angeborenen und für die entsetzlichen Dinge, die daraus hervorgehen, gegen die wir nichts vermögen, für die unüberwindlichen Schranken usw. Wer im Kampf dagegen unterliegt, das ist der echte tragische Held.«

Er selbst ist nicht unterlegen. Nachdem er bis zu seinem 63. Lebensjahr im Amt geblieben war, ließ er sich pensionieren, baute sich noch ein Haus und starb als Siebzigjähriger im Kreise seiner Familie. Seine jüngste Tochter, Kind aus der zweiten Ehe, berichtete: »Wir waren alle dabei, seine Frau und seine sieben Kinder umstanden sein Bett.«

Wer war's?

87 Das Kind war ihr eine unerträgliche Schande

Die Henkersmahlzeit war üppig. Für sieben Personen – darunter die Todeskandidatin, zwei Pfarrer, ein Richter, ein Ratsschreiber – gab es Gerstensuppe, Rotkohl, drei Pfund Bratwürste, zehn Pfund Rindfleisch, sechs Pfund gebackene Karpfen, zwölf Pfund gespickten Kalbsbraten, eine Schüssel Konfekt, 30 Milchbrote, zwei Schwarzbrote und achteinhalb Maß Wein. Die meisten aßen nur wenig, die Todeskandidatin erbat lediglich ein Glas Wasser. Die Mahlzeit begann am frühen Morgen und war gegen neun Uhr beendet. Da hatte die Verurteilte noch eine Stunde zu leben.

Für die Exekution war alles bereit. Das Schafott war errichtet, und der Scharfrichter war einige Tage zuvor befragt worden, ob er sich – so heißt es im Protokoll – »getraue, die arme Sünderin . . . mit einem einzigen Schwertstreich hinzurichten«, worauf er geantwortet hatte: »Ja. Mit der Hilfe Gottes.« Und dies ist ihm dann auch gelungen.

Das Leben, das er mit einem kräftigen Schwertstreich auslöschte, wäre vielleicht für immer in den Prozeßakten begraben geblieben, wenn nicht ein junger Rechtsanwalt an diesem Fall ganz besonderen Anteil genommen und ihn (in allerdings veränderter Form) gewissermaßen unsterblich gemacht hätte. Und mit dem Fall natürlich auch die arme Sünderin.

Sie war, als sie sterben mußte, 24 Jahre alt. Sie war Dienstmagd in einem Gasthaus, konnte weder lesen noch schreiben. Sie war angeklagt und für schuldig befunden worden, ihr neugeborenes Kind umgebracht zu haben. Im Verlauf des sorgfältig geführten Prozesses hatte sie zugegeben, die Schwangerschaft verheimlicht, ja, auch auf eindringliches Befragen von seiten ihrer Schwestern und ihrer Wirtin bis zuletzt abgestritten zu haben. Dann war sie eines Abends in der Waschküche ganz plötzlich – so das Protokoll aufgrund ihrer Aussage – »von den Wehen dergestalten überfallen worden, daß sie . . . während eines heftigen überfallenen Frostes das Kind zur Welt geboren. Das Kind wäre von ihr . . . auf die Erde geschossen und gleich darauf auch die Nachgeburt gefolget, da ihr dann der Teufel in den Sinn gegeben, Hand an ihr eigen Fleisch und Blut zu legen und das Kind umzubringen . . . Sie habe, sobald das Kind auf der Erde gelegen, selbiges mit der rechten Hand gleich bei der Kehle gefaßt, stark gegürgelt und mit den Fingern der linken Hand in dem Gesicht und an den Augen zerkratzt, und wie sie gespüret, daß es noch gerosselt, habe sie es mit dem Kopf wider das in der Waschküche gestandene große Faß geschlagen . . .«

Das tote Kind versteckte sie im Stall. Dann verließ sie das Haus, am nächsten Tag sogar die Stadt. Da sie kein Geld hatte und auch der Verkauf ihrer Ohrringe nur wenig einbrachte, kehrte sie schon am nächsten Tag in ihre Heimatstadt zurück. Dort wurde sie sogleich verhaftet. Denn inzwischen war das tote Kind gefunden und seziert worden.

Sie leugnete die Tat nicht, gab allerdings Einzelheiten erst nach und nach zu. Im Verlauf des Prozesses stellte sich heraus, daß sie von dem Diener eines Gastes verführt worden war; er hatte ihr Wein gegeben. Bis dahin scheint sie sich mit Männern nie eingelassen zu haben. Ein uneheliches Kind zu haben, war ihr eine unerträgliche Schande. Der Verteidiger, der auf ihre Reue und vor allem auf ihre absolute Hilflosigkeit hinwies, bat das Gericht vergebens um ein mildes Urteil.

Wenige Tage nach der Exekution wurden die Sachen der Toten einer ihrer Schwestern übergeben. Ihr Besitz bestand in drei Röcken, drei Jacken, einer Schürze, zwei Paar Strümpfen, einem Hemd, vier Schlafhauben, einem Paar Ärmeln, drei Halstüchern, zwei Unterhauben und »allerhand Gelümper«, vier Schnüren weißer Perlen und einem Gesangbuch.

Wer war's?

88 *Ich wollte im reinen Äther leben*

Von Kindheit an empfand er es als problematisch, von anderen gesehen, genauer: angesehen zu werden. »Angesehen werden heißt, sich als unbekanntes Objekt unerkennbarer Beurteilungen erfassen«, schrieb er später. Von anderen zum Objekt gemacht zu werden, weckte in ihm die Furcht, unfrei gemacht, ja versklavt zu werden: »Ich bin in dem Maße Sklave, in dem ich in der Tiefe meines Seins von einer Freiheit abhängig bin, die nicht die meine ist und die doch die Bedingung meines Seins ist.«

Immer war es für ihn wichtig, ja, von existenzieller Bedeutung, andere Menschen zu sehen, ehe sie ihn sehen. Deswegen hat er es immer geliebt, hoch oben zu wohnen. Er brauchte diesen Blick von oben herab, diesen Überblick von einem erhöhten Standpunkt aus, diesen Ausblick auf die Dinge, die Menschen, die Stadt, in der er lebt, einen Teil des Lebens überhaupt. Unten, sagte er, in den Tälern, sei ihm stets das Atmen schwer geworden, und die Ebene habe ihn bedrückt, die Schwere habe ihn zu Boden gepreßt. Aber das kleinste Hügelchen genügte, um ihn wieder fröhlich sein zu lassen.

Die Welt von oben sehen, gleichsam aus der Vogelschau, bedeutet ihm, die Welt objektivieren, sie ordnen, sie gewissermaßen neu schaffen. Wenn er den Himmel sieht, die ziehenden Wolken, die Häuser, die Bäume, die Straßen, die Autos, die Menschen, dann hat er dies alles um sich herum gruppiert, wobei er sich selbst als den Mittelpunkt empfindet, als Mittelpunkt der Welt, die er sich dabei untertan macht.

Problematisch wird sein egozentrisches Verhältnis zur Welt jedoch – wie schon gesagt – dann, wenn ein anderer hinzukommt, der nun seinerseits die Dinge und auch ihn anblickt und auf dieselbe Weise versucht, sich die Welt und die Menschen untertan zu machen. Er meint, daß Menschen sich bekleiden, ist eigentlich ein Versuch, nicht gesehen zu werden, nicht Objekt eines anderen zu sein.

Aber auch bekleidet ist der Mensch für andere sichtbar. Deswegen ist es besser, den erhöhten Standpunkt zu wählen. Was ihn selber angeht, so hat er bestritten, sich jenen erhöhten Standpunkt von sich aus gewählt zu haben. Er ist, sagt er, eben immer oben gewesen; schon als Kind wohnte er im sechsten Stock eines Hauses, und später schrieb er: »Jeder Mensch hat seinen natürlichen Standort; über die Höhenregionen entscheiden weder Stolz noch Wert: darüber bestimmt die Kindheit. Mein Standort war ein sechster Stock . . . mit Aussicht auf die Dächer . . .«

Als er dies schrieb, saß er noch höher, nämlich im zehnten Stock eines Neubaus, und er fügte hinzu: »Hätte ich mir als Kind diesen erhöhten Standpunkt verdienen wollen, so müßte man in meiner Vorliebe für Dachfenster die Auswirkung von Ehrgeiz oder Eitelkeit erblicken, eine Überkompensation meiner kleinen Statur. Keineswegs; es ging gar nicht darum, auf meinen geheiligten Baum zu klettern: ich saß dort bereits, ich weigerte mich, hinabzusteigen: es ging nicht darum, mich oberhalb der Menschen anzusiedeln: ich wollte im reinen Äther leben, unter den luftigen Trugbildern der Dinge . . .«

Später allerdings – so fügte er hinzu –, hat er sich »mit ganzem Eifer bemüht, nach unten zu gelangen; dazu braucht man Sohlen aus Blei.« Und heute ist er, dem das Sehen und Ansehen, das Von-oben-Herabsehen, so eminent wichtig war, nahezu blind.

Wer ist's?

89 *Handle du, ich will es tragen*

Die Verlobung mußte geheim bleiben; über Jahre wußten nur er und seine heimliche Verlobte davon. Als die Mutter der Neunundzwanzigjährigen für die Tochter eine andere Verbindung anstrebte, schrieb der um ein Jahr Jüngere seiner Geliebten, die Verbindung mit ihm sei nun einmal geschlossen: »Nichts als der Tod kann sie aufheben.« Und selbstbewußt fügte er hinzu: »Die Zeit der Protektionen und Konnexionen ist vorüber; bin ich brauchbar, so wird die Zeit kommen, wo man mich brauchen wird, obgleich die Zukunft schwarz ist wie die tiefste Nacht und also auch nicht heiter in meine Seele leuchtet, so bin ich doch vollkommen ruhig über mein eigenes Schicksal, denn in dem Kampf des Lebens, in dem ich nun schon 16 Jahre ringe, habe ich wenigstens gelernt, furchtlos allein zu stehen . . .«

Als Zwölfjähriger hatte er jene Laufbahn begonnen, auf der er nach vielen Widrigkeiten schließlich eine Spitzenposition erreichen sollte – allerdings war es eigentlich nur eine Spitzenposition auf dem Papier, die ihm in Wirklichkeit wenig Einfluß ermöglichte und seinen Fähigkeiten bei weitem nicht entsprach. Er stand immer nur an zweiter Stelle und hat sich lange Zeit – so sagte er selbst – als »eine Figur ohne Licht und Schatten« empfunden.

Wie fähig er war, zeigte sich indessen erst nach seinem Tode, nachdem seine Frau – als Dreißigjähriger hatte er seine langjährige Verlobte endlich heiraten können – sein unvollendetes Werk, das bis heute als Standardwerk in dem von ihm bearbeiteten Fach gilt, herausgegeben hatte.

Er war ein Selfmademan. Seine Schulbildung war höchst dürftig. Er hat zwar später Fachschulen besucht, aber seine umfangreiche Bildung hat er sich selbst erarbeitet. »Bedenke, daß ich ein Sohn des Lagers bin«, schrieb er einmal seiner Braut, »aber aus der wirklichen, nicht aus Schillers poetischer Welt wie Max Piccolomini.« Die äußeren Eindrücke, die Umstände, der Zufall seien seine Erzieher gewesen, schrieb er: »Ich hätte schlechter werden können, das gebe ich zu; indessen hätte der Schutz einer sorgfältigen Erziehung, unter der Hand eines würdigen Freundes meiner Vergangenheit einen reineren Gehalt bewahren, meine Kräfte sicherer entwikkeln, mit Kenntnissen und mit Kunstbildung mich ausstatten können.«

Schwierigkeiten entstanden für ihn – wie schon für seinen Vater – auch daraus, daß sein Adelsprädikat als nicht anerkannt galt. Zwar lebte er in einer Zeit, die die Privilegien der Adligen grundsätzlich in Frage stellte, in seinem Land jedoch klammerte sich der Adel nur um so mehr an die ihm überkommenen Vorrechte.

Daß er seinen Weg sicher durch alle Widrigkeiten hindurch weiterging, ist zu einem großen Teil seiner Frau zu danken; sie gab ihm – schon in der Verlobungszeit – viel Halt. Und immer wieder versicherte sie ihn ihrer Liebe, ohne ihn damit in Abhängigkeit bringen zu wollen: »Deine Liebe ist mein höchstes, mein einziges Gut«, schrieb sie einmal und fügte hinzu: »Aber ich würde untröstlich sein, wenn Du mir, meiner Meinung, meinen Wünschen irgendein Opfer brächtest, das Du in der Folge bereuen könntest; an Dich und Deine Zukunft, nicht an die meinige denke, und wie Diotima im Hyperion sagt: Handle Du, ich will es tragen.«

Ein langes Glück an der Seite der geliebten Frau war ihm jedoch nicht vergönnt. Im Alter von 51 Jahren starb er an der Cholera.

Wer war's?

90 . . . sondern weil wir selbst sterben

Als Kind war er ein Haustyrann. Wenn etwas nicht sogleich nach seinem Willen ging, kriegte er Wutanfälle. Dann schrie er Land und Leute zusammen oder zerstörte Dinge, meist solche, die ihm selbst gehörten (was ihm hinterher leid tat und was er dann insgeheim seinen Eltern ankreidete, weil ja sie die Ursache seiner Wut gewesen waren, indem sie ihm irgend etwas nicht erlaubt hatten). In seinem Jähzorn beschimpfte er die Mutter, den Vater, den Großvater. »Ihr seid ja alle Kanaillen«, rief er einmal, nachdem er ihnen eine Wasserkaraffe vor die Füße geknallt hatte (und bekam anschließend ein heftiges Nervenfieber).

Die Eltern nahmen immer Rücksicht auf ihn. Besonders die Mutter. Zu seinem Vater hatte er ein weniger glückliches Verhältnis: »Es gab Tage, an denen ich mich gegen die allzu große Bestimmtheit und Sicherheit seiner Behauptungen auflehnte.«

Ihm selbst fehlte es gerade an Sicherheit und Bestimmtheit, trotz der Selbstbesessenheit, die sich bei ihm immer wieder zeigte. Noch der Jüngling war so empfindlich, daß er wegen eines rauhen Wortes nächtelang weinte. Widerstand konnte er nicht vertragen. Auch nicht Kritik. Der Sechsundzwanzigjährige hat sich wegen einer Kritik, die er als beleidigend empfand, duelliert.

Zu jener Zeit war er schon leidend, eigentlich ein ständiger Patient, und bald mußte er nur noch darauf bedacht sein, seinen überempfindlichen Körper zu erhalten – gegen die unaufhaltsam fortschreitende Krankheit, gegen die Müdigkeit, die ihn ganze Tage im Bett verbringen ließ. Der Mittdreißiger: »Ich führe ein phantastisches Leben. Ich gehe überhaupt nicht mehr aus, ich verlasse gegen elf Uhr abends das Bett, wenn ich überhaupt aufstehe; . . . immer von einem unvorhergesehenen Anfall bedroht, wage ich keine Verabredung mehr zu treffen. Wirklich, ein reizendes Leben.«

Und in einem anderen Brief fragte er: »Soll ich bis zu meinem Ende immer weiter ein Leben führen, . . . von allem beraubt, vom Tageslicht, von der Luft, von jeglicher Arbeit, jedem Vergnügen, . . . vom ganzen Leben getrennt . . .?«

Von jeglicher Arbeit getrennt – das war jedoch nicht ganz wörtlich zu nehmen. Denn er hat trotz seiner Krankheit gearbeitet, in fast hermetischer Abgeschlossenheit von der Welt. Die Fenster seines Zimmers blieben zu jeder Jahreszeit geschlossen, die Wände waren mit Kork gegen Lärm isoliert. Und während er trotz seiner Kraftlosigkeit immer mehr arbeitete, aß er immer weniger. Der Achtunddreißigjährige schrieb: »Ich esse jetzt nicht einmal alle vierundzwanzig Stunden mehr, sondern (nicht regelmäßig, aber häufig), so wie ich erst mit vierundzwanzig Stunden angefangen habe, nur noch alle achtundvierzig Stunden . . .«

Als er noch nicht in solcher Abgeschlossenheit lebte, hat er, wie in Vorausahnung seines Schicksals, viele Dinge, die den meisten durchaus selbstverständlich sind, ganz bewußt genossen. Zum Beispiel den Geruch von Seewasser, das Geräusch des Windes, das Knistern der Butter in der Pfanne, den strömenden Regen, den Duft von Orangenblüten. Später, als diese Dinge für ihn gleichsam verloren waren, hat er sie und die Zeit, in der er sie genossen hatte und sie ihm Freude, ja Glück bedeuteten, in der Erinnerung wiederzugewinnen versucht, was ihm auch gelungen ist.

Während er sich so an längst Vergangenes erinnerte, dachte er zugleich immer auch ans Sterben und kam zu der Überzeugung: »Wir sterben alle Tage.« Und ein anderes Mal schrieb er: »Nicht, weil die anderen tot sind, läßt unsere Zuneigung zu ihnen nach, sondern weil wir selbst sterben.« – Er starb im Alter von 51 Jahren.

Wer war's?

91 *Sogar seine Leberflecken mußten bedeutsam sein*

Es gibt viele Darstellungen von ihm – Standbilder und Porträtbüsten. Sie zeigen indessen weniger, wie er aussah, als vielmehr, wie er gesehen werden wollte: als ungestümer Welteroberer und pflichtbewußter Landesvater. In einer gewissermaßen offiziellen Beschreibung heißt es: »Sein Äußeres war ungewöhnlich schön und während aller Altersstufen von großer Anmut . . . Von seiner Miene strahlte, ob er nun redete oder schwieg, große Gelassenheit und Heiterkeit aus.«

In Wahrheit war er weit weniger imposant als die Standbilder. Offiziell als 170 Zentimeter groß angegeben, war er kleiner und von gedrungener Figur, sogar ziemlich schief; das linke Bein war kürzer als das rechte, und die linke Hüfte und der linke Oberschenkel waren schwächer als die der anderen Seite. Das bereitete ihm Beschwerden; bei längerem Gehen hinkte er. Seine Zähne waren klein und von Karies angefressen und standen weit auseinander. Damit war also nicht viel Staat zu machen. Um so mehr indessen mit seinen Augen. Sie waren hell und glänzend, und in einer späteren Biographie hieß es: »Er hörte es gern, wenn man in ihnen etwas von göttlicher Kraft fand, und freute sich, sooft jemand, den er scharf fixierte, wie von der Sonne geblendet, den Blick senkte.«

Da der Sohn eines Kleinstadtbankiers sich während politisch unruhiger Zeiten zunächst durch Heirat, dann weiter durch Adoption und schließlich nicht ohne brutale Rücksichtslosigkeit bis ins Zentrum der Macht gebracht und am Ende alle Macht auf sich vereinigt hatte, ja geradezu göttliche Verehrung genoß, mußten sogar seine Leberflecken etwas Außergewöhnliches darstellen: »Sein Körper war voller Flecken und Muttermale, die über Brust und Bauch so verteilt waren, daß sie in Form, Anordnung und Zahl dem Sternbild des Großen Bären glichen.«

Die ihn aus der Nähe kannten, wußten, daß er in Wahrheit nicht nur nicht göttlich, sondern nicht einmal besonders sicher und männlich war – dies allenfalls auf sexuellem Gebiet. Während er nach außen hin den Prüden spielte, den treuen Ehemann, und für sein Volk entsprechende Gesetze erließ, um sexuelle Freizügigkeit gar nicht erst aufkommen zu lassen, gab er ungehindert seiner Vorliebe für jungfräuliche Mädchen nach; es heißt, er habe sie sich von überall her vermitteln lassen, nicht selten auch von seiner Frau. Nun sind solche Angaben heute nicht mehr gut nachprüfbar, fest steht jedoch, daß er zahllose Verhältnisse mit anderen Frauen hatte.

Fest steht auch, daß er ängstlich, manche sagen gar, feige war. Vor Schlachten war er physisch krank. Sicher war das mit ein Grund für seine erfolgreiche Friedenspolitik. Er soll sogar Furcht vor Gewitter gehabt haben. Und auf jeden Fall war er ein großer Hypochonder, ständig in Angst vor Krankheiten. Nie setzte er sich der Sonne aus, nicht einmal im Winter. Und um sich vor Erkältungen zu schützen, trug er stets sehr viel Unterzeug aus Wolle: Unterhemden, Leibchen; Schenkel und Waden umwickelte er mit Wollbinden. Einige seiner Biographien weisen indessen darauf hin, daß dahinter weniger Ängstlichkeit gestanden habe als vielmehr die klare Einsicht in die Unzulänglichkeit der medizinischen Kunst. Dennoch ist nicht zu bezweifeln, daß er keine gute Konstitution besaß.

Obwohl der mächtigste Mann der Welt, lebte er bescheiden. Auch trat er überhaupt nicht eindrucksvoll auf, eher etwas verzagt. Aber was er geschaffen hat, ist noch für unsere Zeit von entscheidender Bedeutung.

Wer war's?

92 *Sehnsucht nach einer reinen, himmlischen Welt*

Sein Vater war preußischer Beamter, Geheimer Kriegsrat, Justizbürgermeister der Hauptstadt, ein strenger, nüchterner, harter Mann. Der Sohn wurde in allem das Gegenteil: weich, empfindsam, nervös und überaus schüchtern. In Gegenwart seines Vaters fühlte er sich, so sagte er, »aufs Maul geschlagen«. Aber auch im Umgang mit anderen Menschen wurde ihm »die übertriebene Reizbarkeit der Nerven sehr zur Last«, schon der Anblick eines ihm nicht sympathischen Menschen beengte ihn, ja machte ihm Angst: »Bloß ihn ansehen, macht meine Brust so beklemmt, daß ich nicht frei Atem holen kann.«

Soldat oder gar Offizier konnte er nicht werden, weil er zu wenig Mut besaß, um einen Säbel oder ein Gewehr auch nur in die Hand zu nehmen. Er hatte auch nicht den Mut, das Jura-Studium abzulehnen, zu dem der Vater ihn zwang und das ihn todunglücklich machte, weil er wußte, daß er niemals Jurist sein könnte, weil die Juristerei in seinen Augen die Freiheit des Urteils durch Gesetze einschränkte und damit die Empfindungen des Herzens ersticken müsse.

Glücklich fühlte er sich nur in seiner Freundschaft zu einem gleichaltrigen Mitschüler, der seinem gefühlvollen Schwärmen Verständnis entgegenbrachte. Ihm schrieb der Achtzehnjährige Briefe wie diesen: »Es ist bald zwölf Uhr nachts. Ich lege mich jetzt schlafen. Ich merke, daß es eine wahre Wonne ist, an Dich zu schreiben. Selig, selig ist der Tag, den ich mit dem Gedanken an Dich beschließe. Er wird mich auch im Schlaf nicht verlassen. Träume Du auch von mir. Denkst Du jetzt an mich? Oder träumst Du von mir? . . . Jetzt hat es gerade zwölf geschlagen. Gute Nacht, . . ., fliege her, und ich drücke den feurigsten Kuß auf Deine Lippen. Gute Nacht, der Himmel sei mit Dir! Gute Nacht!«

Die Freundschaft überdauerte die Studienzeit, deren Ferien sie mit gemeinsamen Wanderungen und dem Entdecken fast vergessener Kunst- und Denkmäler verbrachten. Nachdem er das Jurastudium abgeschlossen hatte, übernahm er ein Amt. Da war er 21 Jahre alt. Die mit dem Amt verbundene Arbeit machte ihn krank. Im Alter von noch nicht 25 Jahren starb er – so heißt es – am Nervenfieber. »Er ist mehrere Monate melancholisch gewesen, oder wie andere sagen, rasend«, schrieb ein Freund anläßlich seines Todes. Später hat man gesagt, ihm habe das gefehlt, was seine Freunde, vor allem jener, dem er sich schon als Schüler angeschlossen hatte, in hohem Maß besaßen und damit den Widerspruch zwischen Realität und Schwärmerei überwunden hätten: Ironie.

In einem seiner Briefe heißt es: »Nur Schaffen bringt uns der Gottheit näher; und der Künstler, der Dichter ist der Schöpfer. Es lebe die Kunst. Sie allein erhebt uns über die Erde und macht uns unseres Himmels würdig.« – Vielleicht lag die eigentliche Tragik seines Lebens darin, daß er kein Dichter wurde, sondern von der Seligkeit und Höhe der Kunst nur schwärmen konnte. Aber mit seiner unstillbaren Sehnsucht nach einer reinen, himmlischen Welt, in der Kunst und Natur verschmelzen, hat er mitgeholfen, eine wesentliche Epoche der Geistesgeschichte einzuleiten.

Wer war's?

93 Stets die Brücken hinter sich abgebrochen

Der Mittdreißiger war einer der meistbewunderten Männer seiner Zeit. Eine mehrjährige Reise, auf der er zwar unmittelbar vor dem ersehnten Ziel umkehren mußte, hatte ihn so berühmt gemacht, daß er mit Auszeichnungen geradezu überschüttet wurde. Dann folgten Jahre stillen Arbeitens; im Turmzimmer seines großen Hauses, von dem aus er weit über Meer und Wald blicken konnte, wertete er die Ergebnisse seiner Expedition aus.

Acht Jahre lebte er in jener Zurückgezogenheit – allerdings nicht allein; er hatte geheiratet, und mit seiner Frau hatte er fünf Kinder. Während jener Zeit erhielt er einen Lehrauftrag und eine Professur. Doch war das Interesse für seine Forschungen nicht groß; meist las er vor nur einem Dutzend Studenten. Das trug dazu bei, daß er seinen Aufgabenkreis schließlich als zu eng empfand und einem Ruf ins politische Leben folgte. Während Frau und Kinder daheim blieben, ging er als Gesandter ins Ausland.

Dort verliebte er sich in eine andere Frau, und das führte zu einer Krise in seinem Leben. Denn als seine Frau davon hörte und er versuchte, sich von der anderen zurückzuziehen, drohte jene mit Selbstmord. Aus Furcht, sie könne ihre Drohung wahrmachen, wagte er nicht, das Verhältnis zu lösen. Fast ein Jahr lang blieb er in dieser ihn sehr belastenden Situation, die er seiner Frau offen schilderte.

Dennoch hätte dies eine Episode bleiben können, wenn nicht seine Frau, erst 40 Jahre alt, plötzlich gestorben wäre, an einer Lungenentzündung. Nach ihrem Tode litt er an Depressionen und warf sich vor, sich zu wenig um sie gekümmert zu haben. Erst jetzt kehrte er in die Heimat zurück, wo er seine Forschungen wieder aufnahm und sich seinen Kindern widmen wollte. Das jüngste, ein Sohn, war mit einem Gehirnschaden auf die Welt gekommen; es starb im Alter von neun Jahren. Auch dies hat ihn tief getroffen.

Er zog sich nun völlig in sich zurück, ritt stundenlang allein durch die Wälder, verhärtete sich. Seine Kinder mußten darunter leiden; statt sie enger an sich zu binden, stieß er sie mit häufigem Geschimpfe und oft auch mit Schlägen zurück. Er wurde immer strenger gegen sie.

Übrigens war auch er selber streng erzogen worden. Der Mann, der so vielen als Vorbild an Furchtlosigkeit und unbedingter Härte gegen sich selbst galt, sagte im Alter: »Von Natur war ich weich, nur die Strenge der Erziehung hat mich hart gemacht.« Vor allem eines hatte man ihm als Kind eingeprägt: selbständig zu sein und in jeder Situation möglichst ohne fremde Hilfe auszukommen.

Doch war das nicht Erziehung zum Egoismus. Er selber hat die letzten Jahrzehnte seines Lebens nur die eine Aufgabe gekannt: anderen Menschen zu helfen. Er machte es möglich, daß eine halbe Million Kriegsgefangener in ihre Heimat zurückkehren konnte; unter schwierigsten Bedingungen schuf er für Hunderttausende heimatlos gewordener Flüchtlinge eine neue Heimat, indem er riesige Landgebiete kultivieren ließ. Und als es in einem großen Land zu einer Hungersnot kam, der annähernd fünf Millionen Menschen zum Opfer fielen, hat er auch da für Hilfe gesorgt und damit Millionen Menschen das Leben gerettet.

Die Überwindung jener Hungersnot war der größte Erfolg seines Lebens; auch er war – wie seine vielen anderen Erfolge – nur möglich, weil es für ihn keine Halbheiten gab, sondern immer nur den bedingungslosen Einsatz: »Ich habe«, sagte er einmal vor Studenten, »bei allen meinen Unternehmungen, die mir glückten, zunächst meine Schiffe hinter mir verbrannt und die Brücken abgebrochen.«

Wer war's?

94 *Reinheit durchstrahlt das behütete Haus*

Sein Vater, der ursprünglich Lohndiener war, hatte sich durch Fleiß und Sparsamkeit ein kleines Vermögen erworben und davon Land gekauft, auf dem er Gemüse zog, sich mit der Bienenzucht befaßte und einen Töpfereibetrieb unterhielt. Daß der älteste Sohn, dessen besondere Begabung und Intelligenz sich schon früh zeigten, ebenfalls Bauer werden sollte, scheint nie in Betracht gezogen worden zu sein: Als die Familie in eine Stadt umsiedelte, ging er dort in eine Schule, um Lesen, Schreiben und Rechnen zu lernen. Danach besuchte er in größeren Städten weitergehende Schulen, vermutlich mit dem Ziel (oder doch in der Hoffnung der Eltern), Anwalt oder Staatsbeamter zu werden.

Diese Hoffnung hat sich nicht erfüllt, und zwar deswegen nicht, weil er es nicht liebte, öffentlich aufzutreten, und weil ihm das Reden schwerfiel. Schon der laute und seiner Meinung nach leere Unterrichtsbetrieb, an den zu seiner Zeit hochangesehenen Rednerschulen stieß ihn ab. »Rhetorenampullen« nannte er sie später verächtlich. Und er schimpfte über die »von fadem Wissensfett triefende Schulfuchserzunft«.

Auf Leute, die dort ihren Weg machten, wirkte er ungewandt, linkisch, ja tölpelhaft, zumal er weder auf gute Haltung noch auf feine Kleidung Wert legte. Nur wem es gelang, ihn ins Gespräch zu ziehen, konnte hinter seiner Schüchternheit eine geniale Begabung ahnen. Einer, der sich einen Namen daraus gemacht hat, Begabten zu helfen, förderte ihn und brachte ihn in die richtigen Kreise. Ein anderer stellte ihm für längere Zeit sein Landhaus zur Verfügung, wo er ungestört leben und arbeiten konnte.

Immer hat er sich gern in das ihm von Kindheit an vertraute ländliche Leben zurückgezogen oder sich zumindest dorthin zurückgeträumt. In einem seiner Werke heißt es: »Wenn mir aber das Blut zu kalt und träge durchs Herz rinnt, / daß mir's an Kräften gebricht, so tief die Natur zu ergründen, / Ländlichkeit wünscht' ich mir dann, in Tälern belebend Gewässer, / Flüsse und Wälder, nicht Namen und Ruhm . . .« Er lobte die »sorglose Ruhe« und das »Leben in redlicher Einfalt«, das der Bauer führen kann: »Auch schmerzt ihn weder das Mitleid mit Armen, noch plagt ihn der Neid auf den Reichen.«

Verglichen mit der übrigen Welt, in der es ständig Ärger gebe, Streit mit Pacht- und Steuerbehörden, vor allem aber Kriege und Bürgerkriege, stellte er das Leben auf dem Lande als Idylle dar, als ein der Allgemeinheit verlorengegangenes goldenes Zeitalter: »Schwer wogt draußen die Ernte, die Speicher brechen vor Fülle. / Neigt sich das Jahr, dann preßt man Öl aus den besten Oliven / eichelgenährt kommt wieder das Schwein, im Walde gibt's Beeren, / mancherlei Früchte spendet der Herbst. An felsigen Hängen / hoch in der Sonne glühen zu süßer Reife die Trauben. / Nach der Arbeit umdrängen die Kinder mit Küssen den Vater, / Reinheit durchstrahlt das behütete Haus . . .« So – sagt er – lebten einst alle »auf Erden in goldener Weltzeit«.

Als er aus diesem Werk einmal dem mächtigsten Mann seiner Zeit vorlas, gab dieser ihm den Auftrag zu einem weiteren, größeren Werk. Daran hat er elf Jahre gearbeitet, mit geradezu ängstlicher Sorgfalt und Umsicht. Als es fertig war, entschloß er sich zu einer Reise nach Kleinasien; dort wollte er drei Jahre lang nichts anderes tun, als dieses Werk, das ihm über Jahrhunderte hin den Ruhm einbrachte, der größte Dichter der Welt zu sein, zu überarbeiten und von möglichen Fehlern zu befreien. Doch schon zu Beginn der Reise erkrankte er; er mußte umkehren und starb im Alter von nur 51 Jahren.

Wer war's?

95 *Vielleicht von Anfang an ohne Hoffnung*

Er war ein friedliebender Mann, kein Kämpfer, sondern einer, der seine Ruhe haben wollte. Später hat man gesagt, daß dies mit seiner Schilddrüse zusammenhing, die zuwenig Hormon produzierte. Er war träge, aß und trank gern, wurde schon frühzeitig dick und hatte einen stumpfen, schwerlidrigen Blick. Einer seiner Biographen schrieb: »Er hat Blei im Blut. Etwas Stockiges, Schweres versulzt seine Adern, nichts wird ihm leicht. Immer muß dieser redlich bemühte Mann einen Widerstand der Materie, eine Art Schlaftrunkenheit in sich überwinden, um etwas zu tun, zu denken oder bloß zu fühlen . . . Diese angeborene Nervenstumpfheit schaltet ihn von jeder starken Gefühlsleistung aus: Liebe (im geistigen wie im physiologischen Sinn), Freude, Lust, Angst, Schmerz, Furcht: Alle diese Elemente des Gefühls dringen bei ihm nicht durch die Elefantenhaut seiner Gleichmütigkeit, und nicht einmal unmittelbare Lebensgefahr kann ihn aus seiner Lethargie aufrütteln.«

Kein Wunder, daß auch sein Beruf ihm keine Freude machte. Er verstand auch viel zu wenig von dem, was er tun sollte; solange alles in eingefahrenen Bahnen lief, fiel das nicht allzu sehr auf, aber als sich die Situation grundsätzlich zu verändern drohte, und er hätte handeln und sich entscheiden müssen, da hat er gänzlich versagt.

Zwar kann man in der Geschichte wohl nie mit Sicherheit sagen, was gewesen wäre, wenn . . . Aber sein Leben hätte doch anders verlaufen können, hätte zumindest nicht so bald zu Ende sein müssen, wenn er sich nur ein wenig aus seiner Schlaftrunkenheit hätte aufschrecken lassen. Zunächst scheint er gar nicht begriffen zu haben, was um ihn herum vorging. Während sich die ganze Welt schlagartig veränderte, notierte er in seinem Tagebuch lediglich Nichtigkeiten. Unter dem Datum jenes Tages, an dem sein Fluchtversuch gescheitert war, steht da nur: »Heute Setzmilch gegessen.« Ja, wenn er nur nicht so viel ans Essen gedacht hätte!

Seinem Bruder war die Flucht gelungen, nicht zuletzt deswegen, weil er in einem kleinen, schnellen Wagen geflohen war. Auch ihm hatten Freunde einen kleinen, unauffälligen Fluchtwagen empfohlen. Aber während er sonst so gut wie nie Entscheidungen traf, hatte er hier auf einem großen Wagen bestanden, einem Sechssitzer – für sich, seine Frau, seine zwei Kinder, seine Schwester und die Erzieherin seiner Kinder. Außerdem – und das war das Ausschlaggebende gewesen – hatte der große Wagen noch viel Platz, um für den stets Hungrigen und Durstigen große Portionen Proviant und einen beträchtlichen Weinvorrat mitzunehmen, ferner Tischwäsche, Tafelsilber und Geschirr, natürlich auch allerlei Kleidung und sogar Zimmerklosetts. Durch diesen Ballast wurde die Reisegeschwindigkeit arg gemindert, und überdies war der große, schwere Wagen, der von mindestens acht Pferden gezogen werden mußte, höchst auffällig.

Dennoch kamen sie gut voran. Jedenfalls zunächst. Später ist erzählt worden (und es wird noch heute so erzählt), er habe schon bald großen Hunger bekommen und deswegen anhalten lassen, um ausgiebig zu dinieren. Die Erzieherin, die ja dabei war, schilderte es anders: »Zu allem Unglück stürzten die Pferde . . . zweimal, alle Zügel rissen, und wir verloren mehr als eine Stunde, um den Schaden zu reparieren . . .«

Möglich, daß er von Anfang an ohne Hoffnung war. Nachdem die Flucht mißglückt war, ließ er alles mit sich machen, ohne zu protestieren, bis zu seinem gewaltsamen Ende. Es war, schrieb der schon einmal zitierte Biograph, »eine teuflische Böswilligkeit des Schicksals«, ausgerechnet von diesem initiativelosen Mann die »historisch wichtigsten Entscheidungen des ganzen Jahrhunderts zu verlangen«.

Wer war's?

96 *Zum Heiraten war er zu schüchtern*

Plötzlich wollte er heiraten. Der Zweiunddreißigjährige, der in Fachkreisen bereits berühmt war, hatte die Bekanntschaft einer jungen Holländerin gemacht. Nach nur wenigen Tagen und einem gemeinsamen vierstündigen Spaziergang machte er ihr einen schriftlichen Antrag: »Mein Fräulein! . . . Nehmen Sie allen Mut Ihres Herzens zusammen, um vor der Frage nicht zu erschrecken, die ich hiermit an Sie richte: Wollen Sie meine Frau werden? Ich liebe Sie, und mir ist es, als ob Sie schon zu mir gehörten . . . Glauben Sie nicht auch daran, daß in einer Verbindung jeder von uns freier und besser werde, als er es vereinzelt werden könnte . . .? Wollen Sie es wagen, mit mir zusammen zu gehen, als mit einem, der recht herzlich nach Befreiung und Besserwerden strebt? Auf alle Pfade des Lebens und des Denkens?«

Sie wollte es nicht wagen, und er ließ die Sache auf sich beruhen. Aber den Gedanken an eine Heirat gab er noch nicht auf. Aufgeben wollte er seine Stellung als Ordinarius, und zwar aus gesundheitlichen Gründen. Immer häufiger litt er an äußerst starken Kopfschmerzen. »Mir ging es so schlimm!« schrieb er seiner Schwester; »innerhalb 14 Tagen lag ich 6 Tage zu Bett mit 6 Hauptanfällen, der letzte ganz zum Verzweifeln.«

Und weiter berichtete er in diesem Brief, wie eben seine immer schlechter werdende Gesundheit den Plan »einer Verheiratung mit einer zu mir passenden, aber notwendig vermöglichen Frau« hatte aufkommen lassen; »in diesem Sommer soll nun das Projekt gefördert werden«, schrieb er, so daß er schon im Herbst verheiratet sein könnte.

Nun fehlte aber nicht nur die Frau. Erschwerend kam hinzu, daß er alles andere als ein Frauenheld war. Frauen gegenüber war er unsicher, ja ungewöhnlich gehemmt, obwohl – oder gerade weil – er in einem Hause aufgewachsen war, in dem nach dem frühen Tod seines Vaters nur Frauen das Sagen hatten. Nur acht Wochen nach der Entstehung des Heiratsprojekts schrieb er denn auch: »Die Verheiratung, sehr wünschenswert zwar, – ist doch die unwahrscheinlichste Sache, das weiß ich sehr deutlich!«

Fünf Jahre später lernte er eine intelligente, junge Russin kennen. Und diesmal wollte er eine Heirat nicht nur, um verheiratet zu sein und im Krankheitsfall Hilfe zu haben, sondern weil er sich wirklich verliebt hatte. Doch hinderte ihn seine Gehemmtheit, mit dem jungen Mädchen zu sprechen. Er bat seinen Freund, für ihn zu werben. Dabei übersah er, daß der Freund ebenfalls in das Mädchen verliebt war; als rivalisierender Liebhaber, der nun die intimsten Wünsche seines Nebenbuhlers kannte, warb der Freund bei dem Mädchen für sich selber, und die peinliche Situation wurde auch dadurch nicht erträglicher, daß beide ohne Erfolg blieben.

Es war sein letzter Versuch, eine Frau zu bekommen. Unterdessen hatte sich seine Gesundheit weiter verschlechtert. Schon der Mittdreißiger schrieb: »Ich bin am Ende des fünfunddreißigsten Lebensjahres; die ›Mitte des Lebens‹ sagte man anderthalb Jahrtausende von dieser Zeit . . . Nun bin ich in der Mitte des Lebens so ›vom Tod umgeben‹, daß er mich stündlich fassen kann; bei der Art meines Leidens muß ich an einen plötzlichen Tod, durch Krämpfe, denken . . .«

Je kränker er wurde, je dichter jene Anfälle heftiger Kopfschmerzen aufeinander folgten, die manchmal zu Bewußtlosigkeit führten (und allerdings von Perioden höchster, ja euphorischer Schaffenskraft abgelöst wurden), desto deutlicher wurde sein Traumbild von einem gesunden, vitalen Menschentyp. Dieser kranke, einsame, kontaktarme, schüchterne Mann, der – so schrieb die von ihm geliebte Russin – »leicht übersehen werden konnte«, forderte den starken, herrischen Menschen, der sich über alles hinwegsetzt. Dahinter stand die eigene Neigung, sich nicht unterzuordnen – er war vermögend genug, nicht unbedingt Geld verdienen zu müssen – und in allen persönlichen Beziehungen und Freundschaften die führende Rolle spielen zu wollen. In dieser Neigung wurzelte auch seine zersetzende, manchmal zynische Kritik an allem Bestehenden, die ihm von nahezu allen verübelt wurde.

Seinen Weltruhm und die ungeheure Wirkung seines ebenso verführerischen wie fruchtbaren Werkes hat er nicht mehr erlebt. Auch nicht das Ende der von ihm erkannten Entwicklung, zu der er selber allerdings nicht wenig beigetragen hat: »Unsere ganze europäische Kultur bewegt sich seit langem mit einer Tortur der Spannung, die von Jahrzehnt zu Jahrzehnt wächst, wie auf eine Katastrophe los; unruhig, gewaltsam, überstürzt; einem Strom ähnlich, der ans Ende will.«

Der Mensch, den er erträumte, sollte ohne Mitleid sein. »Seid mir gewarnt vor dem Mitleiden: daher kommt noch den Menschen eine schwere Wolke!« Und: »Solchen Menschen, welche mich etwas angehn, wünsche ich Leiden, Verlassenheit, Krankheit, Mißhandlung, Entwürdigung, – . . . ich habe kein Mitleid mit ihnen, weil ich ihnen das einzige wünsche, was heute beweisen kann, ob Einer Wert hat oder nicht, – daß er standhält.« Als der Vierundvierzigjährige sah, wie ein Droschkenkutscher brutal auf sein Pferd einschlug, brach er in Tränen aus und warf sich dem mißhandelten Tier um den Hals . . .

Es zeigte sich, daß dies ein völliger geistiger Zusammenbruch war, von dem er sich nicht wieder erholen sollte. Noch gut zehn Jahre lebte er in geistiger Umnachtung, von Mutter und Schwester allzu ängstlich abgeschirmt.

Wer war's?

97 *Die Fähigkeit, sich nicht mehr zu langweilen*

Als er nach einem dreijährigen Universitätsstudium ins Berufsleben eintrat (als Sekretär eines mittleren Verwaltungsbeamten), war er entsetzt über das Phlegma, die Schlampigkeit, die Korruption, die er dort sah. Der dreiundzwanzigjährige Idealist ließ sich deswegen aus der Provinz in die Landeshauptstadt versetzen; auch meinte er, sich nur dort entfalten zu können.

Aber sein Drang nach Aktivität legte sich rasch. Und wenn er auch nicht korrupt wurde, so phlegmatisch wie seine Kollegen war er, noch ehe ein Jahr verging – jedenfalls in seinem amtlichen Tätigkeitsbereich. Nebenher jedoch war er fleißig, was allerdings zunächst kaum jemand erfuhr. Später sagte er: »Immer hatte ich den Wunsch zu schreiben und fühlte mich dazu berufen, indessen ich mußte dienen . . .«

Immerhin brachte er in seinen freien Stunden einen Roman zustande. Als das Manuskript fertig war – inzwischen waren zehn Jahre vergangen –, gab er es einem Freund, der literarisch interessiert war und Verbindung zu Schriftstellern und Journalisten hatte. Der Freund fand den Roman langweilig, was er dem Verfasser vielleicht nicht sagen mochte; jedenfalls ließ er das Manuskript ein ganzes Jahr bei sich liegen. Und der Verfasser war so bescheiden, daß er den Freund nicht mahnte und sein Manuskript nicht zurück verlangte. Dann gab der Freund das Manuskript eines Tages doch noch, wie ursprünglich verabredet, an einen Schriftsteller weiter. Der war begeistert und veranlaßte den Abdruck in einer Zeitschrift.

Das Erscheinen machte viel Aufsehen. Und der Autor wurde in kurzer Zeit bekannt. Das gab ihm Mut, einen zweiten und schon bald einen dritten Roman anzufangen. Doch lange bevor sie beendet wurden, trat in dem äußerlich so eintönigen Leben des Schreibers eine Änderung ein. Und zwar ließ er sich überreden, an einer See-Expedition teilzunehmen, die zweieinhalb Jahre dauerte. »Alle wunderten sich«, schrieb er zu Beginn der Reise in einem Brief, »daß ich mich entschließen konnte, an einer so langen und gefährlichen Fahrt teilzunehmen – ich, ein so fauler, verwöhnter Mensch!« Schuld an dem Entschluß sei seine Hypochondrie, »ein krankhafter Zustand, an dem die Nerven schuld« seien. Die Hypochondrie lasse ihm alles so unendlich langweilig erscheinen. Eine solche Reise indessen würde das ändern; danach »werde ich«, so hoffte er, »vielleicht den Rest meines Lebens etwas vergnügter verbringen«.

Doch bald mußte er feststellen: »Die Hypochondrie ist mir auch hierher, auf die Fregatte, gefolgt.« Es fehlte nicht nur an Bequemlichkeit, es war eigentlich alles genauso langweilig wie daheim: »Das Meer selbst macht auch keinen großen Eindruck auf mich . . . Außer Kälte, Schaukelei, Wind und Salzspritzern kenne ich nichts.« Seine anfängliche Neugier, Unbekanntes zu sehen, war dahin: »In der Nordsee kam man zu mir und rief mich auf Deck, ich solle mir das Meeresleuchten betrachten. Aber ich war zu faul, ich ging nicht.«

Am liebsten wäre er im nächsten Hafen ausgestiegen und nach Hause gefahren. Doch fürchtete er, daß seine Freunde sagen würden: »Er starb daheim bei lebendigem Leibe vor Müdigkeit, Langeweile, Bedrückung und Leere im Kopf und im Herzen; seine Phantasie fand keine Anregung mehr . . .« So blieb er an Bord, zumal er merkte, daß er nicht seekrank wurde. Und er gewöhnte sich auch an das laute Geschrei an Bord und an so viele ihm unsympathische Seeleute. Oder vielmehr, er entschloß sich, künftig alles unter anderem Aspekt zu sehen: »Bin ich denn selbst sympathisch? Nachdem ich mir . . . auf diese Frage geantwortet habe, strecke ich nunmehr ohne jegliche Verdrossenheit allen die Hand entgegen, den Sympathischen, den Unsympathischen und den Erträglichen.« Er war entschlossen, sich »mit allen augenblicklichen und kommenden Schwierigkeiten der Reise zu versöhnen«. Und auf sein Grundproblem anspielend: »Auf diese kunstvolle Weise erarbeitete ich in mir die wertvolle Fähigkeit, mich nicht zu langweilen.«

Er hat sich dann wirklich nicht mehr gelangweilt. Aber das lag weniger an der Reise, die ihn nach Südafrika, nach Japan und China führte, als vielmehr daran, daß er die Langeweile als ein Problem seines Zeitalters erkannte, das ihn immer stärker faszinierte und das er zum Hauptthema seines zweiten Romans machte.

Übrigens brauchte er auch für die Fertigstellung dieses zweiten und ebenso für seinen dritten Roman mehrere Jahre. Sein neues Amt, das er bald nach jener Seereise übernahm, kostete ihn viel Zeit und Kraft. Es war das Amt eines Zensors mit – so sagte er – »zehntausend Sorgen«.

Als Zensor war er streng und konservativ, als Autor gehörte er zu jenen, durch die die Literatur seines Landes neue, entscheidende Akzente erhielt.

Wer war's?

98 »*Keine Äbtissin würde sie nehmen!*«

Ihr Vater, ein Baron, fürchtete, sie nicht unter die Haube zu kriegen. »Sie ist ein seltsames Geschöpf«, schrieb er, »und wird zweifellos auch als Frau sehr unansehnlich bleiben. Sie ist so groß wie Mädchen, die doppelt so alt sind, hat Kräfte wie ein Holzfäller und ist unglaublich ungelenk. Ihre Füße sind sehr groß, doch man vergißt sie, sobald man die enormen Hände sieht – kurz: sie ist häßlich wie ein Bauernrekrut.«

Da war sie jedoch erst acht Jahre alt, und mit 16 war sie ein ausgesprochen schönes Mädchen. Doch schien es trotzdem schwer, für sie einen Mann zu finden: Sie war zu sportlich, verschwenderisch und ungemein belesen und selbstbewußt.

Auf ihr sportliches Können anspielend – sie war eine hervorragende Fechterin –, schrieb der berühmteste Frauenheld jener Zeit: »Sie reitet und schwingt den Degen wie ein Husar, und wenn ein Liebender sie reizt, kann sie so heftig werden, daß sie ihn ohne Zögern durchbohren würde . . . Ich habe keine Lust, mit ihr die Klingen zu kreuzen.« Zu ihrer Verschwendungssucht meinte ihr späterer Freund: »Sie hat einen tadellosen Geschmack und ist so habgierig, daß auch der reichste König ihre Wünsche nicht erfüllen könnte. Was immer sie sieht, will sie haben, und sie hat sehr gute Augen.«

Und die Mutter war geradezu verzweifelt: »Meine Jüngste prahlt mit ihren Geistesgaben und verschreckt damit die Bewerber, die von ihren übrigen Exzessen noch nicht verscheucht wurden. Wir werden sie vielleicht in ein Kloster geben müssen, doch keine Äbtissin würde sie nehmen.«

Es fand sich dann doch ein Mann für sie, ein hoher Offizier, den es nicht störte, daß sie intelligent war, mehrere Sprachen vollkommen beherrschte (auch Griechisch und Latein) und ein Vermögen für Bücher, aber auch für ihre Garderobe ausgab. Unentwegt ließ sie sich neue Kleider machen, die meisten mit gewagten Décolletés, so daß ihre Brüste mit den rot gefärbten Brustwarzen gut zu sehen waren.

Etwa drei Jahre lang (in denen sie drei Kinder gebar) blieb sie ihrem Mann treu. Dann nahm sie sich ihren ersten Liebhaber. Es folgten das eine und andere Abenteuer, bis sie jenen Mann eroberte, der sie vor allem geistig interessierte. Er war Anfang 40, galt als einer der umstrittensten Intellektuellen seines Jahrhunderts und hielt sich selber für ein unvergleichliches Genie. Sie war damals Ende 20 und von ihrem eigenen Intellekt nicht weniger überzeugt als er von dem seinen.

Die sehr enge Freundschaft der beiden ging über 15 Jahre. Die meiste Zeit lebten sie zusammen (was ihr Mann, der es inzwischen zum Marschall brachte, hinnahm). Sie bewohnten ein Schloß, das sie mit viel Aufwand einrichteten. Beide arbeiteten hart. Sie machte zahlreiche physikalische Experimente, schrieb Bücher über Newton, über Leibniz, auch ein Buch über die Möglichkeit, glücklich zu werden; sie übersetzte Sophokles aus dem Griechischen und Lyrik aus dem Lateinischen.

Die Jahre ihres Zusammenlebens verliefen nicht durchgehend idyllisch. Über den Klatsch setzten sie sich zwar hinweg, nicht aber über die Verfolgungen durch die Geheime Staatspolizei, die ihn mehrmals zum Untertauchen zwangen.

In ihrem Buch übers Glücklichsein, das eine weite Verbreitung fand, riet sie ihren Lesern, immer nur vorwärtszugehen und niemals zurückzublicken. Als Zweiundvierzigjährige befolgte sie diesen Rat selber und nahm sich einen neuen, zehn Jahre jüngeren Geliebten. Sie wurde schwanger, und drei Tage nach der Geburt einer Tochter starb sie, 43 Jahre alt, im Kindbett. In einem Brief an Friedrich II. von Preußen schrieb ihr langjähriger Geliebter: »Sie war ein großer Mensch, mit dem einzigen Fehler, daß sie eine Frau war.«

Wer war's?

99 *»Dein Pensum, Papa, dein Pensum«*

Immer wieder sprach er vom Sterben, von der Angst davor und dem Versuch, sie zu überwinden. Immer wieder überfiel es ihn, immer wieder erlebte er in Träumen die eigene Agonie. Als Ursache dafür gab er an: »Ich war ein kränkelnder Knabe, ständig hat man mich zur Vorsicht ermahnt. Seither fürchtete ich das Sterben . . .«

Während seiner Zeit als Soldat, im Krieg mit Tod und Sterben direkt konfrontiert, ließ die Furcht nach. Aber Jahre später waren die »furiosen« Todesvisionen wieder da. Auch in Wirklichkeit, »im eigenen Haus«, meinte er den »Schmutz des Todes« zu riechen.

Zu jener Zeit mußte er eine große Familie durchbringen. Im Alter von 29 Jahren hatte er geheiratet. Aus der Ehe waren sechs Kinder hervorgegangen, von denen er sich ganz bewußt zur Arbeit antreiben ließ: »Dein Pensum, Papa, dein Pensum!«

Aber der ständige Zuruf der Kinder allein tat es nicht. Erforderlich war außerdem ein enormer Konsum an Zigaretten und Kaffee. Und immer blieb – trotz großer Erfolge – der Zweifel: »Ich bin kein Schriftsteller. Der bloße Anblick eines weißen Blattes Papier verstört mir die Seele.« Und: »Vater, Schriftsteller oder Soldat – immer habe ich den Eindruck gehabt, mein Handwerk nicht zu verstehen, zumindest die Grundlagen nicht zu kennen, meine Lehrzeit versäumt zu haben. Ich führe meine Aufgabe zu Ende wie zu lange und zu schwierige Additionen: resigniert zähle ich schließlich an den Fingern ab – gewiß, daß der liebe Gott meine Lösungen falsch finden wird . . .«

Als er das schrieb, hatte er – wie er selber sagte, – »auf der

Flucht vor den Hunden der Angst«, nachdem ärztliche Behandlungsversuche ihn von seinen Todesvisionen nicht befreit hatten – seinen Wohnsitz viele Male gewechselt, war (nach zwei schweren Motorradunfällen) von Land zu Land gezogen und hatte sich auch in einem ganz anderen Beruf versucht, und zwar in Viehzucht und Landwirtschaft, jedoch ohne Erfolg. Krankheiten hatten ihn und seine Angehörigen getroffen und seine Angst vergrößert: Tuberkulose, an der er und seine Frau litten, Krebs, dem seine Eltern erlagen; er selber hatte noch Angina pectoris und ein Leberleiden, an dem er schließlich, sechzigjährig, starb.

Kurz vor seinem Tode schrieb er in sein Tagebuch: »Wir meinen, wir fürchten uns vor dem Tod und flöhen vor ihm, während wir doch in Wirklichkeit diesen Tod wollen, wie Er den seinen gewollt hat . . . Wir wollen alles, was Er will, aber wir wissen nicht, daß wir es wollen, wir kennen uns nicht, die Sünde bewirkt, daß wir an der Oberfläche unserer selbst leben, wir kehren nur in uns ein, um zu sterben, und da eben wartet Er auf uns.«

Wer war's?

100 Mysteriös vom Anfang bis zum Ende

Auch er selber wollte wissen, wer er war. Zwar wußte er seinen Namen, aber es konnte ebensogut irgendein Name sein, den irgendwer ihm gegeben hatte. Unklar war auf jeden Fall seine Herkunft. Und so ist es denn nicht verwunderlich, daß er der mysteriösen Aufforderung eines Freundes folgte, sich mit ihm zu treffen, ohne Zeugen, an einem Nachmittag im Park; vielleicht hat jener Unbekannte ihm Hoffnung gemacht, das Geheimnis seiner Herkunft aufdecken zu können, vielleicht ist auch nur seine Neigung zum Geheimnisvollen, zu Trotz und Aufsässigkeit geschickt ausgenutzt worden. Auf jeden Fall ging er hin, während eines Schneegestöbers.

Zurück kam er – wie Augenzeugen später aussagten – im Laufschritt. Daheim, bei dem Lehrer, bei dem er untergebracht worden war, berichtete er, ein Mann habe ihm einen Beutel, eine Art Handtasche, gezeigt und dann mit einem Messer auf ihn eingestochen. Er wies auf eine Wunde in der linken Seite der Brust, die nur sehr wenig blutete. Und zusammen mit dem Lehrer wollte er an den Tatort zurück. Aber nach ein paar hundert Metern kehrten sie um und gingen heim. In der Wohnung brach er zusammen.

Der Vorfall sprach sich schnell herum. Aber nicht alle glaubten, daß er wirklich überfallen worden war. Manche meinten – und zu ihnen gehörte auch der Lehrer –, er habe sich den Stich selbst beigebracht. Schon einmal hatte er von einem Überfall erzählt; auch da hatten viele ihm nicht geglaubt. Immerhin ließ man die Verwundung ärztlich untersuchen. Drei Ärzte hielten sie offenbar nicht für besonders gefährlich. Drei Tage später aber war er tot.

Bei der Sektion zeigte sich, daß der Stich den Herzbeutel

zerrissen, das Herz gestreift, das Zwerchfell durchbohrt und die Leber erreicht hatte. Von da an glaubte niemand mehr an eine Verletzung von eigener Hand, zumal am angegebenen Tatort auch der von ihm erwähnte Beutel gefunden wurde. Ein darin enthaltener Zettel aber gab keinen Anhaltspunkt für den Mörder. So blieb das Ende dieses Lebens (nach 21 Jahren) nicht weniger mysteriös als sein Anfang.

Über den Anfang, offenbar in einem Gefängnis, hat er selber Aufzeichnungen gemacht. Darin heißt es: »Das Gefängnis, in dem ich bis zu meiner Befreiung leben mußte, war ungefähr 6 bis 7 Schuh lang, 4 breit und 5 hoch. An der Vorderseite waren zwei kleine Fenster mit Holz verschlichtet, welches ganz schwarz aussah. Auf den Boden war Stroh gelegt, worauf ich zu sitzen und zu schlafen pflegte. Meine Füße waren vom Knie an mit einer Decke bedeckt. Neben meinem Lager auf der linken Seite war auf dem Erdboden ein Loch, worin ein Topf angebracht war; es war auch ein Deckel darüber, den ich wegschieben mußte, und immer wieder darauf deckte. Die Kleider . . . waren ein Hemd, kurze Hosen, in denen aber das Hinterteil fehlte, daß ich meine Notdurft verrichten konnte, weil ich die Hosen nicht ausziehen konnte . . . Meine Nahrungsmittel waren nichts anderes als Wasser und Brot . . . An Wasser hatte ich zuweilen Mangel . . ., ich nahm sehr oft das Krüglein in die Hand, hielt es lange an den Mund, aber es ging niemals Wasser heraus, ich stellte es immer wieder hin und wartete eine Zeitlang, ob nicht bald ein Wasser kommt, weil ich nicht wußte, daß mir das Wasser gebracht werden mußte, ich hatte ja keinen Begriff, daß außer mir noch jemand sein könnte . . .«

Angeblich hat er 16 Jahre in dem Gefängnis zugebracht. Ob seine Angaben der Wahrheit entsprechen, ist trotz intensiver Nachforschungen nicht geklärt. Noch immer halten die einen ihn für einen Betrüger, andere für einen um sein Erbe gebrachten Prinzen.

Wer war's?

101 *Er starb am Gift der Verleumdung*

Wieder erinnern heute Straßen und Plätze an ihn, nachdem sie seinen Namen eine Zeitlang nicht hatten tragen dürfen. Er selbst allerdings ist viel weniger bekannt.

Sein Vater war Schneidermeister, nicht sonderlich erfolgreich, und bei der großen Kinderzahl war gar nicht daran zu denken, auch nur eines der Kinder studieren zu lassen. Für den Sohn war das ein großer Kummer, denn die Familie lebte in einer Universitätsstadt, und der Pfarrer hatte den Vater zu überreden versucht, den Jungen studieren zu lassen. Aber der Junge sollte ein Handwerk lernen.

Die Entscheidung für ein Handwerk, das ihn später kaum ernähren konnte, fiel zufällig. Eine befreundete Familie betrieb eine Mietkutscherei; die Pferde interessierten ihn. Aber die Lehre enttäuschte ihn. Er wurde schlecht behandelt, mußte Boten- und Hilfsarbeiten machen und lernte wenig. Nur auf Bitten der Eltern lief er nicht davon. Aber wenige Wochen vor dem Ende der Lehrzeit gab er doch auf. Da hatte der Meister ihn zu Unrecht beschimpft und sogar geschlagen. Trotz flehentlicher Bitten des Vaters, der in der nicht abgeschlossenen Lehre eine Schande sah, ging der Junge nicht zurück. Er fühlte sich zutiefst verwundet.

Die Lehrzeit ist ihm dann doch angerechnet worden, und er hat seinen Beruf auch ausgeübt. Dabei gab es bald Schwierigkeiten: Die Meister wollten ihn nicht, wegen seiner politischen Anschauungen. Als er dann politisch aktiv wurde, fiel er auch der Polizei auf. Und schon der Achtzehnjährige stand auf ihrer schwarzen Liste weit oben, was ihn indessen nicht hinderte, seine Arbeitskollegen (und andere Arbeiter) über ihre Situation aufzuklären.

Da er in seinem Beruf nur schlecht bezahlte Flickarbeiten machen konnte (anderes war wenig gefragt), versuchte er etwas Neues: Mit einigen Bäckern gründete er eine Genossenschaftsbäckerei, die ihre Ware um ein Zehntel billiger verkaufte als andere Bäckereien in derselben Stadt. Aber es kamen nicht genügend Kunden.

Wenig später lernte er seine zukünftige Frau kennen. Sie war Fabrikarbeiterin und hatte einige seiner Vorträge gehört. Er hatte inzwischen eine mäßig bezahlte Stelle als Lokalredakteur gefunden. Zum Heiraten reichte das Gehalt bei weitem nicht. Da rieten Freunde ihm, eine Gastwirtschaft zu übernehmen. So kam es zur Eröffnung einer »Restauration und Bierhalle« und zugleich zur Hochzeit.

Die Sache ließ sich gut an, obwohl er sich weigerte, mit seinen Gästen zu trinken. Statt dessen half er ihnen – die meisten Gäste waren Parteifreunde –, wenn sie Rat brauchten, vor allem auf rechtlichem Gebiet (wo er sich einiges angelesen hatte). Weiterhin war er auch politisch tätig.

Und da hat er es sehr weit gebracht: Wenige Tage nach seinem 48. Geburtstag wurde er Oberhaupt seines Landes. Und seine Frau, das ehemalige Fabrikmädchen, war nun die First Lady. Darüber ist viel gespottet worden. Schlimmer aber war, daß man ihn beleidigte und verleumdete, ihn einen Verräter schimpfte und daß er noch immer so leicht verwundbar war wie einst als Lehrjunge.

In der Zeit eines für ihn höchst unerfreulichen Prozesses brach er zusammen. Eine nicht rechtzeitig behandelte Blinddarmentzündung war so schlimm geworden, daß die Operation zu spät kam. Als er starb, war er 54 Jahre alt.

Einer seiner Biographen sagt: »Die tiefere Ursache dieses Sterbens war das Gift der Verleumdung.« Und: »Die wirkliche Rehabilitierung dieses Mannes hat für die Nation im Grunde nie stattgefunden. Im Herzen dieses Volkes, das er über alles geliebt hat, lebt er nicht.«

Wer war's?

102 *Ein Kind mit der Frau des Hauswirts*

Wieder einmal befand er sich in größter Geldnot. Er war nun 37 Jahre alt, und die akademische Laufbahn, für die er sich nach einer unbefriedigenden Hauslehrerzeit entschlossen hatte, war noch ohne Erfolg geblieben. Das Provisorische seines Lebens, das ständige Untermieterdasein, hatte er gründlich satt – nicht zuletzt auch deswegen, weil die Frau seines Hauswirts einen Knaben zur Welt brachte, der von ihm stammte. 14 Tage nach der Geburt seines Sohnes ging er auf das Angebot ein, in einer anderen Stadt die Redaktion einer Zeitung zu übernehmen. Doch dauerte es nur wenige Wochen, bis er meinte: »Diese Arbeit kann nicht als ein solides Etablissement angesehen werden.«

Es fand sich dann etwas anderes, solide genug, daß der Einundvierzigjährige schließlich gar die Ehe wagte, allerdings nicht mit der Mutter seines Sohnes, deren Ehemann inzwischen gestorben war und der er einst die Ehe versprochen hatte, was zumindest sie behauptete. Aber sie erschien nun bei ihm und verlangte eine Abfindung. Das Ergebnis war, daß er und seine 20 Jahre jüngere Frau sich bereit erklärten, seinen Sohn ins Haus zu nehmen.

Anfangs scheint alles gut gegangen zu sein. Dem Zehnjährigen schrieb ein dem Hause befreundeter Dichter ins Stammbuch:

Als kleinen Knaben hab' ich dich gesehn
Mit höchstem Selbstvertraun der Welt entgegen gehn;
Und wie sie dir im Künftigen begegnet,
So sei getrost, von Freundes Blick gesegnet.

Getrost ist er bald nicht mehr gewesen. Inzwischen hatte er seinen Platz mit anderen teilen müssen; zunächst war ein kleines Mädchen geboren worden (das indessen kurz nach der Geburt starb), ihm folgten zwei Jungen. Es blieb nicht aus, daß er sich von seiner Stiefmutter zurückgesetzt fühlte; er schloß sich ab und wurde schwierig. Ob sein Eindruck zu Recht bestand, wird sich nicht mehr ergründen lassen. Zwar geht aus dem vom Vater sorgfältig geführten Haushaltsbuch hervor, daß zu seinem zwölften Geburtstag nur ein paar Groschen ausgegeben wurden, während im selben Jahr die Aufwendungen zum Geburtstag des Jüngsten erheblich größer waren, doch ist das schließlich kein Beweis. Auf jeden Fall ließ der Vater ihn gute Schulen besuchen.

Doch dann entschloß der Vater sich, ihn in einer anderen Stadt zu einem Kaufmann in die Lehre zu geben. Der Anlaß ist unbekannt. Der Sohn behauptete später, er hätte gerne Medizin studiert, sei jedoch von den Eltern, vor denen er in ständiger Furcht gelebt habe, unter Drohungen in die Kaufmannslehre gezwungen worden. Während dieser Lehrzeit veruntreute der Junge einen geringen Geldbetrag (es waren ein paar Groschen). Daraufhin erklärte der Vater ihn für unwürdig, weiterhin den väterlichen Familiennamen zu tragen. Später kaufte er ihm ein Offizierspatent für den holländischen Kolonialdienst. Bei seinem Eintritt ins Militär habe der Vater ihm nicht einmal ein Wort des Abschieds geschrieben, behauptete der Sohn.

Daß er, der Vater, als Gegner unerbittlich sein konnte, hat er später auch anderen gegenüber gezeigt, als er berühmt geworden war. Da zögerte er nicht, gegen seine wissenschaftlichen Gegner den Staat zu Hilfe zu rufen, jenen Staat, in dem er das Ziel der Weltgeschichte verwirklicht sah.

Seinen ältesten Sohn, der im Alter von erst 26 Jahren in Djakarta starb, hat er nur um ein Vierteljahr überlebt. Gänzlich überraschend ist er nach kurzer Krankheit, die jedoch der Ausbruch eines schon länger bestehenden Magenleidens gewesen sein dürfte, im 62. Lebensjahr gestorben.

Wer war's?

103 *Ohne sein Geld sähe die Welt heute anders aus*

Er hatte mehrere Berufe, die er nur zum Teil nacheinander, zum größeren Teil nebeneinander ausübte, und zwar so erfolgreich, daß er ein vermögender und einflußreicher Mann wurde. Seine größtenteils erfolgreichen Geschäfte brachten ihm so viel Gewinn, daß er dann und wann auch finanzielle Rückschläge verkraften konnte oder sie vielmehr bewußt auf sich nahm, wenn es ihm bei einem Unternehmen vor allem um die Sache und erst in zweiter Linie ums Geld ging. Das war zum Beispiel der Fall, als er in seinem Verlag eine 70bändige Ausgabe eines berühmten Zeitgenossen herausbrachte. Bei diesem Unternehmen, das sich über mehrere Jahre hinzog, hat er eine halbe Million zugesetzt.

Noch ein zweites Mal ging es ihm bei einem Geschäft mehr um die Sache als ums Geld. Dabei handelte es sich um ein sehr viel größeres Abenteuer als die Gesamtausgabe eines Schriftstellers. Es ging um die Gründung eines neuen Staates, die indessen nicht friedlich vonstatten ging, sondern mit einem Krieg begann. Er war überzeugt, daß man die Freiheitskämpfer, die es zu jenem Krieg hatten kommen lassen, unterstützen müsse. Und zwar mit Waffenlieferungen. Innerhalb weniger Wochen lieferte er ihnen unter anderem: 216 Kanonen, 300 000 Pulverrationen, 30 000 Flinten, 200 Kanonenläufe, 27 Mörser, 13 000 Bomben, 8 Transportschiffe, vollständige Ausrüstung für 30 Offiziere, 95 000 Ellen Tuch für Waffenröcke, 42 000 Ellen für Unterfutter, 60 000 Paar Wollstrümpfe, 120 000 Dutzend Uniformknöpfe, 30 000 Decken, 180 000 Ellen Leinwand für Hemden, 15 000 Pfund Zwirn, 1000 Pfund Seife, 100 000 grobe Nähnadeln, 30 000 Sacktücher, 30 000 Paar Schuhschnallen, 20 000 Paar Schuhe.

Das war indessen erst der Anfang seiner Lieferungen. Insgesamt lieferte er über mehrere Jahre hin gut das Zehnfache, und zwar im Wert von mehr als 20 Millionen. Ein Geschäft wurde das Unternehmen für ihn jedoch nicht. Denn die Freiheitskämpfer konnten nicht immer bezahlen. Auch wurden einige seiner Schiffe gekapert, weswegen er für seine Handelsflotte ein eigenes Schlachtschiff ausrüsten ließ. Häufiger als mit fest zugesagten Zahlungen mußte er sich mit wortreichen Dankschreiben der von ihm Unterstützten begnügen.

Ohne seine Hilfe wäre jener neue Staat, um dessen Gründung es ging, möglicherweise gar nicht entstanden, zumindest noch nicht zu jener Zeit. Und das heißt, daß die Weltgeschichte ohne ihn anders verlaufen wäre. Seltsamerweise ist sein finanzieller Einsatz bei jenem Freiheitskrieg bald in Vergessenheit geraten. Dennoch wurde sein Name berühmt (und ist es noch heute). Dieser Ruhm hängt jedoch mit einem seiner anderen Berufe zusammen. Und in diesem Beruf hat er es ebenfalls verstanden, zu Geld zu kommen. Das war zu seiner Zeit nicht ganz leicht, weil jener Berufsstand finanziell benachteiligt war. Ihm gelang es, das zu ändern, indem er einen Kampf um Tantiemen aufnahm und gewann.

In einem Memorandum schrieb er: »In den Foyers unserer Schauspielhäuser meint man: Es sei nicht edel von den Autoren, gemeine Geldfragen anzuregen, da ihre höchste Sorge doch sein soll, nach Künstlerruhm zu streben. Gewiß: Nichts ist lockender als Ruhm; nur vergißt man dabei, daß, wer sich seiner auch nur einmal im Jahr erfreuen will, von der Natur dazu verdammt ist, dreihundertfünfundsechzigmal im Jahr zu Mittag zu essen; und wenn der Krieger und der Staatsmann nicht erröten, den edlen Lohn für ihre Dienste einzuheimsen und immer höhere Grade anzustreben, die ihnen noch größere Einnahmen verschaffen, weshalb sollte der Sohn Apollos, der Sohn der Musen, der unablässig notgedrungen mit seinem Bäcker rechnen muß, just mit den Schauspielern nicht rechnen?«

Da lag das Problem: Zu seiner Zeit verdienten die Schauspieler entschieden mehr als die Bühnenautoren, die für sämtliche Aufführungen mit einer einzigen Honorarzahlung abgefunden wurden. Er aber setzte es durch, daß die Autoren an allen Aufführungen ihrer Stücke finanziell beteiligt wurden, wodurch er zahlreichen Autoren zu viel Geld verhalf. Übrigens haben keineswegs alle ihm das gedankt. Es gab Literaten, die ihm vorwarfen, mit seiner Geldgier die Literatur verseucht zu haben. Ihn störten solche puristischen Ansichten in keiner Weise.

Er hatte bei seinem Tantieme-Krieg zunächst an sich selbst und seine eigenen Stücke gedacht. Besonders eines von diesen begründete seinen Weltruhm, indem es in verhältnismäßig kurzer Zeit mehr als 100 Aufführungen erlebte. Es war ein lustiges Stück. Aber es war zugleich viel mehr. Viele Leute, vor allem die Herrschenden, hielten es – und durchaus zu Recht – für ein höchst gefährliches Stück, und sie versuchten deswegen, die Aufführung zu verhindern. Die Gefährlichkeit des Stückes richtete sich in der Tat gegen die Herrschenden, indem es ihre Privilegien, die sich vor allem auf ihre Geburt gründeten, in Frage stellte. Es hat seinem Autor nicht nur sehr viel Geld gebracht, sondern mitgeholfen, eine neue Zeit vorzubereiten, eine Zeit, die er noch erlebt hat. Er starb im Alter von 67 Jahren als mehrfacher Millionär.

Wer war's?

104 *Um den Körper Gehorsam zu lehren . . .*

Sein Großvater war Schäfer gewesen, sein Vater war Gutsverwalter, seine Mutter die Tochter eines kleinen Ackerbesitzers. Er sollte Theologe oder Lehrer werden. Seine Kindheit verbrachte er jedoch auf dem Gut, wo er tüchtig helfen mußte. Der Vater, schrieb er später, »mutete uns mit Recht die Übungen und Arbeiten zu, welche er hatte durchgehen müssen; er sah es überhaupt gern, wenn wir aus eigenem Triebe oder in wackerem Wettkampf uns Strengen und Härten auferlegten, die er eben nicht befohlen hatte. In der Erntezeit, wo viele Hände, und diese oft recht geschwindt, gebraucht werden mußten, wurden auch die Jungen oft einige Stunden vor der Sonne aus dem Bette getrieben und mußten oft lange vor der Schulstunde Ochsen und Rosse herbeitreiben oder herbeireiten, oft auch den ganzen Tag zu diesen oder ähnlichen jugendlichen und hirtlichen Geschäften ausharren.«

Im Alter von 17 Jahren kam er auf ein Gymnasium. Doch gefiel es ihm da nicht, und er lief einfach davon und nahm eine Stellung als Sekretär an. Daraufhin erlaubten die Eltern ihm, für sich zu Hause zu studieren.

Freiwillig unterwarf er sich in diesen Jahren körperlichen Abhärtungskuren: »Soldatische Lager auf harten Brettern oder Reisig, Übernachtungen unter freiem Himmel, wo ich mich, in meinen Mantel gehüllt, unter irgendeinen Baum oder hinter einem Heuhaufen hinstreckte, Wanderungen oft meilenweit nach allen Seiten hin, besonders nächtliche Wanderungen, die ich begann, wenn die anderen schlafen gingen, allein um den in üppiger Jugendkraft schwellenden Leib Tapferkeit und Gehorsam zu lehren.«

Der Zwanzigjährige begann Theologie zu studieren. Doch

brach er das Studium nach zwei Jahren ab. Er arbeitete danach als Hauslehrer, machte Reisen durch Deutschland, Österreich, Italien und Frankreich. Wieder daheim, habilitierte er sich und wurde Professor für Geschichte.

Sein Geschichtsbild war einseitig, national, geprägt vom Haß gegen das Nachbarvolk. In seinen Schriften vertrat er die Meinung, daß immer wieder die geistigen Führer der Nation versagt haben: die Philosophen, die Mathematiker und Astronomen, die Theologen, die Geschichtsschreiber, die Dichter, die Rezensenten und Journalisten: Sie alle, sagte er, haben die lebendige Beziehung zum Volke verloren.

Nach diesem Angriff auf die führende Schicht hielt er es für geraten, freiwillig ins Ausland zu gehen. Er kehrte zurück, als er sein Vaterland für eine neue Freiheit kämpfen sah. Nach jenem Freiheitskampf, an dem er gewissermaßen schriftlich teilnahm, erhielt er wieder eine Professur für neuere Geschichte. Aber nach nur einem Jahr wurde er seines Amtes entsetzt; man beschuldigte ihn der Mitgliedschaft geheimer Gesellschaften und der Verführung der Jugend.

Achtundsiebzigjährig wurde er einer der ersten Parlamentarier seines Volkes. Er starb im Alter von 90 Jahren.

Wer war's?

105 Er wollte die ganze Erde vernichten

Von seinem Geburtsort sagt er: »Bis zu meinem Todestage werde ich ihn hassen.« Sein Haß schließt das Elternhaus ein, und als Junge war er überzeugt, »im falschen Haus geboren« zu sein. Zwar änderte sich diese Einstellung später; von da an sagte er, daß seine Kindheit »ein langer Festtag, ein Karneval der Jugend, . . . ja ein Paradies« gewesen sei. Was ihm aber unverändert im Bewußtsein blieb, war das schlechte Verhältnis zu seiner Mutter. Erst in den letzten Monaten ihres Lebens fühlte er sich ihr nahe. Nach ihrem Tod – er war da schon 64 – schrieb er: »Als sie starb, fühlte ich eine Befreiung . . . Stand mir im Wege mein ganzes Leben lang . . .«

Was er ihr so nachtrug, war die Tatsache, daß sie ihn oder vielmehr seine Arbeit nie anerkannt hat. Wenn es nach ihr gegangen wäre, dann hätte er ein Leben als fleißiger Schneider geführt. Er aber ging von Anfang an seinen eigenen Weg, dessen Ziel allerdings schwer zu erkennen war. Schon auf der Schule hielt er es nicht aus; »angeekelt von der Atmosphäre und von dem Stumpfsinn des Stundenplanes«, verließ der Siebzehnjährige sie: »Ich sah keinen Sinn darin, meinen Kopf mit Schulkenntnissen vollzustopfen. Und ich sehe heute noch weniger einen Sinn darin . . . Aus den acht Jahren meiner Schulzeit habe ich nichts von Wert für mich davongetragen. Mehr noch – mich kann man nichts lehren; ich muß alles selber herausfinden.«

Als sein Vater ihm Geld für ein Universitätsstudium gab, nahm er das Geld und verschwand zusammen mit seiner Geliebten, »einer Frau, alt genug, um meine Mutter zu sein«. Als das Geld verbraucht war, kehrte er nach Hause zurück, ging aber bald wieder fort. Denn er wollte frei sein, frei vom

Elternhaus, frei von seiner Geburtsstadt, frei von allen Menschen, die dort lebten.

Es kam die Zeit, da er sich in immer neuen Berufen versuchte. Er arbeitete als Kellner, Bote, Plakatankleber, eine Zeitlang war er Hotelpage, Barmixer, dann Stenotypist, Hilfsbibliothekar, Versicherungskassierer, Hilfskraft in einem Büro, Billetlocher, Mechaniker, Müllkutscher und sogar Totengräber. Totengräber war er nur ein paar Wochen, obgleich er am liebsten die ganze Welt begraben hätte, zumindest aber sein Heimatland, das für ihn ein »Alptraum« blieb, eine »Senkgrube des Geistes« und das er am liebsten »von oben bis unten ausradiert sehen« wollte: »Ich möchte die ganze Erde vernichten. Ich gehöre nicht zu ihr. Ein Narrenhaus von A bis Z! . . . Zum Teufel damit! Töte, töte, töte! Töte sie alle, Juden und Christen, Junge und Alte, Gute und Böse . . .«

Aber zugleich wollte er auch leben. Er machte – schon zum zweitenmal verheiratet – eine Kneipe auf, ungesetzlich. Und als die Staatsanwaltschaft sich darum kümmerte, verdrückte er sich und überließ es seiner Frau, mit der Situation fertig zu werden. Die Liste seiner Jobs wird noch länger. Aber was immer er tut, denkt, fühlt, er wird es verwerten für seine eigentliche Arbeit. Er will nicht nur zerstören, auch nicht nur leben, er will helfen, eine neue Welt zu schaffen, die rein ist von Schmach, Entstellung, Verlogenheit, eine ehrliche Welt, »die ein Gefühl für Knochen und Umrisse hat, . . . eine Welt, die Respekt vor ihrem tierischen Ursprung hat«.

Es dauert lange, bis er sich verständlich machen kann, und sehr lange, bis auch Staatsanwälte ihn verstehen. Rückblickend sagt er: »Was ich klarzumachen versucht habe, manchmal verzweifelt, ist, daß ich auf das Leben selbst als etwas Gutes blikke, ganz gleich, unter welchen Bedingungen; daß immer wir es sind, die das Leben lebensunmöglich machen, wir, nicht die Götter, nicht das Schicksal, nicht die Umstände.«

Wer ist's?

106 »Viel Satan« mit dem Hausmädchen

Zeitlebens hat ihm sein mißratener Körper zu schaffen gemacht; bucklig, klein, dünnbeinig, mit eingefallenem Brustkorb, zu großem Kopf und riesigen Ohren: »Seine eigene Figur lacht ihn aus«, notierte er als Dreiundzwanzigjähriger über sein Spiegelbild. Seine Gebrechen haben wesentlich dazu beigetragen, daß er – wie man gesagt hat – der »Kolumbus der Hypochondrie« wurde. Doch lernte er auch früh, sich zu verteidigen. Als er wegen seiner großen Ohren verspottet wurde, antwortete er: »Stellen Sie sich nunmehr Ihr Gehirn und meine Ohren vor – das gäbe einen Esel von besonderer Herrlichkeit!«

Vor allem lernte er, die nur äußerliche Schönheit zu durchschauen; oft genug entdeckte er hinter der vollendeten Fassade geistige Krüppelei. Doch war er von Natur aus heiter genug, als daß er etwa bösartig hätte werden können, wenngleich er oft und gern davon träumte, wie er »diesen oder jenen Menschen ums Leben bringen oder Feuer anlegen könnte, ohne daß es bemerkt würde . . .« Immerhin machte sein Mißtrauen selbst vor dem Schöpfer nicht halt. Sein Buckel und soviel anderes Leid brachten ihn zu der Überzeugung, unsere Welt könne nur »das Werk eines untergeordneten Wesens« sein, das »die Sache noch nicht recht verstand«.

Was immer ihm einfiel an solchen und anderen Gedanken – und er hatte unendlich viele funkelnde Gedankensplitter –, hielt er in seinen »Sudelbüchern« fest. Sie begründeten seinen Ruhm in sehr viel stärkerem Maße als die Arbeit in seinem eigentlichen Fach mit Elektrisiermaschinen, Leydener Flaschen, Papierdrachen und Blitzableitern – eine Arbeit, die ihm nach seinem Tode einen Platz auf dem Mond einbrachte.

Aber berühmt war er auch schon zu Lebzeiten, und zwar weit über die kleine deutsche Universitätsstadt hinaus, wo er als Professor lehrte und es so meisterhaft verstand, dem Auditorium weder den Rücken noch seine Profillinie preiszugeben. Im übrigen tröstete er sich: »Sobald einer ein Gebrechen hat, so hat er seine eigene Meinung«, während die gesunden, gerade gewachsenen Menschen sich alles gefallen ließen.

Er selber blieb immer ein Nonkonformist, auch in seinem Liebesleben. »Ein richtiger Kerl soll nur lernen, sein braunes Mädchen zu genießen wie sein braunes Brot«, schrieb er und gab zu verstehen, daß ihn die »standesgemäßen«, die »gepuderten« Mädchen nicht interessierten. Als fast Vierzigjähriger holte er sich ein erst zwölf Jahre altes Blumenmädchen ins Haus, die Tochter eines armen Leinewebers, brachte ihr Schreiben, Lesen, Rechnen und ein wenig Französisch bei und liebte sie von Tag zu Tag mehr. Sie sei ein solches Muster an Schönheit und Sanftmut, schrieb er einem Freund, wie er es noch nie gesehen habe. Vor den Blicken seiner Mitbürger scheint er seine »Jungfer Hausfrau« mit Erfolg abgeschirmt zu haben; die Kleine hat seine Wohnung fast nie verlassen. Schon nach zwei Jahren aber nahm dieses seltsame erotische Idyll durch den Tod des Mädchens ein unerwartetes Ende.

Ihr Tod hat ihn tief getroffen. Seine Hypochondrie nahm wieder zu, und mit ihr kamen zahlreiche Beschwerden. Er klagte über rätselhafte Kopfschmerzen im linken Nackenknochen, nahm stark ab, bekam Ohnmachtsanfälle, litt an Asthma. Schließlich hielt er es für besser, wieder jenem »Triebe zu folgen, ohne den die Welt nicht bestehen könnte«. Diesmal nahm er eine dreiundzwanzigjährige Erdbeerverkäuferin zu sich, als »Haushälterin«, was aber die Landesregierung ihm nicht recht glauben wollte und ihm Vorhaltungen machte. Er erwiderte, daß er viel zu häßlich sei, um von einer Frau geliebt werden zu können. Acht Kinder hatte er mit seiner Haushälterin, bis er sie schließlich, als er ernsthaft krank wurde, heiratete.

Es war eine Nottrauung, weil er fürchtete, daß es ans Sterben ging, und weil er Frau und Kinder bürgerlich versorgt wissen wollte. Doch ließ der Tod dem Siebenundvierzigjährigen noch fast zehn Jahre. In dieser ganzen Zeit war er bettlägerig und hatte fast immer Schmerzen. Er zog sich mit Schlafrock und Nachtmütze in sein Gartenhäuschen zurück, von wo er seine Freunde in Briefen und seine Frau in Zettelchen über seinen Zustand unterrichtete: »Könnte ich ihn so ganz schildern, wie er ist, ich glaube, meine Freunde selbst würden mir vergeben, was ich bisher non agendo verübt habe . . .« Doch hat sein Zustand ihn nicht daran gehindert, noch weiterhin für Nachwuchs zu sorgen und über Jahre hin mit einem Hausmädchen ein Verhältnis zu haben und mit ihr noch kurz vor seinem Tode, wie er es nannte, »viel Satan« zu treiben.

An seinem frühen Tod sei er selber schuld gewesen, meinte ein Zeitgenosse in einem Brief an den bedeutendsten Philosophen jenes Jahrhunderts. Denn, so heißt es da, »er führte bei seiner von Natur schwachen körperlichen Konstitution und seiner sitzenden Lebensart ein recht wüstes Leben. Des Morgens stand er spät auf, gleich darauf trank er Kaffee, Spanischbitter und Wein. Zu Mittag ward auch wieder Wein getrunken. Nachmittag wieder Wein und Liqueur, um sich immer munter zum Schreiben zu erhalten . . .«

Wer war's?

107 *Rauchen, um das Gewissen zu betäuben*

Als junger Mensch hatte er eine Phase, in der er viel trank, statt zu arbeiten, in Spielkasinos saß und hohe Summen verspielte. Später war er sehr diszipliniert und bewältigte ein großes Arbeitspensum. Und da sah er in dem Genuß von Alkohol, Tabak und Rauschgift etwas Lasterhaftes, Unsittliches. Auch der Tabak gehörte für ihn zu den Betäubungsmitteln wie Schnaps, Wein, Bier, Haschisch, Opium, Äther, Morphium.

In einer Schrift versuchte er zu beweisen, daß die Menschen keineswegs, wie sie behaupten, aus Langeweile oder aus Genußsucht trinken oder rauchen, sondern um ihr Gewissen einzuschläfern. Denn, so argumentierte er: »Unser Leben ist nicht, wie es nach den Forderungen des Gewissens sein sollte.« Es aber entsprechend umzugestalten, fehle die Kraft, und um nicht ständig unter einem schlechten Gewissen zu leiden, werde das Gewissen betäubt.

Er wußte dafür ein Beispiel: »Ich erinnere mich der überraschenden Aussage eines angeklagten Kochs, der meine Verwandte, ein altes Fräulein, getötet hatte, bei der er in Diensten stand. Er erzählte . . .: Als er ins Schlafzimmer kam und das Messer an ihren Hals legte und sie röchelnd zurückfiel und das Blut strömend herausquoll, habe ihn Furcht erfaßt. ›Ich konnte den Schnitt nicht weiter führen‹, sagte er, ›und ging aus dem Schlafzimmer in das Wohnzimmer, setzte mich dort auf den Stuhl und rauchte eine Zigarette.‹ Erst nachdem er sich durch den Tabak betäubt hatte, fühlte er wieder die Kraft in sich, in das Schlafzimmer zurückzugehen, seine Mordtat fortzusetzen und die Habseligkeiten der alten Frau zu durchsuchen.«

Genauso verhielten sich die Menschen auch in alltäglichen Situationen, meinte er und schilderte dann seine eigenen Rauchgewohnheiten: »Wann empfand ich das besondere Bedürfnis nach Tabak? Es geschah das immer in solchen Augenblicken, wenn ich nicht gern an das denken wollte, was mir durch den Sinn ging – wenn ich vergessen wollte, nicht denken. Ich sitze allein, müßig, ich weiß aber, ich muß an die Arbeit gehen, ich habe nur keine rechte Lust dazu. Ich zünde eine Zigarette an und sitze weiter müßig da . . .«

Daß Rauchen die geistige Arbeit, das Denken fördere, sei ein verhängnisvoller Irrtum, meinte er; es setze lediglich die Kritikfähigkeit herab: »Es ist sehr wahrscheinlich, daß Kants Werke . . . nicht in einer so unklaren, schlechten Sprache geschrieben wären, wenn er nicht soviel geraucht hätte.« Ja, er war überzeugt, alle Verrücktheiten und alle Übel dieser Welt kämen nur davon, daß die Menschen ihr Gewissen ständig betäubten und sich in den Zustand der Trunkenheit versetzten. »Wäre es sonst möglich«, fragte er, »daß die Menschen . . . ruhig alles das tun könnten, was in unserer Welt geschieht, vom Eiffelturm an bis zur allgemeinen Wehrpflicht? . . . Millionen Zentner Eisen vergeudet man, um einen Turm zu bauen; und Millionen Menschen halten es für ihre Pflicht, auf diesen Turm hinaufzuklettern, oben zu verweilen und wieder herunterzuklettern . . . Oder ein anderes: Alle europäischen Völker sind nun schon Jahrzehnte damit beschäftigt, die besten Mittel zu ersinnen, um die Menschen totzuschlagen . . .«

Als er dies schrieb, um mitzuhelfen, die Welt »von diesem furchtbaren Übel« der Betäubung durch Alkohol und Tabak zu befreien, war er 62 Jahre alt und hatte sich das Rauchen, das Trinken und sogar das Fleischessen abgewöhnt. Aber später wurde er rückfällig. Zwar brachte er es weiterhin fertig, auf Fleisch und Alkohol zu verzichten, von seinem verhaßten Tabak aber kam er nie los.

Wer war's?

108 *Die Philosophen hielt er für Schwätzer*

Beim Spielen scheint der vierjährige Johann – so riefen ihn seine Eltern – einmal in den Kanal gefallen zu sein, an dessen Ufer die Hütte seines Vaters stand, eines Gärtners und Maurers. Jedenfalls sah ein zufällig vorübergehender Arbeiter – zwischen der Hütte und dem Kanal verlief eine Straße – den kleinen Johann strampelnd und wasserschluckend um sein Leben kämpfen. Er zog ihn heraus und hatte damit ein Genie vor dem Ertrinken gerettet.

Daß Johann ein Genie war, stand damals zwar noch nicht fest, doch war immerhin aufgefallen, daß der Vierjährige, der noch nicht lesen konnte, auf jenem Gebiet, auf dem er weltberühmt werden sollte, besonders begabt war. Schon im Alter von drei Jahren soll er seinen Vater einmal korrigiert haben, als der die Löhne seiner Arbeiter einmal falsch berechnet hatte.

Möglicherweise ist das nur eine Legende. Aber nicht zu bezweifeln ist, daß nur wenig später, als Johann in die Schule kam, der Lehrer seine besondere Begabung sofort erkannte. Sie war allerdings auch nicht zu übersehen. Denn als der Lehrer einmal eine zeitraubende Aufgabe stellte, hatte Johann die Lösung im Handumdrehen heraus, zum Erstaunen des Lehrers, der dann erkennen mußte, daß Johann anstelle des üblichen, zeitraubenden Verfahrens eine auf geniale Weise verkürzte Methode gefunden hatte.

Glücklicherweise hat nun dieser Lehrer seinen Schüler so sehr gefördert, wie es ihm möglich war. Und so kam Johann einige Jahre später auf ein Gymnasium, zum Stolz der Mutter, doch zum Ärger des Vaters, der in der Begabung seines Sohnes nichts als eine Spielerei sah, von der man sich nicht ernähren konnte. Vielleicht hätte der Vater ihn vom Gymnasium doch wieder heruntergenommen, damit der Sohn ein ehrbares Handwerk erlerne, wenn dieser nicht auch dort schon bald wegen seiner Begabung aufgefallen wäre. Einer der Gymnasialprofessoren machte den Landesfürsten auf ihn aufmerksam. Dadurch kam der Vierzehnjährige in eine Vorschule für ein Universitätsstudium; die Kosten übernahm der Herzog. Hier gelangen ihm bereits seine ersten Entdeckungen, zu denen später, auf der Universität, immer weitere hinzukamen.

Übrigens hat er trotz seiner genialen Begabung noch lange geschwankt, ob er sich nicht einem ganz anderen Gebiet zuwenden solle, nämlich dem Studium der klassischen Philologie. Erst im Alter von 19 Jahren entschied er sich gegen die Philologie und für sein Gebiet. Drei Jahre später wurde er zum Doktor promoviert. Und nach weiteren zwei Jahren erschien sein erstes großes Werk, mit dem er sich sofort in die erste Garnitur der Gelehrten seines Fachs einreihte, ja von ihnen als der führende Kopf anerkannt wurde. Das blieb er sein Leben lang, das er nun über viele Jahre als Universitätslehrer führte, wobei er die Lehrtätigkeit indessen als eine schwere Last empfand.

Zweimal war er verheiratet, die erste Frau starb nach der Geburt des dritten Kindes, das wenig später ebenfalls starb; die zweite Frau schenkte ihm ebenfalls drei Kinder.

Mit Bereichen, die außerhalb seines Faches lagen, konnte er nicht allzuviel anfangen. Die Philosophen hielt er für Schwätzer; von Shakespeare mochte er allenfalls die Komödien, von Goethe und Schiller so gut wie gar nichts; und den Medizinern brachte er ein tiefes Mißtrauen entgegen. Dennoch mußte der Siebenundsechzigjährige eines Tages einen Arzt bemühen, der Herzerweiterung und eine beginnende Wassersucht diagnostizierte. Daran ist er einige Wochen später gestorben.

Wer war's?

109 »Es gibt nichts in der Welt außer Jugend«

Bereits als Siebenundzwanzigjähriger war er so berühmt, daß eine Vortragsreise, zu der man ihn nach Amerika eingeladen hatte, ein Riesenerfolg wurde. Einem Freund berichtete er: »Die Gesellschaft reißt mich in Stücke. Riesenempfänge, wunderbare Diners, Menschenmengen warten auf meine Kutsche. Ich winke mit behandschuhter Hand . . ., und man jubelt . . . Die Räume sind für mich überall mit weißen Lilien geschmückt. In den Pausen gibt es ›Schampus‹, und zwei Sekretäre helfen mir. Der eine schreibt mein Autogramm und beantwortet Hunderte von Briefen . . . Der andere, dessen Haar braun ist, schickt Locken seines eigenen Haares an die jungen Damen, die mich darum bitten; er wird zusehends kahl . . .«

Vielleicht hat er (was er eigentlich immer tat) etwas übertrieben, doch kann nicht bezweifelt werden, daß er Aufsehen erregte. Schon durch seine extravagante Kleidung. Über Kleidung, vor allem die der Damen, hat er in seiner Vortragsreihe auch ausführlich gesprochen. Kleidung sollte schön sein, sagte er, aber auch zweckmäßig. Und so bekämpfte er das Korsett, das Fischbeinmieder, den Reifrock, die Tournüre, und er empfahl den Damen, die Gewänder von der Schulter lose herunterhängen zu lassen. »Größere Gesundheit wäre die Folge, und somit auch größere Schönheit.«

Schönheit forderte er auch für andere Dinge des täglichen Gebrauchs: für Möbel, Tapeten, Porzellangeschirr. Und da er meinte, ohne schöne Dinge nicht leben zu können, klagte er schon bald: »Ich werde von Ausgaben überwältigt.« Das Finanzproblem löste er als Dreißigjähriger. Da heiratete er eine reiche Frau. Allerdings hat er sie nicht – was später oft behauptet wurde – wegen ihres Geldes geheiratet, sondern weil sie schön war und weil er sie liebte. Und noch mehr liebte er die zwei Kinder, die aus dieser Ehe hervorgingen, zwei Söhne, die er verwöhnte und denen er immer neue Geschichten erzählte.

Der Mittdreißiger war nicht mehr als Vortragsredner berühmt, sondern wegen anderer Arbeiten. Darin ging es indessen auch wieder um die Schönheit. Und um die Verherrlichung der Jugend. »Jugend ist das einzige, was sich zu besitzen lohnt«, sagte er; »es gibt absolut nichts in der Welt außer Jugend.« Früh zeigte sich seine Furcht vor dem Altern, die immer größer wurde. Er selbst ist nicht alt geworden; als er (nach einer Operation am Ohr) starb, war er 46 Jahre.

Eigentlich war er schon einige Jahre zuvor gestorben oder anders gesagt – zerbrochen worden. Er war gescheitert an jener Gesellschaft, der er zwar immer nachgelaufen war, die er jedoch ständig kritisiert und verspottet, ja angegriffen hatte, weil sie den einzelnen daran hindere, sich zu entfalten. »Das Ziel des Lebens ist Selbstentfaltung«, sagte er, »das eigene Wesen vollkommen zu verwirklichen – das ist es, wozu jeder von uns hier ist. Die Leute fürchten sich heutzutage vor sich selbst . . . Und doch . . . glaube ich, wenn ein Mensch sein Leben völlig und vollkommen auslebte, jedem Gefühl Gestalt verlieh, jeden Gedanken ausdrückte, jeden Traum verwirklichte – dann würde die Welt solch einen frischen Freudenimpuls gewinnen, daß sie all die mittelalterlichen Krankheiten vergäße und zu dem hellenistischen Ideal zurückkehrte – vielleicht sogar zu etwas Feinerem, Reicherem als dem hellenistischen Ideal.«

Als er dies für sich wahrzumachen versuchte, ohne Rücksicht auf die Gesellschaft und ihre Gesetze, wurde er verurteilt – zu Gefängnis und Zwangsarbeit. Schlimmer für ihn war, daß die Gesellschaft ihn ausstieß, ihn völlig isolierte, ihn, der ohne sie nicht leben konnte.

Wer war's?

110 *Weil er so gut rasieren konnte*

Sein Schicksal ist ein Beweis dafür, daß das Reisen schon in der »guten, alten Zeit« nicht ungefährlich war. In seinen Erinnerungen hat er beschrieben, wie er im Jahre 1775 vor der nordafrikanischen Küste von Seeräubern gefangengenommen wurde. Verwundet brachte man ihn nach Algier und versteigerte ihn an einen Berber. In dessen Haus wurde er nachts mit anderen Sklaven im Keller eingesperrt. Wegen einer gefährlichen Verletzung am Fuß kam er dann jedoch in ein Gefangenenlazarett.

Er schreibt, daß damals in Algier eigentlich alle nur von der Arbeit der gefangenen Christen lebten beziehungsweise von den eingehenden Lösegeldern. Er selbst kam durch seine Geschicklichkeit im Umgang mit dem Rasiermesser ganz gut über die Runden: »Meine Kunst, gut zu rasiren, war ruchbar geworden. Eines Tages trat der Slesky, einer von den obersten Aufsehern des Lazareths, zu mir und befahl mir, ihm unverzüglich zu folgen. Ich gehorchte und trat mit ihm in ein Gemach seines Hauses, wo auf einem Tische ein Dutzend guter Rasirmesser lagen. Ohne ein Wort zu sprechen, warf er ein Kleidungsstück nach dem andern von sich, entblößte den Leib und befahl mir nun, ihn überall zu rasiren, wo ich Haare fände. Da mir die Sitte, die den Mohren befiehlt, sich alle Monate beym Eintritt des ersten Mond-Viertels auf diese Art rasiren zu lassen, völlig unbekannt war, so wußte ich freylich Anfangs nicht, was ich vor Verwunderung denken sollte. Indessen griff ich das Werk mit Freuden an und vollendete es zu seiner Zufriedenheit . . .«

Am folgenden Tag vermittelte jener Aufseher, den er so gut rasiert hatte, ihm einen zahlenden Kunden, jedoch nur, um sich an dem Geschäft zu beteiligen: »Er führte mich in ein wohlgebautes Haus, . . . in welchem der Eigentümer mir durch einen Kulon (einen Sklaven) ein scharfes Scheermesser überreichen ließ, sich dann nackend in ein silbernes Becken legte und mir nun winkte, daß ich ihn rasiren möchte. Ich erfüllte seinen pantomimischen Befehl, wie es schien, zu seiner Zufriedenheit, und sobald ich damit fertig war, überreichte er mir zur Belohnung 6 Sopikas (nach unserem Gelde ungefähr 4 Groschen); aber kaum war ich außerhalb der Mauern des Hauses, als mir der hartherzige Slesky das Geld bis auf einen Sopika abnahm. Doch auch dieser einzige machte mich schon äußerst munter, da ich lange Zeit keinen Kreuzer Werths in meinem Besitze gehabt hatte.«

Zusammen mit dem Aufseher hat er sein Rasier- und bald auch Barbiergeschäft recht gut ausgebaut. Andere Arbeiten brauchte er nicht zu machen, und er durfte sich verhältnismäßig frei bewegen, wenn er auch immer wieder in seinen Kerker zurück mußte. Eines Tages lernte er den in Algier ansässigen französischen Konsul kennen, der sich seine Geschichte erzählen ließ und ihn dann zu sich ins Haus nahm, wo es ihm ausgesprochen gut ging.

Etwa ein Jahr war er schon im Haus des Franzosen, als eines Tages spanische Missionare vom »Orden der Befreiung« nach Algier kamen. Sie hatten an den Höfen Europas Geld gesammelt, um gefangene Christen freizukaufen. Unter den Glücklichen von – wie er schätzte – wenigstens 30 000 Gefangenen, die zu jener Zeit in Algier festgehalten wurden, war auch er. Und so kam er nach insgesamt dreieinhalbjähriger Gefangenschaft endlich wieder frei und durfte Algier verlassen.

Wer war's?

111 *Versemachen, auch das eigene, schien ihm ordinär*

Sein Leben lang ist er aus den Schulden nicht herausgekommen. Das lag an seiner besonderen Veranlagung, die er offenbar von seinem Großvater geerbt hatte. Der lebte – wie der Enkel später erzählte – als genußfreudiger Grandseigneur mit der angenehmen Gewohnheit, sich hübsche Mädchen, die er in seinen Dörfern sah, durch seinen Kammerdiener »ins Bett befehlen« zu lassen. Aber als er eines Tages an eine »wunderbar schöne Schweinehirtin« kam, der es mit dem bloßen Spaß nicht genug war, die sich vielmehr beim König über ihn beschwerte, mußte er das Mädchen auf königlichen Befehl heiraten. Dies wiederum traf den noch gar nicht existenten Enkel, indem dieser nämlich später zu den nicht erbberechtigten Nachkommen der Schweinehirtin zählte, denen man die großen Güter der Familie vorenthielt.

So kam es, daß er in ziemlich bescheidenen Verhältnissen aufwuchs und – weil er adlig war – Offizier wurde. Er nahm an mehreren Kriegen teil, wurde mehrmals verwundet, mußte aber kurz vor der Beförderung zum Hauptmann den Dienst quittieren, weil er so enorme Schulden gemacht hatte.

Vor seinen Gläubigern floh er – inzwischen einunddreißigjährig – nach Amerika. Dort fand er aber auch nicht das erhoffte Glück, obgleich er auf alle mögliche Weise versuchte, zu Geld zu kommen. Er verdingte sich als Sprachlehrer, gab Klavierstunden, war Stallmeister, strich Wände an. Es gefiel ihm alles nicht. Und nachdem er wieder zurückgekehrt war, schrieb er an einen Freund: »Es ist das Leben da so schnurstraks gegen alle meine Gewohnheiten, meine Empfindungen, Lebensbetrachtungen, daß mir jetzt mein dortiger Aufenthalt wie eine Hölle vorkommt.«

Daheim ließ er sich als Gesangslehrer und Schriftsteller nieder, heiratete und machte neue Schulden. Immer wieder kamen Gerichtsvollzieher zum Pfänden. »Es ist wahrhaftig kein Spaß, für eine junge, eben erst verheiratete Frau, von ihren Schätzen hergeben zu müssen«, schrieb er; »so geht es nun Tag um Tag . . . Als verlangt wurde, daß sie ihre Ringe vom Finger streifen sollte, verweigerte sie es. Man sprach von gerichtlicher Gewalt, so hielt sie denn die Hand hin und es wurden, ohne daß der Kerl die Hand berührte, die Ringe auf dem Finger taxiert. Meine Frau benahm sich wie eine Königin! Aber als die Menschen weg waren, fiel sie mir schluchzend um den Hals.«

Der einzige Ausweg schien ihm eine Beamtenstelle zu sein, aber da langweilte er sich: »Ich saß in der Amtsstube, las Verfügungen, erließ Verfügungen und spielte abends zur Erholung Whist. Und alle Sehnsucht, die Herrlichkeit war untergegangen in Kleinlichkeit.«

Da er weiterhin über seine Verhältnisse lebte und Schulden machte, ließ seine Frau sich scheiden. Er heiratete ein zweites Mal, und die Schulden wurden so hoch, daß er als Beamter nicht mehr tragbar war. Was blieb, war die Schriftstellerei, aber Geld brachte sie kaum ein, Geld kam manchmal von Freunden, und dem Sechzigjährigen setzte der Kaiser eine Provision aus, mit der er sich einigermaßen über Wasser hielt. Über seine Dichtung hat er einmal gesagt: »Pferdehandel und (zuweilen natürlich nur) Sitzen mit Zigeunern, Bauern und so weiter, in den Wald- und Weg-Kneipen, steht mir höher als Verse machen. Dies Versemachen scheint mir überhaupt recht ordinär zu sein . . .«

Da war er 60 Jahre alt, fünf Jahre später starb er.

Wer war's?

112 *Schrieb über ein Geschäft seines Landesherrn*

In seinem Beruf als Präzeptor fühlte er sich nicht wohl. Der Fünfundzwanzigjährige klagte: »Ein Mensch, der eine Frau hat, die zugleich seine Magd ist; der unter liederlichen Arbeiten keucht; der vor dem Sarge einer alten Spitalfrau mit acht geflickten Mänteln wie unsinnig ein Totenlied schreien muß; der unter hundertzwanzig Tartarn, mit der Knute in der Hand, zwölf Stunden des Tags umherwandeln muß; der endlich an des Herrn Ruhetag mit neun Furien, die anstatt brennender Fackeln, Fidelbögen tragen, gemartet wird . . . der sollte noch beneidet werden können?«

Vielleicht übertrieb er. Zwar war er schlecht besoldet, aber andere hatten noch weniger und beneideten ihn sehr wohl. Was ihm fehlte, war persönliche Freiheit. Sein Lebenskreis war ihm zu eng und zu spießig. Und so kam es, daß er sich zuweilen Luft machen mußte in manchmal geradezu unflätigen Reden gegen geistliche und weltliche Machthaber.

Einmal schlug ihm das zu seinem Vorteil aus, indem er die ihm verhaßte Schulmeisterstelle verlor und statt dessen eine vergleichsweise glänzende Stellung bekam. Allerdings nicht für lange. Kaum hatte er einem Freund mitgeteilt: »Ich bin nunmehro ein Hofmann! Stolz, windicht, unwissend, vornehm, ohne Geld und trage samtne Hosen, die, so Gott will, noch vor meinem seligen Ende bezahlt werden sollen . . .« – da war es mit dem feinen Leben schon wieder vorbei. Außereheliche Liebesgeschichten – er meinte, sich als Hofmann auch eine Mätresse leisten zu können – brachten seinen Schwiegervater auf. Die Folge war, daß er seinen Posten wieder aufgeben mußte und außer Landes verwiesen wurde.

Nach Zeiten der Wanderschaft oder eher des Landstreichertums, in denen er sich mit Klavierspielen über Wasser hielt, wurde er Journalist. Das schien ihm endlich der richtige Beruf zu sein. Doch setzte er sich jetzt erst richtig in die Nesseln, indem er seinen Lesern wahrheitsgemäß von einem Geschäft ihres Landesherrn berichtete. Der Landesherr ließ ihn dafür einsperren, ohne Prozeß, ohne ihm die Möglichkeit einer Verteidigung zu geben.

In einer feuchten Zelle einer Festung blieb er länger als ein Jahr. Dann gab man ihm ein trockenes und vergleichsweise luftiges Zimmer. Immer noch blieb er allein. Er durfte nicht schreiben und nicht musizieren. Nach zwei Jahren ließ man ihn zum erstenmal einen Gottesdienst besuchen. Später durfte er manchmal auf der Orgel spielen. Erst nach vier Jahren durfte er seiner Frau schreiben, die vergeblich immer neue Eingaben um seine Freilassung gemacht hatte und schließlich nur noch darum bat, ihn besuchen zu dürfen. Andere Häftlinge, sogar Mörder, durften Besuche empfangen, er nicht.

Erst nach mehr als zehn Jahren Haft ließ man ihn frei; Angehörige eines anderen Herrscherhauses hatten sich für ihn verwendet. Man gab ihm eine angesehene Stellung mit einem guten Einkommen. Doch er hatte nur noch vier Jahre zu leben. Nachdem seine Gesundheit schon während der Haft geschwächt worden war, starb er im Alter von 52 Jahren nach einer Reihe von Schlaganfällen.

Wer war's?

113 *Viele gute Dinge von nur einem Teller*

Er war immer sehr gut informiert. Das und seine unermüdliche Arbeitskraft sicherten ihm eine einflußreiche Stellung. Allerdings hat er nie eine solche Stellung eingenommen, bei der er in eigener Verantwortung hätte entscheiden müssen. Er liebte es, im Hintergrund zu bleiben.

Mehrere Jahre lang arbeitete er unter einem entscheidungsfreudigen und sehr viel stärkeren Vorgesetzten. Und lange blieb er ganz in dessen Schatten. Allmählich aber entwickelte er gegenüber dem mehr als 20 Jahre Älteren eine immer stärkere Kritik. Über den Sechzigjährigen notierte er noch: »Das Unglück liegt nicht darin, daß er mal verwechselt oder vergißt – ein anderer würde es nicht besser machen –, sondern darin, daß niemand wagt, ihn auf ein Versehen aufmerksam zu machen.« Wenig später fand er ihn »im vollen Einschrumpfen: einsam, nervös, mißtrauisch, ohne den früheren Überblick«. Und wieder etwas später notierte er, sein Chef habe einen »merkwürdig kleinen Kopf bekommen«.

Zu jener Zeit begann er, hinter dem Rücken seines Chefs auf eigene Faust Politik zu machen; nicht – wie oft behauptet worden ist – aus bloßer Neigung zur Intrige, sondern weil er dessen politisches System, das er mit dem »Schienengewirr eines großen Bahnhofs« verglich, für überholt hielt. Nicht nur seiner Umgebung ist das politische Verhalten wie auch das private Leben dieses ewigen Junggesellen undurchsichtig geblieben und verdächtig erschienen.

In dem später berühmt gewordenen Tagebuch einer Zeitgenossin heißt es: »Unerhört war es, daß ein so unverantwortlicher Mann in relativ nichtmaßgebender Stellung eigentlich allein die Politik leitete.« Sie fragte sich, wie es eigentlich möglich sei, daß dieser Mann »trotz seiner häßlichen menschlichen Eigenschaften« seinen Einfluß über so viele Jahre behalten konnte. Die allgemeine Ansicht dazu sei, »weil er zu vieles wisse, womit er den Staat verderben könne«. Sie aber, die ihn persönlich kannte, war anderer Meinung: »Da tut man ihm unrecht; niemals wird er Dinge ans Tageslicht bringen, die dem Staat schaden könnten.«

Er hat seinem Staat aber doch geschadet. Und zwar sowohl durch Indiskretion (über Vorfälle, die aus heutiger Sicht einigermaßen belanglos erscheinen, deren Enthüllung damals jedoch wie eine Bombe einschlug) als auch und mehr noch durch Fehleinschätzung der politischen Situation: In seinem Einfluß aus der Kulisse trug er entscheidend dazu bei, daß die Weichen falsch gestellt wurden. Die Folgen waren verhängnisvoll.

Sein Name ist indessen vielen Menschen nur von einem nach ihm benannten Fleischgericht bekannt. Dazu braucht man ein etwa 200 Gramm schweres Stück Fleisch aus der Keule eines Kalbs. Es wird, heißt es in Kochbüchern, leicht geklopft, gesalzen, in Ei und Semmelbrösel gewälzt und in Butter saftig gebraten, bis kein Blut mehr heraustritt. Dann wird es auf einem vorgewärmten Teller angerichtet, mit einem Spiegelei belegt, das seinerseits mit Sardellen, Kapern und einem Tupf Petersilie bedeckt ist. Das Ganze wird garniert mit Mixed Pickles und mit Kaviar und Räucherlachs belegten Röstbrotscheiben.

Angeblich war dies sein Lieblingsgericht, das er sich zwar nicht selber zubereitete, aber in besonders guten Restaurants häufig bestellte. Begründet ist es in seiner Vorliebe, gern viele gute Dinge von nur einem Teller zu essen. Dies weiß man mit Sicherheit von ihm, daß er ein ausgesprochener Gourmet war, ganz im Gegensatz zu seinem bedeutenderen Vorgesetzten, an dessen Sturz er übrigens keinen Anteil hatte.

Wer war's?

114 *Am Ende hielt er alle für Polizeispitzel*

Weil bei seiner Geburt die Mutter starb, übernahm der Vater, ein ruheloser Mann, der mehrere Jahre lang als Uhrensachverständiger am Sultanshof von Konstantinopel gelebt hatte, eine Zeitlang auch, daheim, eine Tanzschule leitete, seine Erziehung. Frühzeitig lernte der Junge, der über eine außergewöhnliche Auffassungsgabe verfügte, Lesen und Schreiben; schon der Sechsjährige las, was immer er an Büchern auftreiben konnte.

Die Jahre beim Vater waren seine glücklichste Zeit, die jedoch überraschend ein Ende fand, als der Vater wegen eines Rechtsstreits den Wohnort wechselte und dabei den Sohn bei seinem Schwager zurückließ und ihn nie wieder sah. Der Sohn – er war inzwischen acht Jahre alt – hat sich von da an sein Leben lang nicht mehr sicher gefühlt. Er wurde mißtrauisch, fürchtete stets, daß andere ihn verdrängen wollten und gegen ihn konspirierten. Er litt schließlich an echtem Verfolgungswahn. Und er kam nirgendwo richtig zur Ruhe.

Der Onkel gab ihn an einen Pfarrer, dann zu einem Notar. Nirgendwo hielt der Junge es lange aus. Er versuchte sich in allen möglichen Berufen, und schließlich vagabundierte er durch die Lande, als Musikant, Taschenspieler, Gigolo, eine Zeitlang war er Hauslehrer, Sekretär, dann Hausdiener. Bei einer jungen Frau, die gescheiterten Existenzen zu helfen versuchte, fand er für längere Zeit ein Zuhause und in jener Frau zugleich eine Geliebte. Auch das war vorübergehend.

Denn eines Tages verliebte er sich in eine Jüngere, eine Hausangestellte, ein – wie er später schrieb – »gefühlvolles, schlichtes und jeglicher Gefallsucht bares Mädchen«. Zwar konnte die Zweiundzwanzigjährige nicht schreiben und kaum richtig lesen, ja sie kannte nicht einmal die Uhr (es gelang ihm auch nicht, ihr das Zifferblatt verständlich zu machen), ebensowenig konnte sie sich die Reihenfolge der zwölf Monate merken, ja nicht einmal Geld zählte sie richtig. Kurz, sie war – so sagte er – eine »Personne stupide«, ein dummes Frauenzimmer. Ihm aber gefiel sie.

Er sah in ihrem Geist die »unberührte Natur« und erklärte sich bereit, mit ihr zu leben, allerdings ohne sie zu ehelichen: »Ich sagte ihr im voraus, daß ich sie niemals verlassen, aber auch niemals heiraten würde.« Da er sich inzwischen ein beträchtliches Wissen angeeignet hatte, versuchte er anfangs, auch »ihren Geist zu bilden«, aber, gestand er, »das war verlorene Mühe«. Und überdies stand ihm der Sinn offenbar mehr nach Zärtlichkeit: »Unsere süße Gemeinschaft ersetzte mir alles andere: die Zukunft kümmerte mich nicht mehr.«

Ergebnis dieser süßen Gemeinschaft war nach einigen Monaten ein Kind. Das stellte die beiden vor ganz neue Probleme. Aber Freunde brachten ihn auf die Lösung, die er selber auch sofort »kühn« und »ohne das geringste Bedenken« wählte, nämlich das Kind ins Findelhaus zu geben. Die Einwände seiner Geliebten mußte er indessen erst »besiegen«: »Nur nach undenklichen Mühen gelang es mir, sie zur Annahme dieses einzigen Mittels zu bewegen, das ihre Ehre retten konnte.«

Nach nur einem Jahr standen sie vor demselben Problem, und wieder gaben sie ein Kind ins Findelhaus. Ebenso machten sie es mit dem dritten, dem vierten und dem fünften, ihrem letzten Kind. Inzwischen hatte er einmal geschrieben – in einem Buch, das auf die Pädagogik nachhaltigen Einfluß ausgeübt hat: »Wer die Pflichten eines Vaters nicht erfüllen kann, hat nicht das Recht, es zu werden. Weder Armut noch Arbeit noch menschliche Rücksichten entbinden ihn der Pflicht, seine Kinder zu ernähren und zu erziehen.«

Hätte er ein Leben mit Kindern aushalten können? Abgesehen davon, daß seine Einkünfte wirklich nicht ausreichten, eine Familie durchzubringen, war er viel zu ruhelos. Es trieb ihn von Ort zu Ort und von Land zu Land. Er schrieb Opern, Operetten, Singspiele. Dann Bücher. Aber weil er überempfindlich war, konnte er keinerlei Kritik vertragen; schon die leiseste Andeutung von Kritik empfand er als persönlichen Angriff gegen sich. Und sobald er sich angegriffen und unverstanden fühlte, ergriff er die Flucht.

Seine Empfindlichkeit wurde größer und größer. Immer mehr zog er sich von den Menschen zurück, verkroch sich in die Einsamkeit. Aber andererseits konnte er nicht leben ohne die Anerkennung der anderen, der Gesellschaft, die er in Grund und Boden verdammte und von der er sich verfolgt glaubte. Selbst Freunden mißtraute er, und ständig hatte er Angst vor Besuchern, vor Briefen und Anschlägen.

Als ein befreundeter Dichter in einem Theaterstück den Satz sagen ließ: »Nur der Bösewicht lebt für sich allein«, bezog er ihn auf sich und war sogleich überzeugt, daß auch jener Freund zur Clique seiner Verfolger gehöre. Und als ihm ein berühmter Philosoph, dem er eins seiner Bücher geschickt hatte, schrieb: »Man bekommt regelrecht Lust, auf allen Vieren zu gehen, wenn man Ihr Buch liest«, da traf ihn das so, daß er wieder einmal sofort den Wohnort wechselte, weil er mit einem, der ihn so kritisierte, nicht in derselben Stadt leben könne. Es wurde immer schlimmer mit ihm. Es war krankhaft. Immer häufiger wechselte er die Wohnsitze, die Gönner ihm zur Verfügung stellten. Überall sah er nach kurzer Zeit in den Gastgebern, in der Dienerschaft nichts als Polizeispitzel, die ihn ausspionieren sollten, und er hielt Fußböden, Türen, Fenster und Türschlösser für präpariert.

Trotz seines Verfolgungswahns aber arbeitete er an seinem Werk, das ihn weltberühmt werden ließ. Eigentlich aber ist dieses Werk, das das bestehende gesellschaftliche System von Grund auf in Frage stellte, nichts anderes als eine einzige Selbstverteidigung seines Schöpfers, der im Alter von 66 Jahren starb.

Wer war's?

115 *Viele Männer haben sich in sie verliebt*

Sie hatte darum gebeten, ihre Asche im Garten zu verstreuen, im Garten jenes Hauses, in dem sie mehr als 30 Jahre gewohnt hatte. Aber die Behörden erlaubten es nicht. Deswegen wurde die Urne mit ihrer Asche im Grab ihres Mannes beigesetzt, den sie ein halbes Jahrhundert zuvor geheiratet hatte. So blieb sie über den Tod hinaus an ihren Mann gebunden, mit dem sie die Ehe nie vollzogen hatte.

Als sie ihn heiratete, im Alter von 26 Jahren, hatten schon mehrere Männer in ihrem Leben eine Rolle gespielt. Das heißt, um genau zu sein, es hatten sich immer wieder Männer in sie verliebt und hatten sie heiraten wollen, der erste, als sie eben 18 war. Sie aber wollte nicht heiraten. Sie wollte frei bleiben. In der Ehe sah sie die Fortsetzung der elterlichen Autorität, der sie sich nicht ohne Mühe entzogen hatte. Dies galt in ihrem Fall allerdings nur von der mütterlichen Autorität; den Vater, den sie sehr liebte, hatte sie früh verloren. Gegen den Willen der Mutter (die von Anfang an enttäuscht darüber gewesen war, eine Tochter bekommen zu haben statt des gewünschten sechsten Sohnes) studierte sie, und zum Entsetzen der Mutter lebte sie mit einem Freund zusammen (den sie indessen genauso auf Distanz hielt wie später ihren Ehemann).

Warum sie eigentlich heiratete, ist unklar. Mit Sicherheit tat sie es nicht aus finanziellen Überlegungen. Denn von der Mutter bekam sie monatlich einen hohen Wechsel, und zwar auch noch nach ihrer Verehelichung. Später verdiente sie recht gut an ihren Veröffentlichungen; sie schrieb 20 Bücher und mehr als 100 Aufsätze für Zeitungen und Zeitschriften (in denen sie übrigens außerordentlich frei über die Probleme von Eros und Liebe diskutierte).

Sie hat später gesagt, ihr Mann habe sie zur Heirat gezwungen. Ein Selbstmordversuch seinerseits am Vorabend der Verlobung scheint dabei eine Rolle gespielt zu haben. »Später fiel mir oft ein«, heißt es in ihren Erinnerungen, »wie am Vorabend unserer Verlobung beinahe ein trügerischer Schein des Mörderischen auf mich hätte fallen können. Mein Mann trug, für abendliche Heimgänge in seine damals sehr entlegene Wohnung ein kurzes, schweres Taschenmesser bei sich. Es hatte auf dem Tisch gelegen, an dem wir uns gegenübersaßen. Mit einer ruhigen Bewegung hatte er danach gegriffen und es sich in die Brust gestoßen. Als ich, halb von Sinnen auf die Straße stürzend, von Haus zu Haus nach dem nächsten Wundarzt auf der Suche, von eilig mit mir Gehenden über den Vorfall befragt wurde, hatte ich geantwortet, jemand sei in sein Messer gefallen. Während der Arzt den auf den Boden gesunkenen Bewußtlosen untersuchte, machten ein paar Silben und seine Miene mir seinen Verdacht deutlich, wer hier das Messer gehandhabt haben mochte.«

Die ersten Jahre ihrer Ehe waren die Hölle, und zwar für beide. Anfangs war ihr Mann fest davon überzeugt, ihren Widerstand doch noch zu brechen. Einmal versuchte er es mit Überrumpelung, fast mit Gewalt. Da hat sie ihm – wie sie später berichtete –, noch halb im Schlaf, die Hände an die Kehle gelegt und fest zugedrückt; erst beim völligen Wachwerden habe sie bemerkt, daß sie im Begriff war, ihn zu erwürgen.

Nicht wenige hielten sie für gefühlskalt, für prüde, für frigide, manche gar für einen Hermaphroditen. Aber daß sie ihren Mann abwies (später andere Männer nicht), mag damit zu erklären sein, daß sie in dem 15 Jahre Älteren, den sie immer nur »Alterchen« nannte, eine Art Vaterersatz liebte. Schwer verständlich ist, warum er nie in die von ihr gewünschte Scheidung einwilligte, selbst dann nicht, als sie immer häufiger mit anderen Männern auf Reisen ging.

In einem ihrer Bücher heißt es: »Alle Liebe ist auf Tragik angelegt. Nur stirbt die glückliche an Übersättigung, die unglückliche an Hunger. Es stirbt sich aber langsamer und schmerzlicher am Hunger.« Man kann sagen, daß sie die Männer hungern, einige sogar verhungern ließ. Es war nicht ihre Schuld, daß sich so viele – und unter ihnen sehr berühmte – in sie verliebten; sie sah sehr gut aus und bestach durch ihre Intelligenz und ihre Belesenheit, mehr noch durch ihren Mut, ihre Eigenwilligkeit, ihr Engagement.

Sie wollte nichts als leben, und das hieß für sie: frei sein, sich entfalten, und zwar ohne Rücksicht auf die Grenzen und Interessen anderer. Die Einundzwanzigjährige: »Ich kann weder Vorbildern nachleben, noch werde ich jemals ein Vorbild darstellen können, für wen es auch sei, hingegen mein eigenes Leben nach mir selber bilden, das werde ich ganz gewiß, mag es nun damit gehn wie es mag. Damit habe ich kein Prinzip zu vertreten, sondern etwas viel Wundervolleres, – etwas, das in Einem selber steckt und ganz heiß vor lauter Leben ist und jauchzt und heraus will.«

Und als Motto für ihr Leben wählte sie diese Zeilen:

»Die Welt, sie wird dich schlecht begaben,
Glaube mir's!
Sofern du willst ein Leben haben,
Raube dir's!«

Wer war's?

116 *Vergeblich auf der Suche nach einer reichen Frau*

Schon als ganz junger Mann hatte er viele teure Hobbys, die seinen Vater ein Vermögen kosteten: zum Beispiel Pferde und elegante Wagen, reisen, Frauen, gut essen, stets à la mode gekleidet sein, spielen und immer wieder spielen, wobei er zwar manchmal gewann, aber alles in allem Riesensummen verlor. Die Hobbys behielt er sein Leben lang, während weitere hinzukamen, die noch weitaus kostspieliger waren, nämlich bauen und – wie er es nannte – seine Gärtnerei.

In seinen vielen Briefen hat er zwar stets davon geschrieben, sich künftig einschränken zu wollen, aber am Ende lief alles immer wieder darauf hinaus, daß er Schulden machte. Und die Schulden wurden größer und größer.

Im Alter von 31 Jahren heiratete er eine neun Jahre ältere Frau, genauer: eine vollendete Weltdame. Sie war geschieden, nicht unvermögend und hatte eine bereits erwachsene Tochter und eine ebenfalls erwachsene und sehr gut aussehende Pflegetochter. In diese verliebte er sich schon bald, was er seiner Frau auch keineswegs verheimlichte. »Wie schade ist es, daß wir nicht in der Türkei leben«, schrieb er, »ich nähme Euch beide und die Verlegenheit der Wahl hörte dann wenigstens auf . . .«

Für seine Wahl war nicht ohne Gewicht das Vermögen der Frau und mehr noch die zu erwartende Erbschaft; sie war die Tochter eines reichen und einflußreichen Staatsbeamten. Aus ihrem Vermögen wurde jetzt erst einmal ein großer Teil seiner Schulden bezahlt. Und auch das Geld für seine gärtnerischen Anlagen erhielt er von seiner Frau. Aber da sie vom selben Menschenschlag war wie er, nämlich vom Schlage der Verschwender, war bald kein Geld mehr da. Und ein böses

Erwachen gab es, als ihr Vater starb, mit dessen Besitzungen sie immer schon gerechnet hatten. Da stellte sich nämlich heraus, daß von dem Erbe nichts mehr da war; er war noch höher verschuldet gewesen als sein verschwenderischer Schwiegersohn. Und dieser schrieb nun: »Trübe Wolken verdunkeln unseren Horizont, und es hilft nichts, die Augen vor ihnen zu verschließen.«

Seine Frau, deren Schmuck längst verkauft war, hatte eine überraschende Idee, wie sie aus der finanziellen Misere herauskommen könnten. Sie schlug ihm vor, sich scheiden zu lassen, dann könnte er – während sie beide in Wahrheit auch weiterhin unauflösbar verbunden blieben – nach England gehen, um dort eine reiche Erbin zu heiraten und sich auf diese Weise zu sanieren. Er nahm ihren Vorschlag an. Und nach der Scheidung fuhr er wirklich nach England, wo er drei Jahre lang von Stadt zu Stadt und von Schloß zu Schloß fuhr und Hunderte von Empfängen mitmachte – auf der Suche nach einer neuen reichen Frau. Alle diese Versuche hat er in Briefen an seine geschiedene Frau sorgfältig beschrieben: wie er sich anzog, sich das Haar färbte, was über ihn in den Zeitungen stand, und was die Frauen zu ihm sagten.

Man nannte ihn schließlich nur noch den »Glücksjäger«. Aber er fand das Glück nicht. Eine Frau sagte ihm den Grund: »Mein lieber Fürst, hier finden Sie keine Frau – nach unseren Gesetzen ist bloß Scheidung möglich auf den Grund der Untreue, eine andere wird hier gar nicht anerkannt, und ein englisches Mädchen würde sich in solcher zweiten Ehe nur wie eine Art Maitresse ansehen.«

Die Reise nach England brachte ihm dennoch Gewinn, auch finanziellen. Die Briefe, die er dort schrieb und die er nach seiner Rückkehr veröffentlichte, machten ihn zu einem der meistgelesenen Schriftsteller seiner Zeit.

Wer war's?

117 »*Bleib doch stoh, der Herr Landvogt chumt!*«

Von seiner Mutter sagte er: »Sie hat mich gelehrt an Gott glauben, auf Gott vertrauen, an seine Allgegenwart denken.« Seine Mutter hatte ihn alleine aufgezogen, da der Vater, ein Weber, früh gestorben war. Er, der Junge, war bei dessen Tod erst ein Jahr alt. Die Mutter stand bei reichen Leuten in Dienst. Eines Tages kam dem inzwischen Dreizehnjährigen, der als Lateinschüler an einem anderen Ort lebte, die Nachricht zu, daß die Mutter krank geworden sei und nach Hause geholt werden solle. Zusammen mit einem Verwandten holte er sie mit einem Ochsenkarren ab. Unterwegs ist die Mutter gestorben.

Dieses Erlebnis hat sich ihm tief eingeprägt, und sein Leben lang hat er oft und intensiv an die Mutter gedacht, auch häufig von ihr geschwärmt. Der Fünfzigjährige notierte: »Sehr oft gibt mir der Traum meine Mutter wieder, und ich bekomme sie immer nur unter einer von zwei Gestalten. Entweder ist sie erzürnt und will nichts von mir wissen, oder sie erscheint in der Verklärung der höchsten mütterlichen Milde und hat Vergnügen an meinen Liebkosungen. Immer habe ich das Bewußtsein dabei, daß ich sie lange entbehrt habe, und das Gefühl, daß ich sie nicht lange haben werde.«

Da die Mutter ein eigenes Haus besessen hatte, stand er nach ihrem Tode nicht mittellos da. Das Haus wurde versteigert, und ein Pfarrer sorgte dafür, daß er von dem Erlös eine gute Ausbildung erhielt. Er kam auf ein angesehenes Gymnasium. Dort gehörte er bald zu den besten Schülern. Mit einem sehr guten Abschlußzeugnis ging er dann an eine Universität, um Theologie zu studieren. Sein Wunsch war, in sein Heimatdorf als Pfarrer zurückzukehren.

Aber daraus wurde nichts. Vielleicht, weil sein Abschlußexamen an der Universität nicht gut genug ausfiel. Jedenfalls fand er als Geistlicher keine Anstellung, und so schlug er sich einige Jahre als Hauslehrer durch. Eines Tages – inzwischen war er 31 Jahre alt geworden – holte man ihn als Lehrer an sein altes Gymnasium, zunächst nur, um Religion zu unterrichten. Später wurde er zum Direktor des Gymnasiums ernannt.

Trotz seines Aufstiegs blieb er bescheiden, ja vielleicht sogar zu bescheiden. Als ihm das einmal jemand sagte und ihm sogar vorwarf, er sei gegenüber Höhergestellten von allzu großer Zurückhaltung, antwortete er: »Ihr habt gut reden, Ihr seid des Pfarrers N. Sohn von X . . . Ich aber bin, wie ihr wißt, als Sohn einer armen Hintersassen-Witwe . . . aufgewachsen, und wenn ich mit meiner Mutter nach Schopfheim, Lörrach oder Basel ging, und es kam ein Schreiber an uns vorüber, so mahnte sie: ›Zieh's Chäppli ra, 's chunnt a Her‹; wenn uns aber der Herr Landvogt oder der Herr Hofrat begegnete, so rief sie mir zu, ehe wir ihnen auf zwanzig Schritte nah kamen: ›Bleib doch stoh, zieh geschwind di Chäppli ab, der Herr Landvogt chumt!‹ Nun könnt Ihr Euch vorstellen, wie mir zu Mute ist, wenn ich hieran denke – und ich denke noch oft daran.«

Neben seinen Amtsgeschäften hat er noch jene Arbeiten gemacht, die ihn weit über sein Land und über seine Zeit hinaus berühmt werden ließen. Was er erreichte, war jedoch mehr als nur Ruhm: »Ich habe die Liebe und die Achtung vieler guter Menschen, ich habe das Vertrauen und die Gnade unserer Fürsten genommen. Ich bin Mitglied der obersten Kirchenbehörde geworden. Ich bin zuletzt mit einer in unserer vaterländischen Kirche noch nie erhörten Würde geehrt worden und mit Fürsten im Rat gesessen . . .«

Er starb im Alter von 67 Jahren. Sein Werk wird noch heute immer wieder neu verlegt.

Wer war's?

118 Als Junge etwas zu frech und naseweis

Sein Vater verstand es, zu Geld und Einfluß zu kommen. Er war so reich, daß er seinen Kindern – vier Söhnen und fünf Töchtern, von denen eine allerdings geistig zurückblieb – einen guten Start fürs Leben geben konnte. Als er, der Zweitälteste, neun Jahre alt wurde, schenkte der Vater ihm eine Million (nach heutigem Geldwert mehrere Millionen Deutsche Mark).

Wie auch seine Geschwister wurde er vom Vater auf die besten Privatschulen geschickt. Er war ein sehr guter Schüler, der viel und gern las, hauptsächlich Geschichtsbücher und Biographien. Auch im Sport war er sehr gut. Am liebsten mochte er Schwimmen und Segeln. Beim Fußballspiel zog er sich eine Rückgratverletzung zu, die nie ganz ausheilte.

Die Lehrer scheinen ihn für etwas vorlaut gehalten zu haben. Jedenfalls schrieb der Direktor des Gymnasiums dem Vater: »Er hat die Neigung aller klugen, geistreichen Buben, etwas zu frech und naseweis zu sein.«

Wichtiger noch als die Schule war vermutlich die Erziehung daheim. Die Eltern waren stets darauf bedacht, daß die Kinder am gesellschaftlichen Leben in ihrem Hause teilnahmen. Und da dort sehr viele interessante Menschen verkehrten, bekamen die Kinder allein durch die häuslichen Tischgespräche eine ungewöhnlich breite Bildung. So ging er mit überaus guten Voraussetzungen auf die Universität, eine der bestangesehenen der Welt, um Geschichte und Staatswissenschaften zu studieren. Im Alter von 23 Jahren schloß er das Studium mit Auszeichnung ab.

Drei Jahre später wurde er als Held gefeiert. Gefragt, wie er zum Helden geworden sei, antwortete er: »Ganz einfach, jemand schoß mein Boot unter mir weg.« Es war ein Torpedoboot, und er war der Kommandant. Ein feindlicher Zerstörer sägte es mittendurch. Zwei Mann der Besatzung gingen mit der einen Hälfte unter. Er und die anderen zehn Männer trieben nach jener Kollision im Wasser, gefährdet von dem in Brand geratenen Öl. Niemand kam ihnen zu Hilfe; der Zerstörer war weitergefahren, und Boote ihrer eigenen Einheit waren – so erfuhren sie später – überzeugt, daß von ihnen niemand mehr am Leben sein könne. Er wagte mit seiner Mannschaft den Versuch, schwimmend eine jener zahlreichen Inseln zu erreichen, die sie irgendwo in der Nähe wußten. Erschwerend war, daß einige Männer verletzt waren und kraftlos in ihren Schwimmwesten hingen. Sie mußten mitgezogen werden. Auch er zog einen Verwundeten an der Gürtelschnur von dessen Schwimmweste hinter sich her.

Nach fünf Stunden kamen sie zu einer Koralleninsel, auf der es jedoch weder Nahrung noch Wasser gab. Dennoch mußten sie dort bleiben, nur mit wenigen Notrationen versehen. Er schwamm von dort aus zu anderen Inseln und fand eine, die von Eingeborenen bewohnt war. Dort ritzte er in die Schale einer Kokosnuß einen Rettungsruf. Die Eingeborenen gaben die Nuß weiter, und die Nachricht kam an die richtige Adresse, so daß er und seine Männer schließlich gerettet werden konnten.

18 Jahre später übernahm er eines der mächtigsten Ämter der Welt. Wegen seiner Intelligenz, seines Mutes, seines jugendlichen Charismas war er für viele eine große Hoffnung. Doch noch ehe er seine Pläne realisieren konnte, wurde er im Alter von 45 Jahren ermordet.

Wer war's?

119 *Eine Ehe zu dritt als »Rettung vom Verderben«*

Als der Dreiundvierzigjährige um seine dritte Frau warb, gab er ihr in einem Beichtbrief ein Bild seiner Person und seines Lebens. Einen wurmstichigen, mehr als halb verrotteten Stamm nannte er sich da, und er beschuldigte sich der Trägheit, der Weichlichkeit und der Sinneslust.

Er war der Sohn eines Predigers, hatte studiert und dann die Stelle eines Amtmannes und Gerichtsvorstehers übernommen. »Ich habe sechs ansehnliche Dörfer unter meiner Gerichtsbarkeit . . . und bin unumschränkter, als ein königlicher Beamter«, schrieb er stolz einem Freund. Aber schon bald klagte er, daß sein Vorgänger so viele Fälle liegengelassen hatte, die er aufarbeiten müsse. Da er sehr langsam und ohne System arbeitete, wurden seine Arbeitsschulden immer größer. Mehr als für sein Amt interessierte er sich für Literatur und fürs Dichten. Und für die Liebe.

Der Sechsundzwanzigjährige verliebte sich in die 18 Jahre alte Tochter eines Kollegen und verlobte sich mit ihr. Doch bevor es zur Hochzeit kam, verliebte er sich leidenschaftlich in deren zwei Jahre jüngere Schwester. »Schon als ich mit der ersten Schwester vor den Altar trat, trug ich den Zunder zu der glühendsten Leidenschaft für die zweite in meinem Herzen«, schrieb er in jenem Beichtbrief.

Da beide Schwestern ihn liebten, kam es zu einer Ehe zu dritt. »Was der Eigensinn weltlicher Gesetze nicht gestattet haben würde, das glaubten drei Personen sich zu ihrer allerseitigen Rettung vom Verderben selbst gestatten zu dürfen«, schrieb er später. In Wahrheit war es jedoch durchaus keine Rettung vom Verderben. Denn bei seiner liederlichen Arbeitsweise im Amt konnte er die beiden Frauen (und Kinder) kaum ernähren. Deswegen erwarb er ein Landgut. Einem Freund schwärmte er vor: »Es ist wahrhaftig nicht unangenehm, seine Rosse um sich herum wiehern, seine Stiere und Kühe brüllen, Schafe blöken, Schweine grunzen, Gänse und Enten schnattern, Hühner gackern und Tauben murken zu hören. Meine jetzige Hauptliebhaberei ist Gartenbau und Blumenzucht. Ich wühle in der Erde wie ein Maulwurf. Der Schreibtisch stinkt mich an.«

Aber da er auch auf dem Gut nicht systematisch arbeitete und von Landwirtschaft so gut wie nichts verstand, hatte er bald einen Berg Schulden. Er stieß das Gut wieder ab und gab zwei Jahre später auch seine Amtsstelle auf. Zu diesen Schwierigkeiten kamen häusliche Sorgen. Zu jener Zeit starb seine Frau an Lungentuberkulose. Er heiratete jetzt die Schwester, aber auch sie starb nach nur wenigen Monaten, und zwar nach der Geburt eines Kindes.

Freunde verhalfen ihm zu einem Lehrstuhl an einer Universität. Jetzt endlich konnte er sich, was er schon immer gewollt hatte, dem Dichten und Schreiben widmen. Einiges von dem, was er schrieb, fand weltweite Verbreitung, anderes wurde von einem berühmten Zeitgenossen so total verrissen, daß er sich von diesem Schlag nie ganz erholte. Hinzu kam jedoch noch ein zweiter Schlag, und zwar von jener Frau, die der Dreiundvierzigjährige geheiratet hatte. Bald nach der Hochzeit betrog die erst Zwanzigjährige ihn. Anfangs wollte er das zwar nicht wahrhaben, während schon die ganze Stadt ihn als Hahnrei verspottete, aber als er sie in flagranti überraschte und den Liebhaber mit Faustschlägen, sie mit Ohrfeigen bedachte, ließ er sich scheiden von dem – so schrieb er seiner Mutter – »verschwenderischen, üppigen, heuchlerischen, verbuhlten und ehebrecherischen Weib«.

Danach hatte er nur noch wenige Jahre zu leben. Er starb, 46 Jahre alt, an einem Leberleiden. Manche Literarhistoriker haben ihn unter die »Kraftgenies« eingeordnet.

Wer war's?

120 *Steuern zahlte auch er höchst ungern*

Er verstand es, auf vielerlei Art Geschäfte zu machen: mit Landwirtschaft, Holz, Papierfabriken und Schnapsbrennereien. Und neben seinem eigentlichen Beruf wurde er mit viel Geschick ein großer Unternehmer. Nicht nur der Absatz des Sprits aus seinem halben Dutzend Brennereien lag ihm am Herzen, auch und vor allem das Holzgeschäft. Dabei scheute er sich nicht, sein allgemeines Ansehen und seinen Einfluß für private Zwecke in die Waagschale zu werfen. Als einmal die Heeresleitung seines Landes vor der Frage stand, ob sie Bauholz aus Amerika einkaufen sollte, reagierte er sofort und schrieb dem verantwortlichen Minister, daß amerikanisches Holz längst nicht so gut sein könne wie deutsches, wobei er natürlich nicht zuletzt an seine eigenen Waldbestände dachte: »Für die Haltbarkeit der heimischen Kiefern und Eichen spricht in unseren alten Gebäuden eine mehrhundertjährige Erfahrung; – ich erinnere an das 600 Jahre alte Holzwerk der hiesigen Nikolaikirche und an die vor Augen liegenden Dachverbände so vieler mehrere 100 Jahr alter Kirchen und Häuser im Lande – die Dauerhaftigkeit des amerikanischen Holzes dagegen bedarf noch des Beweises, denn die kurze Zeit, in welcher es im Gebrauche ist, hat unmöglich ausreichende Gelegenheit zur Beobachtung geben können.« Er halte es für bedenklich, »das erfahrungsgemäß doch nur seit wenig Jahren erprobte amerikanische pitch-pine, yellowpine und cypress-Holz zu verwenden und insbesondere, ihm prinzipiell vor den deutschen Kiefern und Eichen den Vorzug zu geben«. Und er meinte: »Die Tatsache, daß das in so hohem Ansehen stehende Urteil der Heeresverwaltung das fremde Holz für besser erklärt wie das einheimische, muß in der öffentlichen Meinung das letztere in demselben Maße herabsetzen, wie es das erstere hebt, und damit zu einer Verschiebung der Absatzverhältnisse führen, deren bedauerliche Wirkung der steuerliche Inländer trägt.«

Er war – so sagt es einer seiner Biographen – überzeugt, ein Anrecht auf so viel irdisches Gut zu haben, als er irgend zu erwerben vermochte. Und so nahm er mit, was sich ihm bot. Deswegen hatte er, der sich übrigens gern als arm bezeichnete, auch nichts dagegen, als zu seinem 70. Geburtstag öffentlich für ihn gesammelt wurde. Ziel der Geldsammlung war, ihm ein Schloß zu bauen. Damit war er indessen nicht einverstanden, weil er sich die letzten Jahre seines Lebens nicht durch Baulärm verderben lassen wollte. Gegen das Geld aber hatte er nichts einzuwenden. Denn davon wollte er den Stammsitz seiner Familie, der nicht mehr in seinem Besitz war, zurückkaufen.

Aber in der Öffentlichkeit regte sich gegen diese Geldsammlung für einen reichen Mann eine starke Opposition, und so kam man überein, die Hälfte der zusammengebrachten Gelder – es waren rund zwei Millionen und 300 000 Mark zusammengekommen – für gemeinnützige Zwecke zu verwenden und ihm nur die andere Hälfte zu geben. Das wiederum hat ihn geärgert, weil die ihm verbleibende Hälfte für den Ankauf des Stammgutes nicht ganz ausreichte. Es fehlten 350 000 Mark, die ihm dann jedoch in Form einer Hypothek gegeben wurden.

Einen großen Teil seines Vermögens hatte er als Anerkennungsgeschenk erhalten, als Auszeichnung für seine bedeutenden Leistungen als Staatsmann. Was ihm später nicht recht in den Kopf wollte, war, daß er dafür Steuern zahlen sollte. Steuern zahlte auch er nur höchst ungern. Den Steuerbemessungswert des ihm geschenkten Besitzes gab er mit nur einer Million an, obgleich er in Wahrheit das Drei- bis Vierfache betrug.

Wer war's?

121 *Zum 50. wurde ihm ein Haus versprochen*

Was ihn so berühmt machte, daß schon den Vierzigjährigen alle Welt kannte und es sogar genügte, ihm Post unter der Adresse »Europa« zu schicken, war eine von ihm entwickelte Theorie, mit der viele Probleme lösbar schienen, allerdings auch neue Probleme entstanden. Zu seinem 50. Geburtstag wollte die Stadt, in der er damals lebte (eine Hauptstadt), ihm ein Haus schenken. Weil er so gerne segelte, sollte es direkt am Wasser liegen. Die Stadtväter fanden auch eines; es lag in einem großen Park an einem breiten, seeähnlichen Fluß.

In Zeitungen und Illustrierten wurde das Haus, das Geschenk der Stadt, bereits abgebildet. Aber als seine Frau es besichtigen wollte, bemerkte sie zu ihrer Überraschung, daß es bewohnt war. Und die Leute, die da wohnten, waren ihrerseits überrascht, weil nämlich die Stadt ihnen in dem Haus ein lebenslanges Wohnrecht verbrieft hatte. Da ließ sich also nichts machen. Und so schlugen die Stadtväter vor, ihm wenigstens einen Teil des großen Grundstücks zu schenken, und zwar jenen Teil, der unmittelbar am Wasser lag; Platz genug für ein zweites Haus sei ja da, meinten sie. Das Haus allerdings sollte er sich nun selber bauen auf eigene Kosten.

Er war einverstanden. Aber dann ließ sich auch dieser Plan nicht realisieren, weil nämlich die Stadt den Bewohnern des bereits vorhandenen Hauses außer dem Wohnrecht auch zugesichert hatte, auf dem ganzen Grundstück nicht mehr bauen zu lassen.

Nun bot die Stadt ihm als Geschenk ein anderes Grundstück an; es war nicht so schön wie das andere und lag nicht direkt am Wasser, doch wollten Nachbarn einen Zugang ans Wasser über ihr Grundstück gestatten. Indessen stellte sich heraus, daß die Stadt auch über dieses Grundstück kein Verfügungsrecht hatte.

Wieder machten die Stadtväter einen neuen Vorschlag: Er sollte sich irgendein käufliches Grundstück suchen; die Stadt werde es dann für ihn kaufen. Auch mit diesem Vorschlag war er einverstanden, und seine Frau ging auf die Suche – ihm selber war die Angelegenheit zu zeitraubend. Außerhalb der Stadt, in einem kleinen Dorf, wohin man ein Stück mit einem Zug und dann noch mit einem Omnibus fahren und schließlich noch eine Strecke zu Fuß gehen mußte, fand sie eins. Das wollten sie nehmen. Auch die Stadtväter erklärten sich einverstanden, allerdings, so hieß es nun, müsse die Angelegenheit noch in einer Sitzung behandelt werden. Und da passierte es dann, daß ein Abgeordneter die Frage stellte, ob er denn überhaupt ein solches Geschenk von der Stadt verdient habe.

Jetzt endlich riß ihm die Geduld, und er schrieb an den Bürgermeister einen kurzen Brief: »Mein verehrter Herr Bürgermeister, das menschliche Leben ist sehr kurz, die Arbeitsweise der Behörden aber sehr langsam. Mein Leben dürfte wahrscheinlich zu kurz sein, um mich Ihren Methoden anzupassen. Ich danke Ihnen für Ihre freundlichen Absichten. Aber mein Geburtstag ist nun schon vorüber, und ich lehne das Geschenk ab.«

Das Grundstück in jenem Dorf hat er dann selber gekauft und sich darauf ein Haus gebaut, ein Holzhaus. Seine Frau sagte: »Wir sind auf diese Weise, ohne es zu wollen, allmählich zu einem schönen eigenen Haus im Walde und am Wasser gekommen. Aber wir haben auch den größten Teil unserer Ersparnisse verbraucht. Wir haben nun kein Geld, aber dafür unseren eigenen Grund und Boden. Da fühlt man sich viel sicherer.«

Doch das Gefühl, dort sicher zu sein, erwies sich als trügerisch. Nach wenigen Jahren mußten er und seine Frau einsehen, daß sie in jenem Haus, in jenem Dorf, in jenem ganzen Land, das vor einem der folgenschwersten Umbrüche seiner Geschichte stand, ihres Lebens nicht mehr sicher sein konnten. Und auf der Rückfahrt von einem längeren Aufenthalt in den Vereinigten Staaten beschlossen sie, nicht mehr nach Hause zurückzukehren. Sie gaben ihr Haus, ihr Vermögen, seine Stellung, alles, was sie besaßen, auf und wählten die Freiheit.

Freiheit und Frieden waren für ihn die höchsten Güter. Immer wieder hat er sich gewundert, wie leicht Menschen sich von Menschen unterdrücken lassen, täglich und überall. Er war Pazifist, weil er den Krieg für den Erzfeind des Göttlichen in der Schöpfung hielt. Und er war bereit, den Krieg mit allen Mitteln zu bekämpfen. Aber gegen Ende seines Lebens geriet er in einen schweren Konflikt. Um die bedrohte Freiheit in der Welt zu retten, fühlte ausgerechnet er, der Pazifist, sich moralisch verpflichtet, für den Bau einer vernichtenden Waffe einzutreten. Jahre später klagte er:

»Der Krieg ist gewonnen, der Friede nicht. Der Welt hat man Befreiung von der Angst versprochen, aber tatsächlich hat seit Beendigung des Krieges die Angst zugenommen. Der Welt hat man Befreiung von der Not zugesagt, aber große Teile der Welt stehen heute dem Hungertode gegenüber, während andere im Überfluß leben.«

Und in einer Botschaft schrieb er, daß »wir, die wir Frieden und Triumph des gesunden Menschenverstandes wollen, mit Bitterkeit feststellen müssen, wie gering der Einfluß ist, den Vernunft und guter Wille heute auf die politischen Ereignisse ausüben«.

Wer war's?

122 *Täglich ließ er sich den Küchenzettel vorlegen*

Man sah es ihm nicht an, daß er das Essen so wichtig nahm und gern und reichlich aß. Zwar war seine Tafel nicht kostbar, aber ausgesucht. Gewöhnlich gab es acht Gerichte, und er sagte: »Wer sich an acht Gerichten nicht satt ißt, hat auch an achtzig nicht genug.«

Er liebte vor allem französische und italienische Gerichte, von letzteren besonders Polenta (aus Mais und Käse), dann Pasteten, Kuchen, Mehlspeisen, Schinken und Kohl. Was er nicht liebte, waren Überraschungen. Deswegen ließ er sich an jedem Morgen, oft schon am Abend vorher, den Küchenzettel vorlegen, den er nicht selten eigenhändig änderte. Normalerweise begann das Mittagessen um punkt zwölf Uhr, wenn aber eines seiner Lieblingsgerichte auf dem Plan stand, ließ er das Essen eine Viertelstunde früher beginnen.

Er hatte zwölf gut bezahlte Köche aus verschiedenen Ländern: Franzosen, Deutsche, Italiener, Russen, Engländer. Jeder war für bestimmte Gerichte zuständig. Und alle unterstanden einem Haushofmeister, der jedesmal nach der Tafel, die sich bis drei Uhr hinzog, erschien, um von seinem ober sten Herrn gelobt oder getadelt zu werden, nachdem dieser sich bei Tische zu den einzelnen Gerichten auf der Speisekarte entsprechende Anmerkungen gemacht hatte.

Wein trank er grundsätzlich mit Wasser vermischt. Gewöhnlich trank er eine Flasche, und zwar meist einen Bordeaux, manchmal auch einen Mosel. In jüngeren Jahren trank er gern und viel Champagner, doch gewöhnte er sich das ab, weil er meinte, davon Magenkrämpfe zu bekommen. Rheinwein trank er überhaupt nie; er war überzeugt, daß die Gicht, an der auch sein Vater gelitten hatte und die er selbst – so sagte er – von ihm geerbt habe, vor allem durch den Rheinwein, der so sauer sei, daß er ihm den Hals zusammenziehe, entstanden sei.

Oft gab das Essen Anlaß zu Wutanfällen. Indessen ging es dabei selten um Fragen der Zubereitung, um so mehr aber um die Kosten. Er wollte nicht sehen, daß die Lebensmittelpreise stark gestiegen waren, seit er den Küchenetat festgesetzt hatte. Sorgfältig prüfte er alle Rechnungen, weil er meinte, es könne nicht mit rechten Dingen zugehen, wenn von der Küche Nachforderungen gestellt wurden. Einmal zum Beispiel, als ihm eine Extrarechnung über 25 Taler, zehn Groschen und $1^1/_5$ Pfennige vorgelegt wurde, setzte er folgende Anmerkung darunter:

»Gestohlen, denn ungefähr 100 Austern sind auf dem Tische gewesen, kosten 4 Taler; die Kuchen 2 Taler; Leber 1 Taler; der Fisch 2 Taler; die Kuchen auf Russisch 2 Taler. Macht 11 Taler. Das Übrige gestohlen. Da ein Essen mehr heute ist gewesen, Hering und Erbsen kann 1 Taler kosten, also was über 12 Taler, ist impertinent gestohlen.«

Er war überzeugt, daß grundsätzlich die Hälfte aller Vorräte, die von der Küche gekauft wurden, durch Diebstahl verschwand. Einmal erwischte er einen Lakaien, der sich eine Flasche Wein in die Tasche gesteckt hatte. Ein Donnerwetter ging über den Ärmsten hernieder, das vor einem hinzukommenden Besucher so gerechtfertigt wurde: »Hab ich nicht Grund, dem spitzbübischen Gesindel ein Donnerwetter auf den Kopf zu schicken? Wenn ich sie schalten und walten ließe, wie sie wollen, so würde mir bald kein Pfennig zur Unterstützung unglücklicher Untertanen übrig bleiben.«

Seinen Vater hatte er einst als Geizhals beschimpft, und damals hatte er Schulden gemacht, die der Vater bezahlen mußte. Das war anders geworden, nachdem er das Erbe übernommen hatte. Von da an war er sehr darauf bedacht, das Geld zusammenzuhalten.

Wer war's?

123 *Nicht für »eine Nation ohne Rückgrat«*

Er entstammte einem Pfarrhaus, und der Vater – so sagt einer seiner Biographen – impfte ihm und seinen jüngeren Brüdern die Liebe zur Wissenschaft ein und bereitete sie auf das Gymnasium vor. Das Gymnasium, das er dreieinhalb Jahre lang besuchte, besitzt noch heute ein Zeugnis des Siebzehnjährigen. Da heißt es: »Anlage sehr gut, Besuch regelmäßig, Aufmerksamkeit befriedigend, Fleiß geregelt, Fortschritte meist sehr erwünscht, Betragen meist sehr gut . . .«

Er erhielt nach bestandenem Abitur ein Studienstipendium, und er studierte Rechtswissenschaft, wobei er sich jedoch zugleich mit Alter Geschichte befaßte. Im Alter von 25 Jahren promovierte er. Danach unterrichtete er eineinhalb Jahre an verschiedenen Mädchenpensionaten in Geschichte und Geographie, Literatur, Französisch und Latein. Dann erhielt er ein Reisestipendium und reiste nach Frankreich und Italien, wo er sich mit alten Inschriften beschäftigte.

Wieder daheim, arbeitete er eine Zeitlang als politischer Redakteur an einer Zeitung, bis er – inzwischen war er 30 Jahre alt – an einer Universität eine außerordentliche Professur für Jurisprudenz erhielt. In jener Universitätsstadt machte er die Bekanntschaft mit einer Reihe großer Verleger, und nach einem von ihm gehaltenen Vortrag bot einer ihm einen Vertrag über ein dreibändiges Werk an. Dieser Verleger wurde bald auch sein Schwiegervater. Zunächst jedoch war weder an eine Eheschließung, noch an die Fertigstellung des geplanten Werkes zu denken. Er wurde nämlich wegen seiner Mitgliedschaft in einem Verein, der mit Revolutionären sympathisiert hatte, zu neun Monaten Landesgefängnis verurteilt, was zwar in zweiter Instanz wieder aufgehoben wurde, aber er wurde aus dem Amt gejagt. In Zürich fand er eine neue Professur, und nun konnte er sein Buch schreiben. Und er konnte auch heiraten. Es wurde eine glückliche Ehe. Seine Frau schenkte ihm sechzehn Kinder. Und es wurde ein hervorragendes Buch, das noch immer neue Leser findet.

Als Vierzigjähriger erhielt er einen Ruf nach Berlin, das von Anfang an sein Ziel gewesen war und wo er bis ans Ende seines Lebens blieb. Alles in allem schien er sich dort sehr wohl zu fühlen; er hatte Einfluß, Erfolg, war anerkannt. Doch wunderten sich alle, daß er sein Werk, von dem inzwischen drei Bände erschienen waren und dem er schon einen fünften Band hinzugefügt hatte, nicht vollendete. Der vierte Band, der eigentlich die Krönung des ganzen hätte sein sollen, erschien nicht.

Darüber ist viel gerätselt worden. Es entstand die Fama, das Manuskript sei bei einem Brand in seiner Privatbibliothek zerstört worden. Aber in Wahrheit ist es nie geschrieben worden. In seinen nachgelassenen Papieren fand sich ein Hinweis, der auf den wahren Grund schließen läßt. Danach scheint es die politische Atmosphäre jener Zeit gewesen zu sein, der Zustand kritikloser Zufriedenheit, in der er gerade jene Bevölkerungsschichten sah, zu denen seine Leser gehörten, was ihn am Weiterschreiben gehindert hat. Er könne nicht für »eine Nation ohne Rückgrat« schreiben, hieß es da, von der er »so bald als möglich vergessen werden« wolle und »in deren Gedächtnis zu bleiben er nicht als Ehre betrachte«.

Wer war's?

124 *Kam aus der Finanzmisere nicht heraus*

Es war alles andere als eine glückliche Kindheit, an die er sich später, als er sie zu einer Erzählung verarbeitete, erinnerte. Da fehlte so mancherlei: zum Beispiel Geld, eine Ausbildung, vor allem aber Sicherheit. Mit Sicherheit wußte er nicht einmal, ob jener umherziehende »Professor« und Astrologe, mit dem seine Mutter ein knappes Jahr in freier Ehe gelebt hatte und den sie ihm als Vater nannte, wirklich sein Vater war. Als der Einundzwanzigjährige aus diesem Grunde an ihn schrieb, erhielt er diese Antwort:

»Ich habe Flora W. niemals geheiratet. Sie lebte mit mir vom 11. Juni 74 bis zum 3. Juni 75 zusammen. In der Zeit war ich impotent, ein Resultat vieler Not und zu harter geistiger Arbeit. Deshalb kann ich nicht Ihr Vater sein. Ich weiß auch nicht, wer Ihr Vater ist.« Er verschwieg dabei, daß er sich von der schwangeren Frau getrennt hatte, weil sie sich weigerte abzutreiben.

Als der junge Mann diese abschlägige Antwort erhielt (die durchaus nicht der Wahrheit entsprechen muß), hatte er bereits einen beachtlichen Fundus an Lebenserfahrung, und er hatte sich in einer ganzen Reihe von Jobs und Berufen versucht, zum Beispiel als Matrose, als Robbenfänger, als Austernpirat, er hatte für Zeitungen geschrieben, er war getrampt, und zwischendurch hatte er sich immer wieder als ungelernter Arbeiter verdingt oder sich vielmehr – wie er schon bald erkannte – ausbeuten lassen.

Er war sehr kräftig – wie er selber sagte –, ein Arbeitstier; als er sich einmal als Kohlenschlepper verdingte, arbeitete er für zwei, stolz ging er darauf ein, als die Unternehmensleitung gegen einen etwas höheren Lohn ihm die Stelle von zwei

Arbeitern anbot. Aber als einer der entlassenen Arbeiter Selbstmord beging, weil er seine Familie nicht mehr ernähren konnte, da begann er, über das Verhältnis von Arbeitern und Kapitalisten nachzudenken. Und schließlich bekannte er sich zum Sozialismus.

Um den Sozialismus zu verstehen, um diskutieren und wirken zu können, erwarb er trotz seiner höchst mangelhaften Schulbildung in wenigen Monaten die Universitätsreife und begann dann zu studieren. Doch mußte er das Studium bald wieder aufgeben, weil sein Stiefvater erkrankte und er für den Unterhalt der Familie aufkommen mußte. Er nahm einen Job in einer Wäscherei an, wo er 80 Stunden in der Woche Hosen, Hemden und Kragen bügelte. Nach der Arbeit war er so erschöpft, daß er nur noch schlafen konnte; zum Lesen und Lernen blieb ihm nicht eine Stunde.

Dann fuhr er nach Alaska, um Gold zu suchen. Nach einem erfolglosen Jahr gab er auch die Goldsuche auf und lebte noch einmal als Tramp. Und dann entschloß er sich, Schriftsteller zu werden. Er schrieb Reportagen über seine Erlebnisse, er schrieb Kurzgeschichten, er begann einen Roman, und er schrieb Aufsätze. Anfangs erhielt er von den Zeitungs- und Zeitschriften-Redaktionen, denen er seine Manuskripte schickte, nicht einmal Antworten. Schließlich aber setzte er sich durch, und eines Tages konnte er sich als bestbezahlter Schriftsteller seines Landes bezeichnen.

Nun brachte er es zwar zu Besitz, aus der finanziellen Misere kam er dennoch nicht heraus. Er hatte immer Schulden, weil er immer zuviel Geld ausgab. Allerdings mußte er inzwischen für Frau und Kinder und weiterhin für seine Mutter sorgen. Viel Geld opferte er für den Versuch, die bestehende Weltordnung durch eine sozialistische zu ersetzen. Er schrieb immer schneller, schließlich nur noch, um Schulden abzutragen. Er kam in Situationen, daß er Manuskripte mit allen Rechten für wenig Geld hergab, an deren Millionenauflagen er nicht mehr beteiligt war.

Eines Tages kam er auf die Idee, in großem Stil Landwirtschaft zu betreiben, mit zeitweise mehr als hundert Arbeitern auf einer großen Ranch, die er erwarb und wo er ein riesiges Haus bauen ließ. In dies alles investierte er gewaltige Summen. Aber als das Haus für seinen landwirtschaftlichen Betrieb eben fertig war, brannte es völlig ab, und zwar infolge von Brandstiftung. Und es gab – wie einer seiner Biographen berichtet – weitere Fehlschläge: Seine sämtlichen Schweine starben an Lungenentzündung; sein preisgekrönter Kurzhornbulle brach sich bei einem Sturz das Genick; die Herde seiner Angoraziegen erlag einer Seuche; seine Kapitalanlage in Shirepferden erwies sich als verfehlt, weil die lange Beinbehaarung bei dieser Rasse es zu schwierig macht, die Pferde sauber zu halten; und seine 140 000 Eukalyptusbäume, die ihm nach 20 Jahren ein Vermögen bringen sollten, hatten plötzlich nur noch Brennholzwert, weil das Interesse an dieser Art von Nußbaumholz geschwunden war.

Seine Arbeitskraft schien unerschöpflich, dennoch gab er schließlich auf, vielleicht – wie eine seiner Töchter meinte – weil er an dem Widerspruch verzweifelte, den Sozialismus zu wollen und selbst vom Kapitalismus leben zu müssen, und weil er schließlich einen gesellschaftlichen Fortschritt für unmöglich hielt. Nachdem er innerhalb von 16 Jahren 19 Romane, 18 Bände mit Kurzgeschichten und acht autobiographische und zahlreiche soziologische Schriften veröffentlicht hatte, nahm er sich im Alter von 40 Jahren auf seiner Ranch durch Gift das Leben.

Wer war's?

125 *Und wurde das Opfer eines grauenvollen Raubmords*

Der Einundfünfzigjährige – in den Kreisen gebildeter Zeitgenossen längst berühmt, aber keineswegs überall bekannt – reiste inkognito. Warum er das tat, ist so wenig geklärt wie sein Tod, der ihn auf dieser Reise überraschte, mag man den äußeren Ablauf auch erfahren haben.

In jener Hafenstadt, wo er die Postkutschenfahrt für ein, zwei Tage unterbrechen wollte – möglicherweise, um von dort aus mit einem Schiff weiterzufahren –, freundete er sich im Hotel ein wenig mit seinem Zimmernachbarn an, einem noch jungen Mann. Er ließ sich von ihm die Stadt und den Hafen zeigen, und er seinerseits zeigte jenem einmal zwei goldene und zwei silberne Medaillen, die er kurz zuvor als Auszeichnung erhalten hatte. Diese Medaillen scheinen den Jüngeren maßlos fasziniert zu haben, so sehr, daß er sie unbedingt besitzen wollte; um sie an sich zu bringen, beschloß er, ihren Besitzer zu töten.

Er kaufte sich deswegen ein Messer und besorgte sich einen Strick, aus dem er eine Schlinge machte. Er wollte seinem Opfer – so gestand er später – »die Schlinge um den Hals ziehen, damit der Mann nicht schrie, und ihn mit dem Messer töten«. Er besuchte ihn auf seinem Zimmer, sprach ihn noch einmal auf die Medaillen an und gab später folgende Darstellung der Mordtat:

»Nach zwei- oder dreimaligem Hinundhergehen setzte er sich dann an den Tisch, und da zog ich, vom Teufel verblendet und zitternd, die Schlinge aus der Tasche, trat hinter seine Schultern und warf sie ihm um den Hals und zog sie zu. Aber da er sofort aufsprang und mir einen Stoß gab, und da er ein kräftiger Mann war, stieß er mich von sich weg. Ich kann mich nicht erinnern, ob ich die Schlinge losließ oder ob er sie mir wegriß. Ich sah nur – und deswegen erinnere ich mich, daß die Schlinge sich geöffnet hatte –, daß er sie mit der einen Hand vom Hals wegzog. Also riß ich zitternd und verwirrt das Messer aus der Tasche und stürzte mich auf ihn. Er ergriff das Messer an der Klinge und hielt es mit aller Kraft, und mit der anderen Hand packte er mich über der Brust an Weste und Hemd. Während wir so miteinander rangen, fielen wir beide zu Boden, aber während ich auf dem Knie blieb, fiel er mit ausgestreckten Beinen aufs Gesäß, und da ich nun das Messer aus seiner Hand befreit hatte, gab ich ihm drei oder vier Stiche, ich weiß nicht, ob in die Brust oder tiefer, denn ich versetzte ihm die Stiche in so großer Wut, daß ich die Augen nicht offen hatte. Dann stand ich auf und floh aus dem Zimmer . . . Aber aus Angst und Wut floh ich, ohne irgend etwas mitzunehmen, ja ich ließ sogar meine eigenen Sachen im Stich und floh ohne Hut, ohne Rock, ohne Taschentuch.«

Unterdessen hatte sich das Opfer blutüberströmt aus dem Zimmer geschleppt, und andere Gäste des Hotels holten Hilfe, zunächst allerdings nur einen Priester und die Polizei, die den Schwerverletzten nach seinen Personalien befragte, erst dann einen Arzt, der ihm nicht mehr helfen konnte. Er hatte Schnittwunden an den Händen, eine Stichwunde bis in die Lunge, auch die Bauchdecke war durchstochen, und das Zwerchfell war verletzt worden.

Als sich herausstellte, wer der Sterbende war, wurde alles daran gesetzt, den Täter zu fassen. Er war von Anfang an geständig. Er wurde zum Tode verurteilt, gerädert; seine aufs Rad gebundene Leiche blieb bis zu ihrem völligen Verfall öffentlich ausgestellt.

Das Opfer hat sich nach dem Anschlag noch etwa sechs Stunden quälen müssen. Dieser Mann, der die Menschen gelehrt hat, das Schöne, Edle, das Erhabene zu sehen, ist unter so gemeinen, sinnlosen Umständen gestorben.

Wer war's?

Es war ...

1 *Rainer Maria Rilke (1875 bis 1926). In Worpswede heiratete er die Bildhauerin Clara Westhoff.*

2 *Franz von Assisi (1181/82 bis 1226). Er gründete den Bettelorden der Franziskaner, der seine Mitglieder zu völliger Armut verpflichtet.*

3 *Wolfgang Amadeus Mozart (1756 bis 1791). Als er starb, mußte er in einem Armengrab beigesetzt werden. An seinen schlechten finanziellen Verhältnissen ist oft seiner Frau Schuld gegeben worden, aber zu Unrecht; nach seinem Tode, als Witwe und in zweiter Ehe, hat Constanze ausgesprochen ökonomisch gewirtschaftet.*

4 *Konrad Adenauer (1876 bis 1967), zweimal entlassen als Bürgermeister von Köln, Mitbegründer der CDU und erster Bundeskanzler der Bundesrepublik Deutschland.*

5 *Grigorij Rasputin (1872 bis 1916), der Mönch und »Gottesmann«, der auf Zar Nikolaus II. und die Zarin verhängnisvollen Einfluß gewann, weil es schien, daß er den an der Bluterkrankheit leidenden Thronfolger heilen könne.*

6 *Isaak Newton (1642 bis 1727); zwischen ihm und Leibniz kam es wegen der Differential- und Integralrechnung zu einem Prioritätsstreit.*

7 *Friedrich der Große (1712 bis 1786), König von Preußen, Sohn und Nachfolger des »Soldatenkönigs«. Der Philosoph, dem er über seine Experimente berichtete (1739, als Kronprinz), war Voltaire.*

8 *Johann Wolfang von Goethe (1749 bis 1832). Über sein Abenteuer von Malcesine berichtet er in der »Italienischen Reise« (Teil I) unter dem 14. September 1786. Der Kaiser, der ihn beobachten ließ, war Joseph II.*

9 *Charlie Chaplin (1889 bis 1977), Sohn eines englischen Schauspielers; reich wurde er als Filmkomiker, Autor, Regisseur und Produzent.*

10 *Novalis, eigentlich Friedrich von Hardenberg (1772 bis 1801), Dichter der Romantik, der in seinem Roman »Heinrich von Ofterdingen« (Fragment) das Leben eines Minnesängers und dessen Suche nach der ›Blaue Blume‹ darstellte. Seine Verlobte war Sophie von Kühn.*

11 *Vincent van Gogh (1853 bis 1890). Er hat sich erschossen. Von seinen Bildern wurde zu seinen Lebzeiten nur ein einziges verkauft. Er vermachte sie alle seinem Bruder Theo.*

12 *Alexander der Große (355 bis 323 v. Chr.), Sohn Philipps II. von Makedonien, erzogen von dem griechischen Philosophen Aristoteles. In der persischen Stadt Susa veranstaltete er eine Massenhochzeit: er selber so wie Tausende seiner Soldaten heirateten Perserinnen – Symbol einer von ihm ersehnten Vermählung Europas mit Asien.*

13 *Annette v. Droste-Hülshoff (1797 bis 1848), lebte zunächst im Münsterland auf der Wasserburg Hülshoff, dann bei Nienberge, zuletzt auf der Meersburg am Bodensee; sie schrieb Gedichte, Balladen, Versepen und die Novelle »Die Judenbuche«. Der Mann, den sie liebte, war Levin Schücking; er schrieb ihre erste Biographie.*

14 *Jakob I. von England und Irland – zugleich Jakob IV. von Schottland – (1566 bis 1625), der Sohn Maria Stuarts. Er war ein Gönner Shakespeares und einer der Inspiratoren der englischen Bibelübersetzung von 1611. Jakob gilt bis heute als der gelehrteste aller britischen Könige.*

15 *Stefan George (1868 bis 1933), der Dichter des ›Siebten Rings‹. Der Mann, der an seinem Sarg die Totenwache hielt, war Claus Schenk Graf von Stauffenberg, der am 20. Juli 1944 ein Attentat auf Hitler wagte.*

16 *Max Reger (1873 bis 1916). Mit seinen Kompositionen hat er die Orgel- sowie die Kammermusik stark beeinflußt. Auch die Kirchenmusik.*

17 *Ernst Haeckel (1834 bis 1919). Neben seinem Medizinstudium widmete er sich vor allem der Zoologie. Er trat für Darwins Abstammungslehre ein. Auf dem Internationalen Freidenkerkongreß in Rom, 1904, ließ er sich zum »Gegenpapst« ausrufen.*

18 *Napoleon Bonaparte (1769 bis 1821), der spätere Kaiser der Franzosen. Er besuchte zunächst die Militärschule von Brienne, als fünfzehnjähriger Kadett kam er dann auf die Militärschule von Paris, wo er den normalerweise zwei Jahre dauernden Kurs in nur einem Jahr absolvierte. Eben 16 Jahre alt, erhielt er sein Offizierspatent.*

19 *Erich Kästner (1899 bis 1974), der mit seinen Kinder- und Jugendbüchern weit über Deutschland hinaus bekannt wurde.*

20 *Frédéric Chopin (1810 bis 1894). Er lebte mit der französischen Schriftstellerin George Sand zusammen, die am liebsten Männerkleidung trug.*

21 *Dante Alighieri (1265 bis 1321), der Dichter der »Divina Commedia«. Geboren wurde er in Florenz, gestorben ist er in Ravenna, wo er auch beigesetzt wurde.*

22 *Sigmund Freud (1856 bis 1939), der Begründer der Psychoanalyse. Er hat in regelmäßigen Abständen alle persönlichen Aufzeichnungen vernichtet; er meinte, sein seelisches Leben gehe niemanden etwas an.*

23 *Gebhard Leberecht von Blücher (1742 bis 1819), preußischer Feldmarschall. Er stand anfangs in schwedischen Diensten und geriet dann in preußische Gefangenschaft. Als Armeeführer siegte er zusammen mit Gneisenau und den verbündeten Engländern 1815 bei Waterloo beziehungsweise Belle-Alliance entscheidend über Napoleon.*

24 *Maria Stuart (1542 bis 1587), Königin der Schotten. Sie wuchs am französischen Hof auf, wo sie den (späteren) König von Frankreich, Franz II., heiratete, der jedoch bald starb. Nach Schottland zurückgekehrt, heiratete sie Lord Darnley, der drei Jahre danach von dem mit ihr befreundeten Lord Bothwell ermordet wurde. Als sie dann Bothwell heiratete, wurde sie gestürzt. Sie bat Elisabeth von England um Asyl; von ihr wurde sie gefangen gesetzt, vor Gericht gestellt und zum Tode verurteilt.*

25 *Hermann Hesse (1877 bis 1962), der Dichter des »Glasperlenspiels«. Er floh aus dem Theologischen Seminar zu Maulbronn.*

26 *Sören Kierkegaard (1813 bis 1855). Seine Publikationen, mit denen er die Menschen zu einem wahrhaft christlichen Leben aufgrund immer neuer persönlicher Entscheidungen bringen wollte, waren von großer Wirkung auf die Existenzphilosophie und die dialektische Theologie.*

27 *Wladimir Iljitsch Uljanow, genannt Lenin (1870 bis 1924). Wegen seines überragenden Gedächtnisses interessierte sich die Forschung für sein Gehirn. Nach seinem Tode wurde es in einem eigens dafür gegründeten Institut in 34 000 Schnitte zerlegt. – Lenin leitete nach der Revolution von 1917 bis zu seinem Tode als Vorsitzender des Rates der Volkskommissare die sowjetische Regierung und die KP Rußlands.*

28 *Adalbert von Chamisso (1781 bis 1838). Während der Revolutionswirren floh er mit seinen Eltern aus Frankreich nach Preußen und wurde dort Page bei der Königin und später preußischer Offizier. Als Dichter gehört Chamisso zu den Romantikern. Sein bekanntestes Werk ist die Märchennovelle von »Peter Schlemihl«, der seinen Schatten verkauft.*

29 *Lola Montez (1818 bis 1861), die sich als spanische Tänzerin ausgab, aber aus der irischen Stadt Limerick kam, nach der Nonsense-Verse heißen. 1846 kam sie nach München, nachdem sie zuvor in Paris und als Kind – ihr Vater war britischer Offizier – in Indien gelebt hatte. In München gewann sie die Gunst König Ludwigs I. (an dessen Hochzeit alljährlich das Oktoberfest auf der Theresienwiese erinnert); er verlieh ihr den Titel einer Gräfin Landsfeld. 1848 führte dieses Verhältnis, das vor allem von Ludwigs Schwester Auguste, der Witwe Eugènes de Beauharnais, des einstigen Vizekönigs von Italien und späteren Herzogs von*

Leuchtenberg, stets als eine Gefahr angesehen worden war, zu Unruhen in der bayerischen Hauptstadt; es hat Ludwigs Abdankung bei der Märzrevolution mitverursacht.

30 *William Somerset Maugham (1874 bis 1965), englischer Erzähler und Dramatiker. Er studierte Medizin in Heidelberg und London. Er lebte viele Jahre in seiner Villa in Saint-Jean-Cap Ferrat bei Nizza.*

31 *Leonardo da Vinci (1452 bis 1519), Maler, Bildhauer, Architekt, Naturforscher, Techniker, Erfinder.*

32 *Heinrich Heine (1797 bis 1856). Der in dem von Heine verspotteten Dreiecksverhältnis mit ›B‹ bezeichnete Geliebte der Frau (und möglicherweise zugleich des Mannes ›A‹) war der Schriftsteller Ludwig Börne (1786 bis 1837) aus der Gruppe des Jungen Deutschland.*

33 *Dr. William W. Mayo (1819 bis 1911), Vater von Dr. Will Mayo und Dr. Charles Mayo und Gründer der Mayo-Klinik in Rochester/Minnesota.*

34 *Richard Dehmel (1863 bis 1920). Als Schriftsteller ließ er sich in Hamburg nieder, in Blankenese.*

35 *Christoph Kolumbus (1451 bis 1506), der Entdecker Amerikas.*

36 *Arthur Schopenhauer (1788 bis 1860), der in der Philosophie den metaphysischen Pessimismus begründete. Seine Mutter war als Romanschreiberin recht erfolgreich und führte in Weimar einen literarisch interessierten Gesellschaftszirkel, den auch Goethe gern besuchte.*

37 *der Physiker Max Planck (1858 bis 1947), mehr als 25 Jahre lang einer der vier beständigen Sekretäre der Preußischen Akademie der Wissenschaften. Sein Sohn Erwin war an der Verschwörung vom 20. Juli 1944 gegen Hitler beteiligt. – Der zitierte Freund und Kollege war Albert Einstein, der Schöpfer der Relativitätstheorie.*

38 *August Strindberg (1849 bis 1912), der bedeutendste Dichter der neueren schwedischen Literatur; sein Werk hat nicht nur auf den Naturalismus, sondern auch auf den Symbolismus, den Expressionismus und den Surrealismus gewirkt.*

39 *Carl Maria von Weber (1786 bis 1826); mit seinen romantischen Opern »Der Freischütz«, »Euryanthe« und »Oberon« hat er die deutsche Oper gegenüber der bis dahin allein maßgebenden italienischen durchgesetzt. – Das Adelsprädikat hat Webers Vater sich selber zugelegt.*

40 *Tilly Wedekind (1886 bis 1970), die Frau des Dichters Frank Wedekind (1864 bis 1918). Zitiert nach ihrer Autobiographie: Lulu – die Rolle meines Lebens (Rütten und Loening Verl.), München, Bern, Wien 1969.*

41 *Hans Herrmann v. Katte (1704 bis 1730). Weil er dem preußischen Kronprinzen Friedrich bei dessen Fluchtversuch helfen wollte, wurde er am 6. November 1730 in Küstrin geköpft, wobei Friedrich auf Befehl seines Vaters vom Fenster der Festung aus zusehen mußte.*

42 *David Herbert Lawrence (1885 bis 1930), Autor von »Lady Chatterley's Lover«. Seine Frau, die ihn exhumieren und verbrennen und seine Asche zusammen mit Sand und Zement zu einer Art Altar verarbeiten ließ, war Frieda Weekly, geborene Freiin v. Richtofen, die seinetwegen ihren Mann und drei Kinder verlassen hatte.*

43 *Theodor Körner (1791 bis 1813); er meldete sich bei den Lützowschen Jägern, wurde Lützows Adjutant und ist dann als Freiheitskämpfer gefallen. Der mit seinem Vater befreundete Dichter war Schiller.*

44 *Marcus Tullius Cicero (106 bis 43 v. Chr.), römischer Staatsmann und berühmter Redner. Als Konsul vereitelte er im Jahre 63 die Verschwörung des Catilina.*

45 *Anton Bruckner (1824 bis 1896), österreichischer Komponist, der mit seinem Werk (darunter neun Symphonien) nachhaltig auf den Symphoniker Gustav Mahler eingewirkt hat.*

46 *Isadora Duncan (1878 bis 1927), amerikanische Tänzerin. Sie bekämpfte das Ballett und tanzte nach Konzertmusik barfuß und im griechischen Chiton. Damit wurde sie zur Vorkämpferin der modernen freien Tanzkunst.*

47 *August Graf von Platen (1796 bis 1835). Er schrieb Gedichte, das Epos »Die Abassiden«, Dramen, Lustspiele und Literaturkomödien.*

48 *Kaiser Karl V. (1500 bis 1558). Als er zugunsten seines Sohnes Philipps II. abdankte, zog er sich in das Kloster Yuste zurück. – Von ähnlich starker Eßgier geplagt wie er waren sein Urgroßvater Friedrich III. und sein Neffe Maximilian II.*

49 *Gabriele d'Annunzio (1863 bis 1938), italienischer Dichter und Politiker. Durch seinen Einsatz verhinderte er 1919/20 die Internationalisierung des Hafens Fiume. 1924 wurde er zum Principe di Montenevoso ernannt. Die Gedenkstätte ist in Gardone am Gardasee.*

50 *Ludwig van Beethoven (1770 bis 1827). Ein schweres Gehörleiden, das sich schon vor 1800 bemerkbar machte, führte bei dem Neunundvierzigjährigen zu völliger Taubheit.*

51 *Nikolai Gogol (1809 bis 1852). Sein Roman »Die toten Seelen« blieb unvollendet.*

52 Georg Cantor (1845 bis 1918), Mathematiker, Schöpfer der Mengenlehre. – Dargestellt nach: Thomas v. Randow, Georg Cantor (in »Die Großen der Weltgeschichte«, Bd. IX, Zür. 1970).

53 Friedrich Wilhelm II. (1744 bis 1797), König von Preußen, Neffe und Nachfolger Friedrichs des Großen.

54 Peter Paul Rubens (1577 bis 1640). In seinen Bildern zeigte er die Pracht und die rauschende Fülle eines sinnenfrohen Lebens.

55 Christian Dietrich Grabbe (1801 bis 1836). In seinen Dramen strebte er über das Schillersche Jambenschauspiel hinaus zu einer realistischeren Form des heldischen Trauerspiels.

56 Friedrich Engels (1820 bis 1895), lebte im Exil in England, so wie auch sein Freund Karl Marx, dem er dort unermüdlich half. Gemeinsam haben sie 1848 das »Manifest der Kommunistischen Partei« verfaßt. Engels gab nach dem Tod seines Freundes den 2. und 3. Band von dessen Werk »Das Kapital« heraus.

57 Matthias Claudius (1740 bis 1850). Vier Jahre lang gab er den »Wandsbecker Bothen« heraus, dessen Name später auf ihn selbst überging. Sein bekanntestes Gedicht ist das »Abendlied« mit dem Anfang: »Der Mond ist aufgegangen ...«

58 Erzherzog Rudolf (1858 bis 1889), österr.-ungar. Kronprinz, einziger Sohn des Kaisers Franz Joseph. Auf Schloß Mayerling bei Wien hat er sich mit seiner Geliebten Mary von Vetsera das Leben genommen.

59 Friedrich Gottlieb Klopstock (1724 bis 1803), der Dichter des »Messias«. Erste Proben seines 20 Gesänge umfassenden Epos hatte er dem Literaturprofessor Bodmer in Zürich geschickt, der ihn daraufhin zu sich einlud. Ein Jahr später ging Klopstock auf Einladung des Königs von Dänemark nach Kopenhagen.

60 Thomas Jefferson (1743 bis 1826), der dritte Präsident der USA und Verfasser der amerikanischen Unabhängigkeitserklärung (1776).

61 Adalbert Stifter (1805 bis 1868), der Dichter der »Studien« und der »Bunten Steine«, des »Nachsommer« und »Witiko«. Als er unter jenen Angstzuständen litt, besonders im Jahre 1866, und von Linz in den Bayerischen Wald floh, trug er die Krankheit, an der er schließlich starb, schon in sich: Der behandelnde Arzt hatte sie als »Zehrfieber nach Leberverhärtung« bezeichnet, später vermutete man eine Leberzirrhose, neuerdings eine akut exazerbierende Tuberkulose. Der Schnitt in den Hals, den Stifter sich zwei Tage vor seinem Tode mit einem Rasiermesser beibrachte, führte zwar zu starkem Blutverlust, jedoch nicht zum Tod.

62 *Paul Cézanne (1839 bis 1906), französischer Maler, Wegbereiter des Expressionismus. Sein Freund Emile Zola nahm ihn als Urbild für seinen Roman eines gescheiterten Künstlers (»L'Oevre«, 1886).*

63 *der Erzähler Wilhelm Raabe (1831 bis 1910), lebte in Braunschweig. Der Kriminalroman, den er mehrmals sein bestes Werk nannte, ist »Stopfkuchen – eine See- und Mordgeschichte«.*

64 *Zar Peter I. von Rußland (1672 bis 1725). Sein Sohn und designierter Nachfolger, Aleksej, stand unter dem Einfluß der konservativen und oppositionellen Geistlichen. Im September 1716 war er nach Wien geflohen, wo der Kaiser ihm Asyl gewährte. Doch der russische Gesandte hatte ihn zur Rückkehr überredet.*

65 *Franz Werfel (1890 bis 1945). Die Frau war Alma Mahler, zu jener Zeit in zweiter Ehe mit dem Architekten Walter Gropius verheiratet. Ihr erster Mann war Gustav Mahler. 1929 heiratete sie Werfel, mit dem sie 1938 nach Frankreich und von dort über Spanien in die USA ging.*

66 *Friedrich I. Barbarossa (um 1125 bis 1190), deutscher König und römischer Kaiser. Seine brutale Härte zeigte sich in seinem Kampf gegen die oberitalienischen Städte, als er zum Beispiel Mailand völlig zerstören ließ. Zugleich galt er als Vorbild des Ritterlichen, Heiteren, Höfischen.*

67 *der Musiker Bedrich (Friedrich) Smetana (1824 bis 1884). Mit seinem Werk »Die verkaufte Braut« schuf er die erste tschechische Oper in betont nationalem Stil.*

68 *Joseph von Eichendorff (1788 bis 1857). Seine Gedichte sind neben denen Brentanos und Mörikes ein Höhepunkt deutscher Romantik.*

69 *Herodes der Große (um 73 bis 4 v. Chr.), König der Juden. Wie es zu jenen Verleumdungen kam, habe ich in meiner Herodes-Biographie dargestellt: Gerhard Prause, Herodes der Große – König der Juden (Hoffmann & Campe, Hamburg 1977).*

70 *Hugo Wolf (1860 bis 1903), Komponist und Musikkritiker. Zitiert wurde nach: Ernst Bäumler, Amors vergifteter Pfeil – Kulturgeschichte einer verschwiegenen Krankheit (Hoffmann & Campe, Hamburg 1976).*

71 *Charles Dickens (1812 bis 1870); der englische Erzähler gilt als Begründer des »sozialen Romans«: Selber aus ärmlichen Verhältnissen stammend, zeigte er die Welt der kleinen Leute, der Stiefkinder der Gesellschaft, und übte auf diese Weise Kritik an den sozialen Mißständen.*

72 *Prinz Lou Lou (1856 bis 1879), Sohn Napoleons III. und dessen Frau Eugenie Montijo. Seine Mutter überlebte ihn um 40 Jahre; die Exkaiserin der*

Franzosen starb im Alter von 94 Jahren und wurde ebenfalls in dem Mausoleum, das sie in Farnborough hatte bauen lassen, beigesetzt.

73 Friedrich Schlegel (1772 bis 1829); er wurde durch seine frühen Schriften zum eigentlichen Begründer der frühromantischen Kunstanschauung, über die er in Jena, Paris und Köln Vorträge hielt.

74 Nikolaus Kopernikus (1473 bis 1543), der mit seinem Werk »De revolutionibus orbium coelestium« das heliozentrische Weltbild begründete. – Einzelheiten in meinem Buch über Geschichtsfälschungen: Gerhard Prause, Niemand hat Kolumbus ausgelacht – Fälschungen und Legenden der Geschichte richtiggestellt (ECON-Verlag, 7. Auflage 1977).

75 Adolph von Menzel (1815 bis 1905), Maler und Zeichner, wurde bekannt durch seine etwa 400 Zeichnungen zu Kuglers »Geschichte Friedrichs des Großen«. Als Maler nahm er den Impressionismus voraus.

76 der französische Komponist Hector Berlioz (1803 bis 1869). Er gilt als »Vater« der modernen Programmusik.

77 Giovanni Boccaccio (1313 bis 1375). Beispiele der »Lüsternheit und Wollust« zu bieten, warf man ihm wegen seines Erfolgbuchs »Il Decamerone« vor, das noch heute ein Bestseller ist. Boccaccio schrieb außerdem ein umfangreiches wissenschaftliches Werk, darunter drei Bücher über Dante. Seine historischen Essays trugen dazu bei, das antike Bildungsgut neu zu erschließen. – Zitiert wurde nach Werner Pleister (in: Die Großen der Weltgeschichte, Bd. IV, Kindler-Verlag, Zürich 1974).

78 Jacob Grimm (1785 bis 1863), Schöpfer der germanistischen Sprachwissenschaften, gab zusammen mit seinem Bruder Wilhelm die »Kinder- und Hausmärchen« und die »Deutschen Sagen« heraus und begann das große Unternehmen des »Deutschen Wörterbuchs« (1961 vollendet).

79 Golda Meir (geb. 1898 in Kiew, gestorben 1978), von 1969 bis 1974 Ministerpräsidentin von Israel. – Zitiert wurde nach ihrer Autobiographie: Golda Meir, Mein Leben (deutsche Ausgabe Hamburg 1975).

80 Johann Heinrich Voß (1751 bis 1826), der Übersetzer von Homers Epen »Odyssee« und »Ilias«. Er war Rektor in Otterndorf und Eutin; seit 1805 lebte er in Heidelberg.

81 Evariste Galois (1811 bis 1832), französischer Mathematiker, einer der größten Mathematiker der Neuzeit; er begründete die nach ihm benannte Theorie der algebraischen Gleichungen, die Galois-Theorie.

82 der Dichter Franz Grillparzer (1791 bis 1872). Er war Archivdirektor im Wiener Finanzministerium. Durch seine fast krankhafte Neigung, das

eigene Ich ständig zu beobachten, ja, es zu zerfasern, brachte er eine neue Form des Realismus in die Literatur ein.

83 *Friedrich I. (1657 bis 1713), König von Preußen. Zuvor hatte er vergeblich versucht, den Alchemisten Johann Friedrich Böttiger, dem in Dresden die Herstellung weißen Porzellans gelungen war, als preußischen Untertanen zu reklamieren. Und dann fiel er auf den Goldmacher Don Domenico Manuel Caetano Conte de Ruggiero herein.*

84 *William Shakespeare (1564 bis 1616). Über das »zweitbeste Bett« ist in der Forschung viel gerätselt worden, ohne daß man zu einer wirklich überzeugenden Erklärung dieser Verfügung gekommen wäre. – Die Zitate stammen (in der gegebenen Reihenfolge) aus »Titus Andronicus«, »Hamlet« und »Maß für Maß«.*

85 *der spanische Komponist Enrique Granados y Compiña (1867 bis 1916). Die Briefe wurden zitiert nach: Kurt Pahlen, Mein Engel, mein Alles, mein Ich – 294 Liebesbriefe berühmter Musiker aus drei Jahrhunderten (Zürich 1959).*

86 *Theodor Storm (1817 bis 1888), der Erzähler des »Schimmelreiters« und anderer Geschichten aus der Marsch. Er lebte viele Jahre in Husum, das zunächst noch dänisch war und wo der Fünfunddreißigjährige aus dem Amt gewiesen wurde, als er sich zur schleswig-holsteinischen Volksbewegung bekannte.*

87 *Susanna Margaretha Brandt (1748 bis 1772), die in Frankfurt hingerichtet wurde. Der junge Rechtsanwalt, der sich für den Fall so besonders interessierte, war Goethe, der den Fall in seinen »Faust« eingehen ließ. – Die Darstellung folgt dem Insel-Buch »Leben und Sterben der Kindsmörderin Susanna Margaretha Brandt« von Siegfried Birkner, Frankf./M. 1973.*

88 *Jean-Paul Sartre (geboren 1905), der französische Existenzphilosoph.*

89 *Karl von Clausewitz (1780 bis 1831), preußischer General und Militärschriftsteller. Am bedeutendsten ist sein Werk »Vom Kriege«.*

90 *der französische Dichter Marcel Proust (1871 bis 1922). Seine Romanreihe »Auf der Suche nach der verlorenen Zeit« (1913 ff.) ist stark autobiographisch.*

91 *Augustus (53 v. Chr. bis 14 n. Chr.), der erste römische Kaiser – eigentlich Cäsar Octavianus; den Titel »Augustus«, der Erhabene, nahm er aufgrund eines Senatsbeschlusses vom 13. Januar 27 v. Chr. an. An diesem Tag übernahm er offiziell die Alleinherrschaft im Staat.*

92 *Wilhelm Heinrich Wackenroder (1773 bis 1798), der mit seinem Freund Tieck zu den frühesten Vertretern romantischen Lebensgefühls gehört.*

93 *Fridtjof Nansen (1861 bis 1930), der 1893/96 seine Polarfahrt mit der »Fram« machte, aber den Pol nicht ganz erreichte. Nach dem Ersten Weltkrieg wirkte er für die Heimkehr von Kriegsgefangenen. 1921/23 half er in den russischen Hungergebieten. 1922 erhielt er den Friedensnobelpreis.*

94 *der römische Dichter Vergil (70 bis 19 v. Chr.), der in seinem Epos »Äneis« die Größe und geschichtliche Sendung Roms verherrlichte, gewissermaßen im Auftrag Kaiser Augustus' und gefördert von Mäcenas.*

95 *Ludwig XVI. (1754 bis 1793), König von Frankreich, der als »Bürger Capet« unter der Guillotine starb (wie wenig später auch seine Frau, Marie Antoinette).*

96 *Friedrich Nietzsche (1844 bis 1900); er hatte sich in Lou Salomé verliebt. In seinen philosophischen Schriften wandte er sich gegen das Bildungsphilistertum, gegen den Historismus und die Ideologie des Sozialismus, schließlich gegen das Christentum. In seinem wirksamsten Buch, »Also sprach Zarathustra«, verkündete er das Ideal des Übermenschen.*

97 *der russische Dichter Iwan Alexandrowitsch Gontscharow (1812 bis 1891). Seinen größten Erfolg hatte er mit dem Roman »Oblomow«, in dem er die Langeweile als ein gesellschaftliches Problem des 19. Jahrhunderts darstellte.*

98 *Emilie du Chatelet (1706 bis 1749), Freundin Voltaires, mit dem sie 14 Jahre lang auf ihrem Schloß Cirey in der Champagne lebte, wo sie ein großes naturwissenschaftliches Laboratorium besaß. Sie übersetzte auch Newtons »Philosophiae naturalis principia mathematica«.*

99 *der französische Schriftsteller George Bernanos (1888 bis 1948): »Die Sonne Satans«, »Tagebuch eines Landpfarrers«.*

100 *Kaspar Hauser (1813 bis 1833), der angeblich 16 Jahre lang versteckt worden war, dann in Nürnberg auftauchte. Seine Herkunft ist bis heute ungeklärt. Frühzeitig tauchte die Behauptung auf, er sei ein beiseite geschaffter Erbprinz von Baden.*

101 *Friedrich Ebert (1871 bis 1925), von 1919 bis 1925 Reichspräsident, der erste der Weimarer Republik.*

102 *Georg Friedrich Wilhelm Hegel (1770 bis 1831), Schöpfer des einheitlichsten und umfassendsten Lehrgebäudes der deutschen Philosophie. Den Stammbuchvers für Hegels ältesten Sohn schrieb Goethe.*

103 *der französische Dramatiker Pierre Augustin Caron de Beaumarchais (1732 bis 1799). Seine bekanntesten Stücke sind die Lustspiele »Der Barbier von Sevilla« und »Die Hochzeit des Figaro«. Der von ihm weitgehend finanzierte Krieg war der amerikanische Unabhängigkeitskrieg. Er veranstaltete die erste (70bändige) Gesamtausgabe von Voltaire.*

104 *Ernst Moritz Arndt (1769 bis 1860), bekannt durch seine Flugschriften und Kampflieder für die deutschen Freiheitskämpfe, an denen er als Sekretär des Freiherrn vom Stein teilnahm (»Der Gott, der Eisen wachsen ließ . . .«).*

105 *Henry Miller (geboren 1891), berühmt vor allem durch seine Romane »Wendekreis des Krebses« und »Wendekreis des Steinbocks«.*

106 *Georg Christoph Lichtenberg (1742 bis 1799), Professor für Physik in Göttingen, der die nach ihm benannten Lichtenbergschen Figuren entdeckte. Bekannter ist er heute wegen seiner Aphorismen. Sie erschienen erst nach seinem Tode.*

107 *der russische Erzähler Leo Tolstoi (1828 bis 1910).*

108 *der Mathematiker Carl Friedrich Gauss (1777 bis 1855), dargestellt aufgrund eines Aufsatzes von Thomas v. Randow im VII. Band der Enzyklopädie »Die Großen der Weltgeschichte«, Zürich 1976.*

109 *Oscar Wilde (1854 bis 1900); der Dichter wurde 1895 wegen seines Verhältnisses zu Lord Douglas zu zehn Jahren Zuchthaus verurteilt.*

110 *der deutsche Chirurg Johann Friedrich Keßler; wie er die Gefangenschaft überstand, in die er 1775 geriet, hat er in seinem Buch »Reisen zu Wasser und zu Lande« beschrieben.*

111 *Detlev Freiherr von Liliencron (1844 bis 1909). Er schrieb Gedichte, Novellen, das »kunterbunte« Epos »Poggfred« und Schauspiele.*

112 *Christian Schubart (1739 bis 1791). Als Journalist hatte er über den Verleih von Soldaten seines Landesherrn, des Herzogs von Württemberg, an die Engländer für ihren Kampf gegen die amerikanischen Unabhängigkeitskämpfer geschrieben.*

113 *Friedrich von Holstein (1837 bis 1909), die ›Graue Eminenz‹ im Deutschen Auswärtigen Amt. Er wurde mehr und mehr zum Gegner der rußlandfreundlichen Politik Bismarcks.*

114 *Jean-Jacques Rousseau (1712 bis 1778). Daß er seine fünf Kinder ins Findelhaus gegeben hat, ohne je zu erfahren, was aus ihnen wurde, scheint er nie bereut zu haben; er schrieb: ». . . ich habe im Gegenteil oft den Himmel gesegnet, meine Kinder vor dem Schicksal ihres Vaters und vor*

dem Los bewahrt zu haben, das sie bedroht hätte, sobald ich sie zu verlassen gezwungen gewesen wäre.«

115 *die Schriftstellerin Lou Andreas-Salomé (1861 bis 1937), verheiratet mit dem Orientalisten Friedrich Andreas; zu den vielen Männern, denen sie imponierte, gehörten auch Rilke und Nietzsche (siehe die Nummer 96).*

116 *Fürst Hermann von Pückler-Muskau (1785 bis 1811). In Muskau und Branitz schuf er Parkanlagen, die Weltruhm erlangten. Er war der beliebteste Reiseschriftsteller seiner Zeit.*

117 *Johann Peter Hebel (1760 bis 1826), der Dichter der »Alemannischen Gedichte« und volkstümlichen Kalendergeschichten im »Rheinländischen Hausfreund« und im »Schatzkästlein«. Er war Lehrer und Direktor am Karlsruher Gymnasium und wurde 1819 Prälat der badischen Landeskirche.*

118 *John Fitzgerald Kennedy (1917 bis 1963), von 1961 bis zu seiner Ermordung 35. Präsident der USA. Sein Vater, der Bankier und Reeder Joseph Patrick Kennedy, war 1937/40 US-Botschafter in London.*

119 *Gottfried August Bürger (1747 bis 1794), berühmt geworden durch die »Wunderbaren Reisen des Freiherrn von Münchhausen« und durch seine Balladen.*

120 *Otto von Bismarck (1815 bis 1898), der »eiserne« Kanzler.*

121 *der Physiker Albert Einstein (1879 bis 1955). Die Stadt, die ihn durch ein Geschenk auszeichnen wollte, war Berlin, wo Einstein seit 1922 als Mitglied der Preußischen Akademie der Wissenschaften und als Direktor des Kaiser-Wilhelm-Instituts für Physik wirkte. 1933 emigrierte er.*

122 *Friedrich der Große (1712 bis 1786); siehe auch unter 7*

123 *der Historiker Theodor Mommsen (1817 bis 1903), der den vierten Band seiner berühmten »Römischen Geschichte« nicht mehr schrieb. Im preußischen Abgeordnetenhaus zahlte er zu den Gegnern Bismarcks.*

124 *Jack London (1876 bis 1916), amerikanischer Schriftsteller (u. a.: »Wenn die Natur ruft«, »Der Seewolf«, »Ein Sohn der Sonne«).*

125 *Johann Joachim Winckelmann (1717 bis 1768), der »Vater der Archäologie und der Kunstgeschichte«, seit 1763 Präsident der Altertümer und Scriptor der Vatikanischen Bibliothek in Rom. Er deutete die griechische Kunst als ›edle Einfalt und stille Größe‹. – Die Darstellung seiner Ermordung wurde übernommen aus: W. Leppmann, J. J. Winckelmann (Propyläen Verlag, Berlin 1971).*

Jörg-Dieter Brandes: Die Mameluken
Aufstieg und Fall einer Sklavendespotie

250 Jahre lang wurde der östliche Mittelmeerraum durch das Mamelukenreich beherrscht, dessen Sultane sich durch Gewalt, List, Intrige, aber auch als Meister einer durchorganisierten Verwaltung und als glänzende Feldherren behaupteten. Obwohl das Mamelukenheer um 1500 geschlagen wurde, behielten Mameluken-Beys auch im Osmanischen Reich bis 1811 großen Einfluss. „Spannend und plastisch erzählt, historisch korrekt, aber keineswegs trocken, lässt der Autor die historische Kulisse von 1001 Nacht wiedererstehen.“ Mainpresse
ISBN: 978-3-928127-98-1

Ritter-Schaumburg: Hermann der Cherusker
Die Schlacht im Teutoburger Wald und ihre Folgen für die Weltgeschichte

Packend, dabei gründlich historisch recherchiert, schildert der bekannte Sachbuchautor die Vorgeschichte, die Ereignisse, die handelnden römischen und germanischen Persönlichkeiten sowie die Folgen für die Weltgeschichte der Varusschlacht 9 n. Chr., durch die der Cheruskerfürst Arminius unter dem Namen Hermann zum deutschen Freiheits- und Nationalhelden wurde.
ISBN: 978-3-928127-99-8

Horst Geyer: Über die Dummheit
Ursachen und Wirkungen der intellektuellen Minderleistung des Menschen

Boshaft und amüsant beleuchtet der Mediziner und Anthropologe dummes Verhalten infolge zu niedriger oder zu hoher Intelligenz, dummes Verhalten trotz normaler Intelligenz sowie kluges Verhalten bei geringer Intelligenz. Das geistreiche Werk wird durch Aphorismen zur Lebenstorheit und durch einen wissenschaftlichen Anhang abgerundet.
ISBN: 978-3-928127-15-8